성형

성형成形

: 성형은 어떻게 끝없는 자기완성 프로젝트가 되었나?

지은이 _ 태희원
펴낸이 _ 이명회
펴낸곳 _ 도서출판 이후
편집 _ 김은주, 신원제, 유정언, 홍연숙
본문 디자인 _ 이수정
표지 디자인 _ 공중정원

첫 번째 찍은 날 2015년 2월 26일

ⓒ 태희원

등록 1998. 2. 18(제13-828호)
주소 121-754 서울시 마포구 양화로 156, 1229호(동교동, 엘지팰리스 빌딩)
전화 대표 02-3141-9640 편집 02-3141-9643 팩스 02-3141-9641
www.ewho.co.kr

ISBN 978-89-6157-078-7 03330

이 도서의 국립중앙도서관 출판예정도서목록(CIP)은 서지정보유통지원시스템
홈페이지(http://seoji.nl.go.kr)와 국가자료공동목록시스템(http://www.nl.go.kr/kolisnet)에서
이용하실 수 있습니다.(CIP제어번호: CIP2015003854)

성형

成形

성형은 어떻게 끝없는 자기완성 프로젝트가 되었나?

태희원 지음

이후

차례

더 나은 '나'를 위한 약속?

고3 때 친구 두 명이 쌍꺼풀 수술을 하고 왔을 때만 해도 성형에 관심이 별로 없었어요. 그냥 좀 무섭기도 하고 부작용도 걱정되고요. 그러다가 점점 주위에서 쌍꺼풀 수술만으로도 용 되는 사람들이 생기면서 점점 저는 화장이 잘 안 받는구나 생각도 들고……. 눈이 작으니까 괜히 자신감도 없어지는 것 같고요. 왠지 쌍꺼풀만으로 득 보는 사람이 있는 것 같으니까 반대로 제가 손해 보는 듯한 느낌이 들었어요.(K, 28세, 회사원)

동생이랑 그런 얘기해요. 둘 다 순진한 기간을 너무 오래 보낸 거야.

다른 여자애들은 대학 다닐 때부터 다 꾸미고 했는데 우리는 이런 세계를 모르고 살았던 거야.(M, 33세, 전업주부)

싱가포르 IT업계에서 근무하는 K는 내게 성형으로 예뻐진 친구들이 자신보다 더 나은 조건과 위치에서 연애나 결혼, 취업에 성공하는 것을 보며 불안감을 느꼈다고 했다. 여기서 성형은 그 자체가 불평등의 기제가 된다. "순진한 기간을 너무 오래 보냈다"고 말하는 M의 말은 성형이 이 사회를 잘 헤쳐나가기 위한 자연스러운 전략이 되어 버린 상황을 씁쓸하게 대변한다. 이처럼 미용 성형은 몸의 변형과 삶의 가능성에 대한 기대를 연결하며 개인들 사이에 분리를 조장하고 불안감을 느끼게 한다. 이는 개인의 감정에 상처를 내는 과정이기도 하다.

미용 성형은 외모 변화를 통해 더 나은 자아를 가져다준다고 약속한다. 미용 성형 산업이 제시하는 가능성의 수사들과 짝을 이루는 (K와 M이 느꼈던) '뒤처짐'의 정서는 자발적으로 몸을 바꾸고자 하는 의지를 형성하도록 여성들을 몰아붙인다. 미용 성형이 무지한 상태를 벗어나 더 나은 외모를 가지고 더 나은 삶을 추구하는 전략적인 자기 관리가 되는 것이다. 여성들은 더 나은 삶을 위해 자기 몸을 개척해 나가는 주체적인 행위자로 스스로를 위치시킨다. 이 주체성은 변화의 대상을 뒤바꾼다. 바뀌어야 하는 건 이 사회가 아니라 사회에 적응해야 할 자신의 몸이다. 광고나 온갖 매체들을 통해 끝도 없이 팽창하는 미용 성형 시장의 약속들은 뒤처짐의 정서를 생산하고 이를 성형에의 욕망으로 변신시키는 힘의 출처이다. 이 책이 초점을 맞추고 있는 것이 미용 성형 시장의 작동 방식인 이유가 여기에 있다.

미용 성형 세계에 들어가다

내가 처음 미용 성형이라는 주제에 관심을 갖게 된 계기는 2007년 여성가족부가 발주한 〈용모 중심적 사고 개선 및 양성 평등 의식 강화를 위한 교육 프로그램 개발〉 프로젝트에 공동 연구원 자격으로 참여하면서부터였다. 이 프로젝트의 기획 의도는 외모 관리가 청소년의 신체적·정서적 건강에 악영향을 줄 수 있기에 교육적 개입이 시급하다는 것으로, 청소년들의 외모 관리 열풍의 실태를 파악하고 그 대책을 제안하는 것이었다. 연구를 위해 기존 교육 내용을 검토하다 보니 청소년 개인의 인식 전환을 우선적인 과제로 내세우는 것들이 대부분이었다. 하지만 과연 '나 자신을 사랑하라' 류의 메시지만으로 섭식 장애와 외모 강박에 시달리는 청소년들을 설득할 수 있을 것인가에 의문이 들었다. 프로젝트를 함께한 다른 팀원들 역시 이러한 '인식 개선'이라는 화두를 불편하게 생각했다. 외모 중심 사회의 문제를 개인의 태도나 자세의 문제로 환원해 버리는 것이 미심쩍게 느껴졌기 때문이다. 우리는 나 자신을 사랑하는 방법을 가르치는 대신 자신을 사랑하지 못하게 만드는 외모 중심 사회와 성형 산업의 실태를 분석하고 이를 비판적으로 독해하는 쪽으로 기획

방향을 전환하는 데 뜻을 모았다.[1]

　프로젝트를 진행한 3개월 동안, 나는 성형에 대한 사회적 허용도가 상당히 높다는 점, 그리고 여성들이 미용 성형 시장에 매우 주체적으로 참여하고 있다는 점에 놀랐다. 당시 한 신문은 "'내 인생은 나의 것' 성형수술 전성시대"라는 제목의 기사에서 "외모 지상주의에 대한 비난에 쉬쉬했던 시절은 가고 (성형은) 아름다움에 대한 추구이자 자신감 확보를 위한 결단이 되었다"고 진단하고 있었다.[2] 이 기사는 전국 남녀 5,815명을 설문조사한 결과를 담고 있었는데, 10명 중 6명은 성형수술에 굳이 반대하지 않는다고 밝혔다. 그 바탕에는 만족스러운 외모를 가지고 당당하게 사는 것이 곧 주체적인 삶이자 행복한 삶이라는 생각이 깔려 있었을 것이다. 변화된 사회 분위기를 체감하며 나의 고민도 "왜 미용 성형을 선택하는가?"에서 "어떻게 미용 성형을 실천하는가?"의 문제로 옮겨갔다. 그리고 그것은 자연스럽게 나의 박사학위 논문[*] 주제가 되었다.

　'왜'가 아닌 '어떻게'로 질문이 이동하면서 논문은 성형 선택 자체가 아니라 성형이 더 나은 나를 가지기 위한 주체적인 외모

[*] 이 책은 다음의 학위 논문 및 학술지에 발표한 논문들에 기초하고 있다. 태희원(2011), 『미용 성형 의료 네트워크의 재구성과 소비자/환자 주체의 형성』, 연세대학교 박사학위 논문; 태희원(2011), 「미용 성형 의료 기술의 탈신비화와 고통의 비/가시화」, 『젠더와 문화』 제4권 1호 89~129쪽, 계명대학교 여성학연구소; 태희원(2012), 「'즉각적인 몸 변형' 기술로서의 미용 성형과 몸 관리의 정서」, 『젠더와 문화』 제5권 2호 79~111쪽, 계명대학교 여성학연구소; 태희원(2012), 「신자유주의적 통치성과 자기계발로서의 미용 성형 소비」, 『페미니즘연구』 통권 12권 1호 157~181쪽, 한국여성연구소

관리로 의미화되는 맥락에 초점이 맞춰졌다. 따라서 연구를 위해 현재 미용 성형 시장을 횡단하며 성형을 경험하는 이들의 이야기에 귀를 기울일 필요가 있었다. 여성과 남성 간의 성별화된 외모 규범이나 실천의 차이('왜')가 아니라 이 시대 성형이 행해지는 방식('어떻게')에 초점을 맞추었기에 이 시장에 적극적으로 참여하는 여성들의 이야기가 중요했다. 최근 성형이 성별과 연령을 구분하지 않고 확장되고는 있지만, 여성들은 분명 남성들에 비해 미용 성형 경험을 사적인 자리에서나 온라인상에서 더 활발하게 공유하고 실천한다. 연구 초기 남성들을 위한 온라인 성형 커뮤니티를 방문한 적이 있었는데, 알고 보니 한 성형외과가 광고용으로 만든 커뮤니티였고 개별적인 경험을 나누거나 소통하는 장은 아니었다. 나의 관심이 성형 경험자의 주체적인 행위성에 있었던 만큼, 논문과 이 책에 등장하는 심층 면접자는 모두 여성으로 한정했다.

다른 한편으로 미용 성형에 관한 기존의 연구 틀 또한 재검토해야 했다. 미용 성형을 비판적으로 검토하는 연구들은 많았지만 대부분 '미美의 의료화medicalization'라는 틀에서 벗어나지 않고 있었다. '의료화'가 개인의 건강 상태를 정의하고 판단하는 데 의학이 독점적인 권위를 갖게 된 상황을 가리키는 말이라면, '미의 의료화'는 의료인들(여기서는 성형외과 의사들)이 이상적인 미 규범을 규정하고 이를 통해 여성들의 몸을 통제하는 현실을 반영한다. 이는 각종 대중매체에서 성형외과 의사들이 여전히 아름다움의 권위자이자 전문가로 등장한다는 점, 그리고 그들이 합법적인 미용 성형 기술을 독점하고 있다는 점에서 유효한 설명이기는 하지만, 부분적 사실만을 드러내고 있다.

최근의 미용 성형은 소비 행위와 의료 행위가 결합한 독특한 성격으로 진화하고 있으며, 실제 미용 성형 현장에서 전통적인 의사-환자 관계는 무너지고 있다. 어찌 보면 이 변화는 당연한 것이기도 하다. 미용을 목적으로 성형외과를 찾는 이들은 일반적인 의료 체계가 상정하는 환자는 아니기 때문이다. 수술이라는 의료 행위를 선택했다는 점에서는 환자이지만, 그 수술이 의료 체계가 규정하는 특정 질환을 치료하기 위한 것은 아니라는 점에서 환자와는 다른 지위를 갖는다. 기존 의료화 분석 틀이 미용 성형 실천을 해석하는 데 한계를 가지는 부분도 이 지점이다. 성형을 경험하는 여성들의 행위성에는 환자로 통칭될 수 없는 부분이 있으며, 이러한 특수성을 반영하고자 성형외과 현장에서 소비자나 고객의 지위에 대응하는 의미로 '환자'라는 용어가 사용될 경우에는 작은따옴표를 붙였다.

미용 성형 상품의 소비자이자 성형외과 '환자'인 여성들의 특수성은 온라인상의 성형 커뮤니티에서 잘 드러난다. 성형을 하려 하거나 이미 몇 차례 성형을 경험한 여성들이 주로 찾는 이들 커뮤니티는 자신에게 필요한 성형 부위와 적절한 성형 방법을 공부하는 학습의 장이고, 그 과정에서 정서적 지지와 응원을 주고받는 자조 모임이기도 하다. 그리고 더욱 핵심적인 것은, 여성들이 그곳에서 합리적이고 신중한 미용 성형 소비자로 성장하고 있다는 것이다. 이들 미용 성형 시장을 활보하는 여성들의 능동성을 포착하면서 나의 논문도 이 시장에 참여하는 다양한 행위자들의 역동적인 관계에 좀 더 집중하게 되었다. 의학적 지식이나 의료인들의 권력만을 중심에 놓고 보았다면 소위 미용 성형 '환자'들의 능동성에 나타난 변화가 무엇이며, 그것이 어떠한 의미를 생산하는지는 끝내 공백으로 남았을 것이다.

연구 초기 단계에서 미용 성형 시장은 내게 의사와 환자뿐만 아니라 간호사, 상담실장, 보톡스와 같은 신기술, 성형 커뮤니티, 성형 리얼리티 프로그램 등 다양한 행위자들이 참여하여 재구성하는 거대한 네트워크로 형상화되었다. 그리고 이들 행위자들이 여성의 성형 실천을 어떻게 매개하고 있는지를 기술함으로써 성형을 '나'를 만드는 주체적인 실천으로 의미화하는 시장의 작용을 파악할 수 있을 거라 생각했다. 물론 그 작업은 쉽지 않았다. 막상 연구를 시작하니 세상은 내게 온갖 성형 광고물로 뒤덮여 있는 것처럼 보였다. 내 착각만은 아니었을 것이다. 성형외과 광고는 거리의 소음만큼이나 흔했고, 공기만큼이나 일상적이었다. 길을 걸을 때도, 버스를 탈 때에도, 지하철 계단을 오르락내리락 할 때에도, 미용실에서 주는 잡지책을 무심하게 넘길 때에도, 각종 마법 같은 변신 가능성을 약속하는 광고물들이 내 눈을 어지럽혔다. 케이블 티브이에서 방영하는 성형 리얼리티 쇼는 연출과 자막 하나하나 분석하며 따져 보아야 할 참고 자료였고, 책장 한 칸은 어느새 성형외과 홍보물들로 빼곡하게 채워졌다. 나중에는 인터넷 화면에 성형 광고 배너가 떠도 이 배너를 전시하고 또 클릭하는 사람들은 누구일까 생각하게 되었다.

당신에게 성형은 무엇입니까?

다행히 내 주변에도 미용 성형을 한 지인들이 있었기에 그들을 연구의 출발점으로 삼을 수 있었다. 전업주부, 과외·학습지 교사, 회사원 등 오랫동안 친구 관계를 유지해 왔던 사람도 있었고 동네 학부모 모임을 통해 친밀해진 사이도 있었다. 사람마다 관심사는 조금씩 달랐지만 대부분 사십 대에 접어든 지인들과의 만남에서 미용 성형은 빠지지 않는 주제였다. 하지만 그렇게 한 바탕 수다를 떨면서도 연구를 위해 인터뷰를 하자는 말은 쉽게 할 수 없었다. 연구자라는 나의 정체성이 자칫 그들의 경험을 재단하거나 판단하려는 것처럼 비춰질까 걱정이 앞섰기 때문이다. 그러나 나 역시 외모 관리가 강박이 된 이 사회에서 살아가는 평범한 사람이었기에, 흰 머리와 주름, 탄력 없는 피부, 점점 살찌는 몸 등, 나이가 들어가며 변화하는 신체가 달갑지 않은 건 마찬가지였다. 그들의 이야기에 공감하며 성형을 한다는 사실 자체를 비난할 생각이 없다는 점을 분명히 한 뒤 조심스레 인터뷰를 요청했다.

지인 중에는 미용 성형에 대해 질문을 하면 "왜, 성형수술 하려고?" 하며 내게 친절하게 성형 관련 정보들을 알려주는 이들도 있었다. 때로 연구를 위한 인터뷰라는 것을 밝힌 뒤에도 우리의 대화는 연구의 일환인지 수다인지 모르는 방향으로 흘러가기도 했다. 점점 미용 성형은 새로 산 옷이나 구두, 가방, 혹은 주방기기나 가전제품처럼 일상화된 대화 소재이자 친교의 수단처럼 느껴졌다. 그리고 무언가 대단한 변화를 기대하기 어려운 단조로운 일상 속에서 새 구두를 샀다는 만족감이 그 일상을 버티는 힘이 되듯, 내 또래의 지인들에게 미용 성형은 평범한 날들에 활력을 불어넣는 방식이 되어가고 있는 것 같았다. 성형은 그렇게 그들의 일상이 되어 있었다. 한 사람과의 인터뷰가 끝나면 그에게 또 다른 지인을 소개해달라고 요청을 하는 식으로 심층 면접자들을 확대해 나갔다. 그러면서 연구 참여자의 연령과 직업 폭도 조금씩 넓어졌다. 인터뷰를 하며 친밀감을 쌓은 참여자들 가운데는 내가 요청하지 않아도 본인이 성형수술이나 시술을 받을 때가 되면 나를 불러내 동행하기도 했다.

다른 한편으로 성형 경험이 있는 여성들을 인터뷰할수록 이들의 선택이 이루어지는 맥락, 즉 미용 성형 현장에 대한 조사가 필요하다는 생각이 들었다. 현실에서 여성들이 실제로 미용 성형을 어떻게 체험하는지를 알기 위해서는 성형외과에서 상담이 어떻게 이루어지는지, 그 과정에서 의료 기술과 여성들의 욕구는 서로 어떻게 충돌하거나 타협하는지, 여성들의 몸에 의료 기술이 실제 어떻게 적용되는지, 그리고 시술이나 수술 후 만족감을 얻기까지 어떠한 보살핌의 기술이 필요하며 또 요구되는지를 살펴봐야 했다. 물론 성형 산업의 거대한 일부로서 성형외과의 운영 방식에 대한 연구도 필요했다. 따라서 연구 참여자로 성형을 경험한 여성들뿐 아니라 의사나 상담실장, 간호사들의 목소리도 듣기로 했다. 지인들을 통해 몇몇 의료 행위자들을 인터뷰하는 데까지는 성공했지만 실제 의료 현장에서 상담과 수술에 이르는 전 과정을 지켜보기 위해서는 장기간 참여 관찰이 가능한 성형외과를 찾아야 했다.

먼저 성형외과가 밀집해 있는 지역의 병원 원장들에게 인터뷰를 요청하는 메일을 보냈다. 스무 통이 넘게 편지를 썼지만 답을 준 것은 단 두 사람뿐이었다. 한 사람은 신촌에서 성형외과를 운영하는 이로, 자신의 병원은 규모가 너무 작아 연구하기에 적합하지 않을 것 같다고 했다. 다른 한 사람은 압구정동에서 성형외과를 운영하는 원장이었는데, 그는 직접 내게 전화를 걸어 당일에 인터뷰를 하자고 했다. 하지만 서둘러 병원을 찾았을 땐 그에게 갑자기 수술이 생겨 그냥 돌아올 수밖에 없었다. 원장은 "성형외과 의사는 시간이 돈이기 때문에 어쩔 수 없다"고 정말 미안한 말투로 말했다. 그는 며칠 뒤 점심시간을 쪼개어 나에게 전화를 했고 유선으로 인터뷰를 진행했다. 하지만 원하던 참여 관찰 약속은 얻어낼 수 없었다.

성형외과 문턱 한 번 넘어보지 못하는 것 아닐까 하며 마음을 졸이다가 문득 2년 전에 한 차례 인터뷰를 한 적이 있는 A의원의 원장이 떠올랐다. 그가 내 연구에 꽤 흥미를 가지며 호의를 보였던 게 생각났던 것이다. A의원 원장은 내 연락을 받고 잠시 생각에 잠기더니 "일단 해 봅시다"라는 답을 주었다. 나중에 들은 얘기이지만 참여 관찰을 수락한 것은 그에게 쉽지 않은 결단이었다. A의원 원장은 한국 사회에서, 특히 성형 산업을 비판적으로 조명하려는 나와 같은 연구자에게 성형외과 의사가 이윤만 추구하는 사업가로 비춰질 수 있다는 것을 잘 알고 있었다. 특히 그처럼 비전문의인 경우에는 임시방편으로 기술을 배워 돈만 벌려고 한다는 편견이 한 꺼풀 덧씌워진다. 이를 의식해서인지 그는 참여 관찰에 들어가기 전 자신의 병원이 다른 성형외과와는 달리 광고나 홈페이지 운영을 하지 않고 환자와의 상담에 많은 시간을 들인다는 점을 특별히 강조했다. 아마도 다른 병원에 비해 상대적으로 상업적인 냄새가 옅다는 점이 병원을 공개하기로 결심한 이유였는지도 모른다.

참여 관찰은 2009년 3월부터 9월까지 7개월 동안 행해졌다. A의원을 방문하는 환자는 하루 열 명 내외로 적은 편이었고, 수술은 일주일에 적게는 3회 많게는 10회 정도 이루어졌다. 내가 참여 관찰을 하던 시점이 비수기였기 때문에 더욱 그러했는지도 모른다.(보통 성형외과는 학생들이 방학을 맞이하는 시기와 직장인의 휴가 기간에 가장 붐빈다.) 간호사와 환자들에게 나는 성형수술 분야를 연구하는 선생님으로 소개되었다. 참여 관찰 초기에는 주로 원장과 대화를 나누었는데, 한 달쯤 지나면서부터는 간호사들과도 시간을 보내려고 노력했다. 성형외과라는 의료적 맥락을 분석할 때 간호사와 상담실장은 의사와 환자 사이를 중재하는 중요한 행위자들이라고 판단했기 때문이다.

A의원에는 의사와 간호사 들 말고도 상담실장, 간호조무사, 피부관리사 들이 있었다. 서비스 교육 강사로도 활동하고 있는 상담실장은 환자들과의 상담 말고도 일주일에 한 번씩 A의원 직원들에게 친절 교육을 했다. 원장은 환자들이 고급 미용실을 방문한 고객처럼 느낄 수 있도록 대접해야 한다는 점을 강조했다.

이러한 서비스 정신은 상담 과정뿐만 아니라 대기실, 처치실, 수술실, 회복실 등에서 상담실장과 간호사에게 끊임없는 감정 노동을 요구하는 것이기도 했다.

병원을 방문한 환자들의 경우 중년에 가까울수록 내게 호의적이었지만, 이삼십 대 여성들은 내가 병원 직원이 아니라는 사실을 알고 나서는 불편하게 생각하는 것 같았다. 나 스스로도 A의원에서 섣불리 환자들에게 접근하다가 병원의 영업에 지장을 줄수도 있다는 생각에 몇 명을 제외하고는 멀리서 지켜보는 편을 택했다. 환자들은 병원에 와서 의사보다는 간호사나 상담실장과 더 많은 대화를 나누었고, 그만큼 그들과의 관계 형성을 중요하게 생각하는 것 같았다. 의사가 권하는 각종 수술 관련 정보들을 재확인해 주거나 최종적인 선택에 대한 지지와 응원을 보내는 것도 모두 간호사나 상담실장의 몫이었다.

성형외과 참여 관찰과 함께 2009년 1월부터 2010년 7월까지 성형외과·피부과·안과 등 미용 관련 분야에 종사하는 의사 10명, 상담실장과 간호사 11명, 성형 경험자 25명을 집중적으로 인터뷰했다. 또한 이 책을 쓰기 전, 일부 성형 경험자와 추가적인 인터뷰도 수행했다. 병원 로비나 상담실, 간호사들의 식당이나 휴게실, 병원 근처 카페와 면담자의 집, 동네 벤치 등이 인터뷰 장소였고, 직접적인 만남이 어려운 경우에는 전화, 인터넷 채팅도 활용했다. 성형 경험자를 비롯하여 의사와 상담실장, 간호사 등 연구 참여자들은 모두 사례 번호로 표기했다. 연구에 참여한 성형외과 종사자의 보호를 위해 내용에 지장을 주지 않는 범위에서 병원의 위치나 전공 등을 실제와 다르게 바꾸었다.

논문을 책으로 옮기면서 성형의학과 성형외과라는 의료적 맥락 바깥에 있는 사회적 담론과 상황들이 추가되었다. 성형이 탄생하고 진화해 온 역사에 살을 붙이면서 미용 성형의 일상화를 추동한 대중 담론과 이에 대항하는 여성주의 진영의 운동을 비중 있게 다루었고, 성형 리얼리티 쇼가 대중적인 인기를 얻고 있는 최근의 상황에도 해석을 덧붙였다. 무엇보다 이 책을 쓰며 거둔 가장 큰 성과는 지금까지의 내 주장들이 '성형 과잉'을 경고하는 전형적인 성형 비판 담론과 크게 다르지 않은 부분들이 있다는 점을 깨달았다는 것이다. 책을 쓰는 내내 나는 성형 부작용과 성형 중독을 경고하는 틀로 여성들의 경험을 해석하지 않기 위해 신경을 썼다. 그 결과 미용 성형 시장이라는 거대한 네트워크는 끝없이 확장되는 자기 개조의 회로 그 자체라는 것, 그리고 기존의 성형 비판 담론이 '성형 과잉'에만 주목할 때 이 회로에 균열을 가하는 것은 더욱 어려워진다는 점을 분명히 할 수 있었다.

이 책의 구성

이 책은 크게 3부로 구성되어 있다.

1부 「미용 성형, 이 멋진 신세계」에서는 한국 사회에서 미용 성형이 어떻게 시작되고 변모해 왔는지를 분석했다. 1장("얼굴의 모든 흠을 쉽게 고칠 수 있다")은 개화기 서구적인 외모가 근대화의 상징처럼 여겨지면서 미용 성형이 한국 사회에 자리 잡아 나가던 시기의 모습을 그리고 있다. 2장("야매는 가라!")은 성형외과 의사들이 성형 부작용과 실패의 원인을 야매, 즉 불법 시술자의 탓으로 돌리면서 권위를 구축해 가는 과정을 분석한다. 또한 의사들이 권위를 갖게 되면서부터 미용 성형 세태에 대한 비난이 의사에서 성형수술을 받는 여성에게로 이동하는 과정도 살펴본다. 3장("몸을 디자인하다")은 90년대 소비문화의 확산과 이미지의 홍수 속에 외모가 또 다른 자아로 인식되는 계기들을 살펴본다. 이 시기 외모는 얼굴만이 아니라 몸 전체를 의미하는 것으로 확장되었다.

2부 「성형의 심리학, 성형의 산업화」에서는 2000년대 이후 급팽창하고 있는 미용 성형 산업을 조망한다. 4장("정상/비정상의 경계에 선 여성들")은 우리에게 이미 너무나 익숙해진, 성형을 통해 긍정적인 자아감을 획득한다는 논리가 구성되고 유포되어 온 방식을 살펴본다. 성형외과 의사들은 열등 콤플렉스의 치유 개념을 들여와 '마음을 고치는 의사'로 스스로를 의미화했고, 동시에 이를 '좋은' 환자를 선택하는 지표로도 활용했다. 5장("신자유주의가 호황을 부르다")에서는 2000년대 이후 미용 성형 산업의 급격한 성장과 자기계발 담론 사이의 친밀성에 주목한다. 6장("마법에서 깨어난 성형")에서는 케이블 티브이에서 방영되는 성형 리얼리티 쇼를 분석했다. 이들 방송은 기존에 성형을 마법 같은 변신처럼 묘사한 비포/애프터 모델의 틀을 부수고 성형에 따르는 고통과 인내를 시각화했지만, 그럼으로써 미용 성형의 의미를 자기계발 서사에 가깝게 위치시켰다.

3부 「성형, 끝없는 자기완성의 프로젝트」에서는 성형하는 여성들의 행위성이 개인적 선택이라는 맥락과 의료적인 맥락에서 각각 어떻게 발휘되고 또 제약 받는지를 분석했다. 7장("자기 주도적 학습: 공부하는 소비자-환자 주체들")에서는 여성들이 미용 성형을 학습하고 준비하는 공간인 인터넷 미용 성형 커뮤니티를 연구했다. '성형 자조 모임'이라고 할 수 있는 이러한 인터넷 공간에서 여성들은 합리적이고 신중한 미용 성형 소비자이자 성형외과라는 의료 공간이 요구하는 '좋은' 환자가 될 준비를 한다. 8장("성형외과의 속사정")에서는 광역도시 성형외과를 무대로 실제 성형이 이루어지는 의료 공간을 분석했다. 성형외과는 시장 행위자이자 의료 행위자라는 두 가지 정체성을 가진 의사들, 그리고 '환자'이자 '고객'인 여성들에게 그들의 주체성이 손상되지 않고 있다는 인식을 주기 위해 노력하는 또 다른 여성들(간호사, 상담실장)의 노동이 행해지는 공간이었다. 9장("기술 지배 시대의 성형")은 보톡스나 필러 등 시술의 등장이 기존의 성형 개념과 실천에 미친 영향을 분석했다. 수술과 시술을 구분하게 되면서 더욱 미세한 변화들이 성형의 목적이 되었고 이는 '환자'들의 소비 행태뿐 아니라 의사들의 의료적 역할에도 변화를 가져왔다. 10장("초정상적인 몸을 향한 욕망")은 안전성을 이유로 미용 성형을 비판하는 담론들이 여성들의 신중한 소비만을 강조함으로써 오히려 미용 성형 산업의 생존에 기여하는 방식을 분석했다.

한국 사회의 성형 열풍은 더 이상 새삼스럽지 않다. 〈국제미용성형수술협회(ISAPS)〉가 2011년 조사한 바에 따르면 한국은 인구 수 대비 가장 많은 성형수술이 이루어지고 있는 나라이다. 그러나 사실 이 통계는 한국 사회의 현실을 정확하게 반영하고 있지 못하다. 〈국제미용성형수술협회〉 자체가 전 세계 각 국가의 성형외과 전문의만을 대상으로 하고 있기 때문에 이 통계가 가리키는 숫자보다 훨씬 더 많은 수의 성형수술이 행해진다고 보는 것이 맞을 것이다. 흥미롭게도 2013년에 행해진 같은 조사에서 한국은 아예 순위권에서 찾을 수 없었다. 성형외과 전문의 수가 2,054명으로 6위를 차지하고 있다는 사실만을 확인할 수 있었을 뿐이다.(이는 2011년 1,250명보다 804명 늘어난 수치이다.) 인구 십만 명당 전문의 수는 단연 1위로, 2위인 브라질의 2.7명보다 1.5배 이상 높은 4.2명이었다. 알고 보니 한국은 2013년 유의미한 성형수술 통계를 이 기관에 제공하지 않았다. 성형외과 전문의 수는 몇 년째 세계 1위를 차지할 정도로 많지만, 이들이 얼마나 많은 수술을 하고 있는지 그 실태를 파악할 수조차 없는 상황이 현재 한국의 현실이다.

한국 사회에서 성형은 이미 일상화되고 정상화되었다. 성형은 끝없는 자기 개조 회로를 통해 자기 영역을 확장해 나가고 있으며, 우리 모두는 설사 성형을 하지 않았다 할지라도 이 회로로부터 완전히 자유로울 수 없다. 이 책은 그 회로가 어떻게 연결되어 움직이는지를 보여 주는 하나의 사례 연구이다. 그럼에도 불구하고 이 회로를 벗어날 수 있는 길이 무엇인지, 이 회로에 균열을 내는 실천들을 만들어 낼 방법은 무엇인지 충분히 탐색하지 못했다는 아쉬움이 남는다. 여성의 행위성을 미용 성형이라는 맥락에 위치시키고, 그것을 끝없는 자기완성 프로젝트로 현실화하는 촘촘한 맥락을 고려한다면, 자기계발의 논리와 자기관리의 명령을 거부해야 한다는 말은 너무 쉽고 한가하게만 들린다. 하지만 지난한 논의가 시작되어야 하는 지점은 바로 여기에 있는 것은 아닐까? 이 책이 그러한 논의에 조금이나마 실마리를 제공해 줄 수 있다면 더 바랄 게 없을 것이다.

2015년 1월

태희원

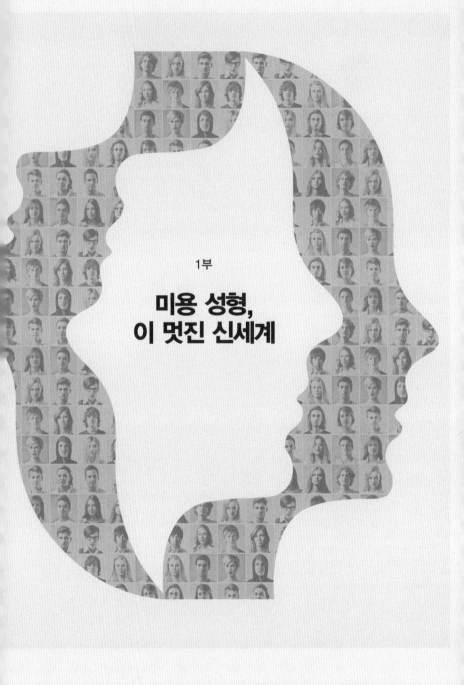

1부

미용 성형,
이 멋진 신세계

1장

얼굴의 모든 흠을 쉽게 고칠 수 있다

한국 사회에 미용 성형이라고 할 만한 것은 1920년대 전후로 등장했다. 개항 이후 서양 문물이 유입되면서 외국 상품의 소비가 증가하던 때였다. 특히 지식인을 중심으로 서구의 생활양식을 흠모하고 모방하는 사회 분위기가 형성되었다. 이들이 이상적인 여성의 외모를 서구적인 기준에 맞추어 설명하기 시작했고, 더 나아가 여성의 외모를 한 국가의 문명화 기준을 판단하는 척도로 활용했다. 서구적인 미인들이 거리의 간판을 장식했고, 피부를 하얗게 만드는 화장품이나 몸매를 날씬하게 해 주는 체조 교본이 유행을 했다.

이 시기 미용 성형은 큰 눈과 오뚝한 코를 가진 서구식 외모를 만드는 기술로 간혹 소개되는 정도였다. 그러다가 1960년대에 이르면 서울 도심에 '미용 정형' 간판이 내걸리게 되고 여성 잡지에 미용 정형의원 광고들이 실리기 시작한다. 의료계에 성형외과가 전문 의료 과목으로 제도화되기 이전 시기였기에 의사와 무자격 시술자는 쉽게 구분되지 않았다.

현대 문명이 요구하는 미인

눈을 잘 만들어야 됩니다. 눈과 눈썹은 근대적 미를 표현시키기에 제일 필요한 곳으로 일층 주의해야 합니다. 눈꼬리가 붙었다든지 심히 내리 붙었다든지 한 것은 큰 결점입니다. 그런데 이런 결점에 대해서는 단점을 보충하는 소극적 화장법을 연구하는 것보다는 단점을 잘 보이게 하는 동시에 장점을 한층 살릴 수 있도록 적극적 방법을 생각해서 자기의 타고난 개성미를 좀 더 나타낼 수 있게 하는 것이 제일입니다. 치뜬 눈, 내리 붙은 눈, 눈두덩이 수북한 눈, 폭 가라앉은 눈 같은 것은 정형 안과로서 어느 정도까지는 딱 보기 좋은 눈으로 고칠 수 있습니다만 열에 열이 다 좋은 결과를 얻는다고도 할 수 있으나 그러나 간혹 도리어 수술이 적지 않은 실패에 빠지게 하는 실례도 있습니다. 그러므로 정형수술이라도 충분히 그 결과를 생각해서 할 일입니다.[1]

〈대한성형외과학회〉의 공식 기록에 따르면 과거에는 성형수술이라는 말이 존재하지 않았다. 1960년대 한국인 최초의 성형외과 의사로 알려진 유재덕이 미국 유학 중에 플라스틱 서저리 plastic surgery라는 용어를 접하고 번역어를 고민하다가 성형수술이라고 명명했다는 것이 의학계의 기록이다. 하지만 외과적인 수술을 통해 외모를 가꾼다는 의미에서 미용 성형을 한 사람들의 경험은 이 기록을 훨씬 앞선다. 1920년대 말 일간지에 실린 위 기사를 보면, 이때부터 이미 '정형수술'이라는 이름으로 눈을 크게 하고 눈매를 교정하는 시술이 존재했음을 알 수 있다. "수술이 외모를 가꾸는 적극적인 방법이다", "열이면 열 다 좋은 결과를 얻지만 실패의 위험도 있으니 유의하라" 등은 오늘날에도 낯설지 않은, 미용 성형을 설명하는 전형적인 수사이다.

1920년대 조선은 한창 선진 문명국인 서구를 이정표로 삼아 근대화를 추구하던 중이었다. 이에 따라 서양 문물과 서구적인 생활양식을 선망하는 분위기가 형성되었다. 그러한 서구 문화 가운데에서도 단발머리와 웨이브 파마, 서구식 정장과 눌러 쓴 모자, 그리고 축음기나 연애편지로 대표되는 외모 가꾸기와 자유연애는 조선의 젊은이들이 가장 열렬하게 추종하던 것들이었다. "눈과 눈썹이 근대적인 미의 표현에 가장 중요한 곳"이라는 기사 내용에서도 알 수 있듯이 초기 성형수술은 조선이 서구 지향적인 근대화를 추구하고 서구 문화를 흠모하는 분위기 속에서 탄생했다.

이 시기 흥미로운 점은 개인의 외모가 사회의 발달 정도, 문명의 선진화 정도를 가늠하는 지표로 대두되었다는 것이다. 특히 여성의 몸은 그 사회의 문명과 문화를 해석하는 근거였다. 조선 말기, 서구를 이상적인 모델로 삼았던 당대 지식인들이 앞장서 여성의 외모를 서구화의 잣대로 삼았다.[2] 1922년 여성 잡지 『부인』에 실린 "현대 문명이 요구하는 미인"이라는 제목의 기사를 보면 "사람의 얼골을 보아 그 사람의 마음의 엇더한 것을 대강 짐작할 수 잇는 바와 가티 그 시대의 어엽분 여자를 보아 그 시대의 문명의 형편을 짐작할 수가 있다"고 쓰고 있다.[3] 『조선일보』 기자 홍종인은 "얼굴의 미를 좌우하는 것은 코인데 코가 낮은 것은 미개한 족속에서나 볼 수 있는 것이니 근대 미인들은 될 수 있는 대로 코를 높여 근대인의 용모를 갖추어야 한다"고 했다.[4] 더 나아가 여성 잡지의 주임을 맡았던 함대운은 "흑인의 입술이 두꺼운 것을 통해 알 수 있듯이 입술이 얇은 사람은 남성, 여성을 물론하고 문화인"이라고 주장했다.[5]

사실 조선에서 이상적인 여성상은 다산을 상징하는 풍성한 몸에 둥근 얼굴형으로 대표되는 복스러운 인상이었다. 여성의 큰 눈은 과도한 섹슈얼리티를 드러낸다고 보고 꺼려하기도 했다. 하지만 개화기 지식인들은 고전미, 정숙미와 같은 조선 여성의 아름다움은 경쾌하고 활동적이며 이지적인 서구 여성에 비해 "근대적인 세련미"가 부족하다고 생각했다. 작은 눈보다는 큰 눈, 풍성한 몸매보다는 날씬한 몸매가 선호되기 시작한 것이다.

조선 기생들은 백로같이 그 담아한 자태와 음악적 말씨가 확실히 남

의 마음을 건드려 놓는다. 그러나 솔직하게 말하면 고전미, 정적미
는 있다 할 터이나 근대적으로 세련을 받지 못한 관계로 경쾌하고 동
적이고 방문한 이지성이라고는 찾아보재도 볼 길이 없다.[6]

현대의 미인은 우선 큰 눈을 가져야 하는 것이 조건이라 합니다. 조
선 부인은 대체로 눈의 표정이 퍽도 적습니다. 이것은 눈이 적은 까
닭이지요. 조선의 대표적 미인이니 무어니 하는 젊은 여자들의 눈의
표정을 보아도 잘 알 수 있는 일이라 하겠습니다. 아이샤도우 같은
눈의 화장법이 발달하여 와서 근대 여성은 눈의 미화에 여러 가지로
고심하고 있으나 한편으로는 의학적으로 눈의 정형의학이 진보하여
간단한 수술로 눈의 결점을 없애버릴 수가 있게 되었습니다. 가령 적
은 눈을 크게 하고 사시를 교정하며 까풀 눈을 쌍꺼풀로 할 수 있을
뿐 아니라 각막이나 눈꺼풀에 빛깔을 주사해서 눈의 빛을 변경시킬
수도 있게 되었습니다. 이대로 세상이 진보해 나간다면 아마 이 세상
에는 못생긴 여자라고는 하나도 없게 될 것입니다.[7]

1930년대의 위 기사들을 보면 큰 눈과 쌍꺼풀은 애초에 남성
지식인들의 근대화를 향한 열망의 소산이었던 것처럼 보인다. 그
들은 서구화된 여성의 몸을 경유해 그들이 바라마지 않는 근대성
을 목격하고자 했다. 쌍꺼풀이 있는 큰 눈이 미적 이상으로 변모
한 것은 한국보다 앞서 서구화가 진행되었던 일본도 예외는 아니
었다. 일본의 여성 잡지 『부인 세계』에는 홑꺼풀은 "일본인의 일
대 결점인 추한 모습의 눈"이며 눈썹이 찌르기 쉽고 눈이 단조롭

게 보인다는 이유를 들어 쌍꺼풀 수술을 소개하고 권장하는 기사가 실리기도 했다.[8] 몸매에 대한 미적 관점 역시 크게 변화되었다. 이른바 '날씬한 몸매 만들기' 체조 교본이 유행하기 시작한 것도 이 시기였다.

우리들이 규정하는 여성미란 상식적으로 알다시피 어깨가 좁을 것, 허리춤이 날씬하야 벌의 허리처럼 될 것, 둔부가 넓어야 할 것, 대퇴는 굵되 발끝으로 옮아오면서 뽑은 듯 솔직해야 될 것 등일 것이다. 서양 여성은 이러한 조건이 비교적 구비되었으나 우리 동양 여성은 그렇지 못하다. (…) 조선 여성을 세워놓고는 진정 그릴 맛이 없다. 그러나 조선 여성도 시대가 옛날과 다르고 의복이 또한 옛날과 다르니만큼 가정의 어머니들의 힘으로 자라나는 따님들의 체구를 의상과 운동과 지식 등으로서 잘 고려하야 이상적 타입을 만들기에 노력할 것 같으면 머지 않은 장래에 아름다운 육체의 여성들을 많이 발견할 수 있을 것이라 믿는다.[9]

아름다움을 가늠하는 척도가 서구 지향적으로 변모되는 가운데 여성이 소비를 유혹하는 매개자로 상품화되기 시작했다. 서울 도심지 광고 간판의 70~80퍼센트는 꽃과 여성의 이미지로 장식되었다. 하얀 피부를 강조하는 백분, 구리무 등의 광고에서도 볼 수 있듯, 급성장하기 시작한 화장품 산업 한가운데에는 미백에 대한 열망이 자리하고 있었다. 『신여성』, 『여성』에는 하얗고 갸름한 얼굴에 건강한 검은 눈썹, 또렷한 눈동자, 콧등이 매끈하게 뻗은 코와 붉은 연지를 칠한 입술의 여성이 표지 모델로 등장했다. 1929년 창간된 『삼천리』 표지의 여성 이미지 또한 한복을 입은 동양적인 여성에서 점차 몸매가 길고 얼굴이 갸름한 서구식 미인상으로 바뀌어 갔는데, 나중에는 아예 서양인을 모델로 내세운다.[10]

여성의 몸에 근대를 이식시키려 한 가부장적인 남성 지식인이나 성을 상품화하는 자본주의 체제의 등장만이 여성의 외모 규범을 서구화시킨 원인은 아니었다. 전통적인 여성관에 도전해 여성들에게도 교육의 기회를 갖게 하고, 적극적이고 진취적인 사회 참여를 보장해야 한다고 생각했던 이들도 서구 여성의 하얀 피부, 큰 키, 높은 코, 깊은 눈 등의 신체적인 외양을 우월한 것으로 보았다. 여성의 지위 향상에 대한 바람을 외모에 투영한 것이다. 한국 최초의 여성 서양화가이자 작가이며 근대 여성의 권리를 누구보다 치열하게 주장했던 나혜석이 『삼천리』에 기고한 글에서도 이러한 바람이 잘 드러난다.

구미 여자는 대체에 있어서 동양 여자에 비하여 색이 희고 키가 크고 코가 높고 눈이 깊으며, 그 행동은 분명하고 진취성이 많으며 행동이 많고 상식이 풍부하며 매사에 총명하다. (…) 동양 남성은 딱딱하고 거칠은 반대로 서양 남성은 부드럽고 친절하다. 동양 여성은 의지가 박약한 반대로 서양 여성은 의지가 강하다. 동양 남성이나 여성은 몰상식한 반대로 서양 남성이나 여성은 상식이 풍부하다.[11]

서구에 대한 선망 속에 형성된 외모 규범은 특정한 방식으로 이상적인 서구인의 외모를 구성했을 뿐만 아니라 여성성을 설명하는 새로운 언어를 생성했다. 교양미, 세련, 매력 등과 같은 기호들이 여성들에게 하나의 이상으로 자리 잡은 것이다.

이상적인 아름다움의 기준이 바뀌었다고 해서 이 기준을 충족하기 위한 실천들이 곧 유행이 되는 것은 아니다. 성형 담론이 막 생성되기 시작하던 1920~1930년대에 서구화된 육체를 얻기 위해 성형수술(정형수술)을 할 수 있는 인구 집단은 극히 드물었다. 인구 대부분이 빈농과 도시 빈민으로 전락해 초근목피로 연명할 수밖에 없는 사회에서 서구화된 육체는 서울 도심에 거주하며 첨단의 현대적 삶의 양식을 지향하던 한 줌의 신여성들을 제외하고는 그저 구경거리에 불과했다.[12] 성형수술이 광범위한 대중에게 가능한 실천으로 인식되기 위해서는 특정 미 규범 외에도 외모 관리 기술과 그 기술을 상품으로 소비할 수 있는 경제, 사회, 문화적 환경이 조성되어야 했다.

광화문 K원장과 미아리 텍사스 가정집

미용을 목적으로 한 성형수술이 처음으로 대중화되기 시작한 것은 한국전쟁 이후이다. 1954년 초 한국에서 의사로 근무했던 랠프 밀러드는 아시아 지역을 여행하면서 의사들이 다양한 방식으로 이른바 서구적인 눈을 만드는 수술을 시행하는 것을 목격했다.[13] 홍콩, 도쿄, 필리핀과 더불어 서울도 예외는 아니었다. 의원을 운영하는 미용 의사들이 이 시기 성형수술 문화를 주도했다. 한국이나 일본에서 의과대학을 졸업해 개인적인 방법으로 성형수술 기술을 익힌 사람들이었다.[14] 이 시기 여성 잡지에는 미용 정형(성형)외과 광고들이 적지 않게 등장했다. 500쪽 남짓되는 『여원』이라는 잡지(1965년 11월 호)에 무려 스무 개의 정형(성형)외과 광고가 실릴 정도였다. "정형의 삼위일체 눈·코·입술의 성형", "당신은 좀 더 아름다워질 수 있습니다", "한 번 수술에 실패하신 분 특히 환영함", "쌍꺼풀, 융비술쯤은 이미 상식화되었다"는 광고 문구와 함께 비포/애프터 사진(또는 그림) 광고들이 등장한 것도 이 시기였다.[15]

오늘날 성형외과 하면 서울 강남을 떠올리듯이 1950년대 전후 시기 미용 수술을 받을 수 있는 유명 병원은 당시 번화가인 광화문 네거리와 종로, 명동에 위치했었다. 미용 의사들은 명동과 종로를 중심으로 개원을 하여 "미인이 되고 싶으십니까?"라는 유혹의 수사를 전시하면서 미용 성형을 시술했다. 미용 정형, 미용윗과의 반짝이는 간판과 네온사인은 유명 미용실들이 호텔에서 영화 상영과 모델 쇼를 겸하면서 최신식 미용과 패션을 이끌고 얼굴형에 맞는 입술 화장품을 소개하는 미용 기사가 신문 지상을 오르내리던 시기, 당시 서울 도심의 분위기를 반영하는 일면이었다.[16]

적극적인 미용법이라고나 할까? (…) 그 어느 때부터인지 멀쩡한 눈에 생채기(?)를 내서 쌍꺼풀을 만들고, 온전한 코를 작대기 모양 높게 뻗쳐 산마루를 만들게 하는 것이 유행하게 되었다. (…) 해방 직후 미군이 들끓을 땐 소위 양부인이 하루에 5,6명이나 찾아와 '눈의 쌍꺼풀'과 '콧날'을 세워 달라고 하더니 미군이 철수하자 거의 한 명의 환자도 없이 이런 불경기가 6.25사변까지 계속했다고 한다. 피난 '부산' 시절엔 자신이 개업은 안했으나 친구 의사의 말을 들어보면 위안부들 외에 정부의 고관 부인들이 외국인과 열리는 '파티'에 나가기 위해 보다 서구적인 얼굴을 꾸미려고 사뭇 붐볐다는 것이다. 이 박사가 삼선 대통령이 되었을 때 전후가 가장 호경기였다고 그 시절을 잊을 수 없다는 표정이다. (…) 대바늘 같은 주사 바늘을 콧잔등에 푹 박고 약을 넣으면 인절미처럼 물컹해진 코를 의사가 손끝으로 코의 '틀'을 잡는데 그 시간이 5~10분, 차츰 코는 다시 굳어진다. 눈은 한 쪽 눈씩 수술을 하고 한 일주일 안대를 하고 다니다 보면 쌍꺼풀 진 서구 미인이 탄생한다.[17]

이 기사는 광화문에서 미용욋과를 개업한 K원장의 사례를 인용하고 있다. 기사에 따르면 광화문 K원장은 개업하고 10년 동안 2만 명의 남녀를 시술했다고 한다. 한 해에 1천 명 꼴이다. K원장의 화려한 시술 경력이나, 이승만이 3대 대통령이던 시절 성형수술 호황기를 회고하는 것을 보면 1950년대에 한국에서 미용 목적의 수술이 적지 않게 행해졌다는 것을 짐작할 수 있다. 이 기사에서 눈에 띄는 것은 미용욋과와 정형외과라는 말이 함께 쓰인다는 점이다. 아마도 K원장은 원래 정형외과의였다가 미용 성형으로 업종을 바꾼 사례에 해당할 것이다. 쌍꺼풀와 잘쭉 들어간 코를 강조하는 걸 보면, 서구 지향적인 미 규범의 변함없는 영향력을 확인할 수도 있다. 해방 전과 달라진 게 있다면 "인공 미인"이라는 표현에서 볼 수 있듯, 과거에는 근대의 가능성과 상징으로 받아들여졌던 미용 성형에 부정적인 이미지가 씌워졌다는 점이다. (인용문에서는 삭제되었지만) "불구의 부분이나 흉터를 정상 상태로 교정하는" 것이 정형의학의 본래 역할인데 "인공 미인을 만들기 위한 것으로 변모되었다"는 점을 개탄하는 기사의 어투를 보면, 미용욋과라는 표현에는 성형수술을 하는 의사와 미용 성형 환자들을 비하하는 시선이 담겨 있다고 볼 수 있다. "미인 제조 공장"이라는 위 기사의 제목에서도 기사 작성자의 의도를 읽을 수 있다.

미용 성형을 바라보는 사회의 시선이 곱지 않았음에도, K원장이 인터뷰를 하던 당시에 미용 성형은 이미 상당히 대중화된 것으로 보인다. 해방 직후와 6.25 전쟁 시기에는 주로 미군을 상대로 성매매를 하는 여성과 외국인 파티에 초대받은 고관 부인 등 다소 예외적인 부류의 여성들이 미용 수술의 환자가 되었다면, 전쟁 이후 1960년대에 접어들면서 여대생, 비즈니스 걸(BG)이라 불리던 여자 사무원, 비서, 가이드, 은행원을 포함해 직업을 파악하기 어려울 정도로 다양한 여성들, 그리고 회사원이나 배우 지망생 등의 남성들까지 환자의 범주는 넓고 다양해졌다. 여성, 남성 환자 비율은 6:4 정도로 남성 비율이 생각보다 높았다.

재미있는 점은 개탄조의 논조에도 불구하고, 이 기사는 사실상 광화문 네거리에 위치한 K원장의 병원을 간접적으로 광고하는 것처럼 읽힌다는 것이다. 미용 정형(성형)외과는 주로 어떤 지역에 있는지, 성형수술을 하면 눈과 코가 어떻게 변화되는지, 그리고 가격은 어느 정도인지까지를 상세하게 소개하고 있기 때문이다. 기사 옆에는 비포/애프터 이미지를 실어 성형을 통한 몸의 변화를 시각적으로 제시해 그 효과를 대중에게 보여 주고 있다.

당시의 미용 성형 붐을 엿볼 수 있는 또 하나의 사례는 무면허 성형 시술자들의 등장에서 찾을 수 있다. 정형이라는 이름으로 유행한 미용 성형은 쌍꺼풀을 만들거나 일본을 통해 들어온 육질 주사들을 이용해 코를 높이고 유방을 키우는 시술이 대부분이었는데, 서울의 도심 병원 의사들뿐 아니라 별다른 자격이 없는 이른바 무자격 시술자들에 의해서도 광범위하게 행해졌다.

> 미아리 텍사스라고 있었거든. 모던 눈썹이라고 해서 반 잘라서 술집 여자들 붙여 주고. 미용실 원장이 애 둘 데리고 사는데 그 여자가 쌍꺼풀 하는 데 데려 갔어. 가정집에 가서 했는데 그냥 따라갔다가 하려고 하니까 무섭더라고. 깐쓰메(통조림)라고 거기 가서 미제 물건 처음 먹어 봤어. 얼마나 맛있던지.(Y, 65세, 미용실 원장)

Y원장은 열여덟 살에 서울에서 3년 정도 미용 기술을 배웠고, 지금은 지방의 한 아파트 단지에서 열 평 남짓한 작은 미용실을 혼자 운영하고 있다. Y원장은 당시 가정집에서 이루어지던 소위

'야매'* 성형 시술의 풍경을 생생하게 들려주었다. Y원장에게 기술을 가르쳐 주던 미용실 원장은 미군 부대가 많고 '양색시' 많기로 소문난 미아리 텍사스촌으로 Y원장을 데리고 갔다. 시술을 받은 곳이 가정집이었다는 것을 보면 Y원장은 '야매'로 수술을 받은 게 분명하지만 1950년대 중반에는 이들 시술자를 불법으로 판단할 근거는 존재하지 않았다. 의학계에 공식적인 진료 과목으로는 소아과, 산부인과, 외과, 정형외과 정도만 있었고, 성형외과는 아예 존재하지 않았으며, 성형을 의료 행위로 볼 수 있는 법적 근거도 없었다.

당시 미용 성형 세태에 대한 비난은 주로 의사들을 향했다. 1961년 『조선일보』의 '울퉁불퉁'이라는 꼭지에는 "조심! 유방 정형수술"이라는 기사가 실렸는데 잘못된 성형수술로 유방을 절제해야 하는 상황에 놓인 송 모 여인의 사연을 소개하고 있다. 기사는 말미에 "유방 미용에 신경 쓰시는 여성들께서는 타산지석他山之石으로 삼으시도록"이라고 당부하며 송 모 여인의 허영을 우회해서 나무라고 있지만 동시에 송 모 여인을 시술한 광화문 정형외과 간 원장의 인터뷰를 들어 의사의 무책임도 탓한다. "유방이 굳어진 것은 사실이나 모양은 좋아졌다"는 간 원장의 말은 의사들은 원하는 대로 모양만 만들 뿐이지 이후 발생할 수 있는 부작용이나 합병증은 통제할 능력이 없다는 사실을 폭로하고

■ '야매'는 암거래를 뜻하는 일본어 야미(閣, やみ)에서 유래한 단어로, 여성들은 의사가 아닌 무자격자에게 받는 성형을 불법 성형이라고 말하기보다 야매라는 용어로 표현했다. 그 어감을 살리기 위해 이 책에서도 '야매'라는 표현을 사용한다.

있다. 1957년 명동에서 미용외과를 운영했던 한 의사와의 인터뷰를 보면 당시 미용 의사에 대한 사회적 인식이 어땠는지를 알수 있다.

처음에는 우리 같은 의사는 미용 의사라고 해서 의사가 아니라고 봤죠. 허영심 있는 여자들 얼굴이나 고쳐 주는 장사치, 여자 상대 돈벌이, 그렇게 봤죠. 사람 생명을 고치는 것도 아니고, 병을 고치는 것도 아니고, 멀쩡한 얼굴을 고치면서 사치 풍조나 조장한다고. 사실 나는 동경여의전을 나온 사람이야. 그 당시에 동경여의전 나왔다 그러면 그거는 대단한 거라고. 그래도 미용 정형, 그러면 그거는 명망 있게 보지를 않았지.[18]

미용 의사들은 사람의 생명을 구하기 위해 의술을 사용하는 것이 아니라 허영에 찬 여자들의 욕망에 편승해 돈을 벌기 위해 의술을 사용하는 기술자, 혹은 장사꾼처럼 여겨졌다. 사행적인 이윤을 추구하는 의사라는 점에서 의사로서의 권위도 인정받지 못했고, 자기 직업을 자랑스럽게 여기지 못했다. 하지만 성형외과가 정식 의료 분과 가운데 하나로 자리 잡게 되면서 미용 정형을 하는 의사들의 지위에도 큰 변화가 생긴다.

2장

야매는
가라!

1960년대 전후만 해도 성형외과와 미용업을 구분하고 의사를 무자격 시술자와 구분하는 인식 자체가 없었다. 성형이 의학의 한 분야로 인정받기 위해서는 법적인 측면에서 전문의 제도 안에 통합되어야 했고, 내부 의료인과 대중의 인정도 필요했다. 따라서 미용 성형을 하는 의사들은 성형외과를 공식적인 진료 과목으로 제도화하고 또 의미화하기 위해 지난한 노력을 기울였다. 특히 성형수술 실패나 부작용 사례는 의사와 무자격 시술자를 구분하는 데 유용하게 활용되었다. 이를 통해 개인적으로 성형수술 기술을 배워 개원했던 일부 의사들이 성형외과 의사 집단에 합류하게 되었고, 무자격 시술자들은 불법 시술자 또는 '돌팔이' 의사로 낙인 찍혔다. 제도화 이후 성형외과 의사의 권위와 위상은 높아져갔다. 흥미로운 점은 성형이 전문화·제도화 되는 과정에서 여성들의 성형 실천 사이에 계층 차이가 발생했다는 점이다. 부유층 여성들은 대학병원 성형외과 의사에게, 빈곤층 여성들은 공단 지역을 전전하는 '돌팔이' 의사에게 얼굴을 맡겼다. 또한 성형외과가 정식 의료 분과로 인정을 받게 되면서 성형 세태에 대한 비난의 초점은 의사에서 성형을 받는 여성에게로 이동해 갔다.

성형 의사 수난 시대

서울 광화문과 종로에 미용 정형이니, 미용윗과니 하는 간판과 네온사인이 반짝이고 미용실 보조로 일하던 Y가 미아리 텍사스 가정집에서 쌍꺼풀 수술을 받던 즈음, 의사 유재덕은 의과대학을 졸업하고 1년간 인턴을 마친 뒤 미국으로 유학을 떠났다. 세브란스에서 인턴 생활을 했지만 본인이 "의사인지 아닌지 양심의 가책을 느낄 정도로 아는 것이 없다"고 느꼈던 유재덕은 미국 유학을 가서 '진짜 의사'가 되어 돌아오고 싶었다. 유재덕은 유학을 가기 전 세브란스 의과대학 학장의 조언 때문에 성형 의학을 전공하게 되었다고 말한다.

난 지금도 잊지를 못해. 그 양반 때문에 성형외과를 했다고. "정말 새로 공부하려 하느냐? 그럼 한 가지만 이야기하지. 미국에 가서 남이 안 하는 분야를 하고 와. 아주 희귀한, 남이 안 하는 분야를 하고 와. 우리나라에 필요할 거야." 이 양반이 그러더라고. 그때만 해도 많은 게 내과, 외과, 소아과, 산부인과거든. 그 외엔 조금 새로운 게 엑스레이 래보라토X-ray Laboratory 이런 계통인데. 남이 안 하는 것을 하고 와, 그거 하나 머리에 꽉 심고 내가 갔다고.[1]

유재덕은 언청이 치료를 전문으로 하던 앨런타운 병원에 지원했다. 그곳의 성형외과 과장이 성형외과를 전공하려는 이유를 묻자 "한국에서 의과대학에 다닐 때 듣지 못했던 새로운 학문이기 때문에 꼭 하고 싶다. 한국으로 돌아가서 새로운 학문을 펼치겠다"고 답했다. 당시 한국에서 의대를 졸업하고 미국으로 유학을 간 학생들 가운데 대부분은 그대로 미국에 정착했다. 인턴, 레지던트에 대한 처우나 급여가 한국과 비교도 안 될 만큼 좋았고 개업 후 수입도 보장받을 수 있었기 때문이다. 그러나 유재덕은 "한국에는 없는 분야"를 배워 국가에 기여하고자 했던 포부를 가지고 유학길에 올랐고, 그 포부 그대로 성형의학 기술을 한국에 가지고 왔다. 한국 성형의학의 공식적인 역사는 미국에서 귀국한 유재덕이 세브란스 병원에서 성형외과 진료를 시작한 1960년대 초반부터라고 볼 수 있다. 때맞춰 1960년대 말부터 1970년대 초반 사이에는 미용 성형을 의학으로 볼 수 있는지를 둘러싼 갑론을박이 벌어졌다. 미용 수술 부작용을 이유로 여성 일곱 명이 의사를 고소한 사건이 주목을 받으면서 미용 수술에 대한 일반인의 거부감과 사회의 반감이 심해지던 시기였다.

혹 떼려다가 혹 붙이는 비극은 옛날 얘기에 속하는 일인가? 코를 높이려는 아가씨가, 뺨을 좀 더 곱게 만들려던 아가씨가 수술을 받고 나니 전보다도 더 미워졌다. 이런 요술을 부린 악덕 의사가 지난 10일 검찰에 의해 구속 기소됐다. 고소한 사람은 타이피스트 K양, 사장 비서 R양, S여대생 L양 등 7명. 이른바 '정형수술'의 희생자는 상상 외로 많다는 이야기고 보면 심상치 않은 문제다. (…) 그러면 좀 더 예뻐지려는 일념으로 맞은 이 주사의 정체는 무엇일까? 일종의 파라핀 합성물로 우리가 불을 켤 때 쓰는 양초와 같은 것이라고 생각하면 틀림없다. 파라핀 같은 광물질이 동물성인 사람의 근육 속에 병을 일으키지 않는다면 오히려 이상하지 않겠느냐고 전문 의사들은 반문한다. 지금 이런 주사는 제조회사조차 알려지지 않은 채 '오르가노겐'이니 '네오르가노겐' 따위의 이름으로 버젓이 쓰이고 있다. 이 주사로 생긴 부작용은 현대 의술로는 도저히 회복시키지 못할 뿐더러 썩거나 암이 생기는 경우에는 그 부분을 도려내야 한다는 것이다.[2]

1967년 일어난 이 사건은 "인조미의 위험", "정형수술로 얼굴 망친 7인의 처녀와 그 교훈", "조심하세요. 미녀에의 유혹" 등의 제목을 달고 보도되었다. 문제가 된 주사 성형을 "악덕 의사의 요물" 정도로 규정하는 기사의 논조에서 알 수 있듯, 미용 성형을 하는 의사나 미용 성형 시술 모두 시종일관 부정적으로 다뤄졌다. 이러한 분위기에서 1967년 보건사회부는 "미용 수술은 의료의 본래 사명을 떠난 악덕 부문을 자극하는 행위로 의료 행위가 아니므로 단속해야 한다"는 의료심의회의 결론에 따라 코 성형, 유방 성형을 시행하는 의사들을 단속하겠다고 밝혔다.

언청이 수술이나 치료를 동반하는 정형은 순수한 의미에서의 의료 행위이나 쌍꺼풀, 코 높이기, 가슴 높이기 등은 의료의 본래 사명을 떠난 '악덕 부분을 자극하는 행위'라고 단정한 보사부 당국은 우선 전문 과목에도 없는 '미용' 또는 '성형수술' 등의 자극적인 표현으로 여인들을 현혹시키고 있는 간판 및 네온사인 등을 의료법 위반으로 고발하고 이러한 종류의 광고를 강력 단속하기로 한 것이다. (…) 보사부는 1차적으로 전국 각 시·도에 지시, '미용' 및 '성형' 등의 간판 및 네온사인을 철거시키는 한편 광고를 단속하고 불응할 경우 의료법 제36조와 37조(2년 이하의 징역·6만 원 이하의 벌금)에 따라 고발하거나 영업정지 처분을 하도록 하고 계속 이러한 사이비 수술 행위를 하는 의사에 대해서는 상해 및 사기로 다스리기로 했다.[3]

당시 보사부가 불법이나 편법을 저지르는 가짜 의사로 집계한 의사의 수는 약 349명이었다. 이들은 의료 체계에 없는 미용 정형, 성형 등의 간판을 내걸고 영업을 하고 있었다. 적법한 의료 행위를 하지 않는 의사들을 처벌하겠다는 이 규정은 흥미롭게도 의사가 아닌 비의료인(무면허 시술자)이 미용 성형을 행하는 경우는 불법으로 판정하지 않았다.

1971년 10월, 검찰은 의사의 면허를 빌려 의원을 경영하면서 무면허 조수에게 쌍꺼풀 등 성형수술을 시킨 가짜 원장과 조수들을 기소했다. 원장은 자격이 없는 조수를 월 2만 원씩 주고 고용했고, 조수들은 1회에 1만 3천 원~2만 원씩 받고 미용 성형수술을 해 왔다고 한다. 무면허 조수에게 쌍꺼풀 수술을 받은 환자는 "왼쪽 눈은 짝눈이 되었으며 눈이 충혈, 햇빛만 보면 눈물이 난다"는 부작용을 호소했다. 그런데 미용 성형수술은 법적으로 의료 행위가 아닌 미용 행위로 해석되었기에, 당시 구속된 무면허 조수인 권진영은 "무면허자의 의료 업무 금지에 대한 위반"에 해당하지 않아 무죄 판결을 받았다.

> 서울형사지법 김승진 판사는 23일 무면허 조수로서 45명에게 곰보, 쌍꺼풀 등 미용 성형수술을 해 준 혐의로 기소된 권진영(31, 남대문로5가 151, 동남의원 무면허 조수) 피고인에 대한 의료법 위반 사건 선고 공판에서 "곰보, 쌍꺼풀, 콧날 세우기 등 미용 성형수술은 의료의 기초적이고 초보적인 행위이기 때문에 의료 행위에 준하는 것이라고 할 수 있으나 질병 예방이나 치료 행위가 아니므로 의학상의 의료 행위라 볼 수 없어 의료법 제25조에 규정된 의사에 허용되는 의료 행위라고 할 수 없다"고 판시, 무죄를 선고했다.[4]

재판부의 입장은 미용 성형은 의료 행위와 유사하지만 공식적인 진료 과목이 아니기에 의료법에 의거해 법적 책임을 물을 수는 없다는 것이었다. 따라서 동남의원의 무면허 조수 권진영은 무죄를 선고받았고, 천여 명에게 쌍꺼풀, 코 성형을 시술한 치과의사로 명동의원 원장이었던 박창환 역시 서울고등법원에서 무죄 판결을 받았다.[5] 그러나 검찰은 항소와 상고를 거듭했고 1974년 대법원은 결국 동남의원 무면허 조수 권진영에 대한 서울지법의 판결을 번복한다. 미용 성형은 의료 행위로 재해석되었고, 무면허 시술자에 의한 미용 성형 시술 행위는 의료법 위반으로 판결이 났다.

대법원 전원 합의부는 26일 코 높이기, 곰보 수술 등 성형수술은 의료 행위가 아니라는 판례를 스스로 깨고 성형수술도 의료 행위로 보아야 한다는 새 판결을 내렸다. 대법원은 "미용 성형수술은 마취약을 넣고 코 밑을 절개하는 등 일반적인 의료 시술 방법으로 행해지고 그 과정에서 세균이 침입할 위험도 내포하고 있어 질병의 예방과 치료를 근본으로 하는 의료 행위의 범주에 넣어 해석하는 것이 타당하다"고 판결 이유를 밝혔다.[6]

대법원은 마취와 절개, 감염의 우려 등, 미용보다는 메스를 이용한 수술 행위로 해석의 초점을 이동시켰다. 이 판결을 기점으로 미용 성형은 합법적인 의료 행위로 인정받게 된다. 이와 동시에 의료의 경계 바깥에서 미용 행위 차원으로 성형수술을 하던 이들은 무면허 시술자가 되었고 의료법 위반으로 단속 대상이 되었다. 동남의원 조수 권진영에 대한 대법원의 판결을 전후로 해서 십여 년간은 한국 사회에서 성형수술이 공식적인 의료 행위로 자리 잡기 시작한 시기이다. 성형외과 분과가 창립되었고, 〈대한성형외과학회〉가 〈대한의학협회〉의 자학회로 인증을 받았으며, 의료법이 개정되었고, 국내 최초 성형외과 전문의가 배출되었던 것이다.[7]

성형이 공식 의료 분과로 자리를 잡아 나가는 가운데, 일부 의사들은 성형외과는 외상으로 손상된 기관을 고치는 재건 성형이 핵심이며, 미용 성형은 단지 성형외과 진료 과목의 일부에 불과하다는 점을 강조했다. 성형외과를 미용 성형을 하는 곳으로 보는 일반인의 착각과 무지를 일깨워야 한다는 주장도 제기되었다.

> 3백여 명의 가짜 의사가 들끓는 서울 시내에서 성형에 대한 일반의 무식을 일깨우는 것이 무엇보다 급선무라면서 (…) 성형윗과는 '플래스틱 서저리'라고 하여(이의영 성형외과원장) 일반적으로 합성수지 제품인 '플래스틱'을 연상하게 되나 그것과는 전혀 다른 리폼(재건)을 의미한다는 것. 그래서 주름살 성형, 유방 확대 등을 하여 아름다워지려고 하는 허황된 꿈은 도저히 이루어질 수 없다는 것. 단지 가능한 것은 불구, 추형, 기형 등을 원상태로 비슷하게 만들 수 있다는 것.[8]

그러나 성형외과 본연의 목적이자 본분을 재건 성형에 있다고 보고 미용 성형을 괄시하던 풍토는 무자격자의 미용 수술로 인한 부작용이나 후유증 사례가 늘면서 바뀌기 시작한다. 돌팔이 시술로 인한 피해 발생을 막기 위해서라도 미용 수술을 전문화 시켜야 한다는 주장이 힘을 얻게 된 것이다. "성형을 통한 여성들의 미의 추구 행위가 엉뚱한 부작용을 낳는 어처구니없는 일"[9]을 방지해야 한다는 데 의사들도 뜻을 같이 했다. 많은 의사들에게 무책임한 시술자들의 존재는 전문의들이 미용 수술을 해야 하는 절박한 이유가 되었다. 한국 최초의 성형외과 전문의 유재덕은 한국에서 언제부터 성형외과 전문의들이 미용 수술을 시행하게 되었는지 묻는 질문에 다음과 같이 말한다.

유학 갔다 나와 보니까 이미 한국에서는 소위 돌팔이 의사라고, 의사 아닌 사람이 의사 행사를 하는 돌팔이 의사. 뭐냐 하면 안과나 이비인후과에서 조수 노릇, 간호원 노릇했던 사람들이 거기에서 선생들이 하는, 소위 육질 주사, 쌍꺼풀 수술을 배워 가지고 나와서 가방 들고 다니면서 하는, 왕진 가는 식으로 다니면서 수술하고, 많았다고. 그게 사회 이슈화되기 시작을 하고, 재판이 자꾸 일어나고, 학회에 문의가 들어오고, 그때부터 미용외과에 대한 관심이 자꾸자꾸 높아지기 시작을 했지. 기술적으로 흥미로워서 높아지기보다도 비리가 자꾸 생기니까. 비의료 행위가 의료 행위같이 비춰지면서 성형외과를 침범해 들어오니까. 〈대한성형외과학회〉로서는 조심하고 우리가 태도를 분명히 해야 되겠다 해서 내가 그런 재판에 여러 번 증인으로 출두하기도 하고. 그런 걸 보니까 틀림없이 미용도 붐이 오르긴 오를 거 같구나 하는 것을 알아서 그때부터 미용도 우리 성형외과에서 중요시해야만 된다라고 이야기를 했지. 그러니까 자연

히 환자들이 오고. 집계를 보니까 늘어나고 있어.[10]

유재덕의 증언에 따르면 1960년대 초반에 이미 일본의 성형외과에서는 미용 성형이 자리를 잡아 가고 있었다. 특히 그는 유학을 마치고 미국과 일본의 여러 대학병원을 견학하면서 성형외과에서 쌍꺼풀 수술을 하는 장면을 지켜봤던 것을 인상 깊게 기억하고 있었다. 그에게는 의원에서 조수나 간호원 노릇을 하던 사람들이 의사 행사를 하며 미용 수술을 무분별하게 시행하는 한국의 상황이 후진적으로 비춰졌다.

하지만 한국에서 미용 수술을 시행한 사람은 무면허 시술자들뿐만이 아니었다. 성형외과 전문의는 아니지만 많은 의사들이 쌍꺼풀 수술, 코 성형, 유방 성형 등을 시행하고 있었다. 무면허 시술자에게 시술받은 사람들만 부작용에 시달린 것도 아니었다. 1961년 "조심! 유방 정형수술"이라는 제목의 기사에서 유방 성형수술 이후 유방에 종창이 생겨 절단해야 했던 피해 여성의 시술자는 당시 광화문 네거리에서 잘 나가던 정형외과인 〈간 성형외과〉의 의사였다. 또한 "정형수술로 얼굴 망친 7인의 처녀와 그 교훈" 기사에서 볼 수 있듯, 1960년대 말 미용 성형을 하는 의사들에 대한 단속령이 내려진 이유도 의사의 시술이 부작용을 불러왔기 때문이었다. 그러나 성형외과 전문의 제도를 도입하는 과정에서 미용 성형수술로 인한 부작용은 가짜 의사나 무면허 시술자의 만행으로 부각되었고 의사들 역시 그 주범이었다는 사실은 잊혀졌다.

어쨌든 1974년 대법원의 판결 번복은 미용 수술을 양성화해야 한다는 의사들의 주장을 상당 부분 반영한 것이었다. "'정형' 달고 마구 '성형'"하는 세태에 대한 비판, "주사가 빚은 부작용은 치유 불가능"하다는 우려는 이러한 세태를 시정하기 위해 미용 수술의 양성화가 필요하며 "전문의 양성이 선결" 과제라는 주장으로 이어졌다." 1966년 외과, 정형외과, 안과, 그리고 기타 의원 등 의사 30여 명이 모여 〈대한성형외과학회〉를 창립했고, 이후 3년쯤 지나 〈대한의사협회〉의 공식 학회로 인준되었다. 1973년에는 의료법 개정으로 성형외과가 독립적인 진료 과목이 되었다. 1974년 10월, 『대한성형외과학회지』 창간호에 기록된 회원 수는 총 100여 명이다. 회원 자격은 외과, 안과, 정형외과, 이비인후과, 의원 등 다양한 소속 의사들에게 열려 있었다. 다음 해인 1975년 2월에는 한국 최초로 성형외과 전문의 23명이 배출되었다.

'나쁜' 성형 Vs. '착한' 성형

미용 목적의 성형수술이 의료 행위로 합법화되고, 전문의가 배출되는 등, 공식적으로 성형외과가 의학의 범주로 승인되었지만 미용 성형이 의료 행위라는 것, 그리고 성형외과 전문의에 의해 시행되어야 한다는 생각은 일반인들에게는 생소한 것일 수밖에 없었다. 불과 몇 년 전만 해도 성형은 불법 의료 행위나 미용 행위로 취급되었고, 성형의들은 범법자로 몰리기도 하는 등 미용 성형의들의 위상은 초라했다. 따라서 이 시기 성형외과 의사들에게는 자신들이 가진 전문성을 부각시켜 전문 의료인으로서 권위를 확립하는 일이 시급했다.

대학병원 성형외과 의사들은 신문에 고정적으로 칼럼을 연재하며 성형에 관한 전문적인 지식을 대중에게 알렸다.(1975년 『조선일보』 "상식의 허실", 1982~1986년 『중앙일보』 "가정 의학" 등) 특히 1980년대 들어 언론은 성형 부작용 실태와 문제점을 집중적으로 보도하기 시작했는데, 이는 성형외과 의사들에게 의료 전문가로서 권위를 행사할 수 있는 좋은 기회를 마련해 주었다.[12] 전문의들은 주로 파라핀과 같은 이물질 주입에 의한 성형 부작용 사례들을 수집해 무면허 시술자의 비전문성을 부각시켰고, 무면허 시술에 의한 부작용을 치료하는 자신들의 기술력을 강조함으로써 의료인으로서의 전문성을 내세웠다.

그 가운데 나온 대표적인 연구 성과물이 연세대학교 세브란스 병원과 서울대학교 병원 성형외과의들이 수행한 성형수술 부작용 실태 조사였다. 연세대학교 세브란스 병원 성형외과의인 이영호와 동료 교수들은 1969년부터 1972년 사이 병원을 찾은 환자 482명(여성 410명, 남성 72명)을 대상으로 주입된 이물질의 성분, 부작용 증상, 발생 시기, 환자의 연령, 수술 부위 등을 조사해 그 결과를 학회지와 언론에 공개했다. 주사 성형에 사용되는 이물질은 오가노겐, 파라핀, 왁스, DMPS 등 인체에 유해한 물질들로, 주로 납작코를 높이거나 작은 유방을 확대하는 데 사용되었다. 논문에서는 이들 시술이 일반 의원뿐만 아니라 이름 있는 병원에서도 사용되고 있다고 지적하는데, 이는 같은 의사라도 일반의들과 대학병원 성형외과 전문의들 사이에 실력과 권위에 차이가 있다는 것을 분명히 하려는 의도로 보인다.[13]

논문은 통계치를 단순 나열하는 데 그치지 않고, 실제 부작용을 경험한 환자들을 치료했던 성형외과의의 발언을 추가해 환자들이 겪는 고통을 구체화하고 회복의 어려움을 강조했다. "김 모 양(25·성북구 쌍문동)의 경우 지난해 5월 이 같은 방법으로 코 수술을 받은 직후부터 색깔이 변하고 점차 썩어가는 등 부작용이 일어나 재수술이 불가능, 코를 모두 떼어냈는가 하면, 또 유방을 크게 늘리려고 지난 1970년 시중 병원에서 같은 방법으로 수술을 받은 유 모 씨(28·서대문구 만리동)는 1년 만에 부종 현상을 일으켜 재수술을 못하고 유방을 완전히 들어내어 일생 동안 신세를 망친 경우도 있다."[14]

이처럼 부작용을 유발할 수 있는 물질을 사용하는 것도 문제이지만, 그러한 물질들이 무면허 시술자들에 의해 사용되고 있는 것은 더 큰 문제로 부각되었다. 무면허 시술자들은 이미 서구와 일본 등에서 법적으로 사용이 금지되어 "전문의들은 더 이상 사용하지 않는" 파라핀, 올가노겐 등을 사용했으며, 추후 발생할 부작용에 대해서도 책임지지 않는 무책임한 태도를 보였다. 시술이 이루어지는 장소와 방법 역시 비위생적이고 조잡해서 위험하기 짝이 없는 것으로 묘사됐다.

도심지에서 활개를 치던 성형 전문 돌팔이 의사들이 당국의 단속이
철저해지자 최근엔 여공들이 많은 공업단지나 기지촌 주변으로 흩
어져 부작용이 심한 이물 주입 등을 하고 있어 큰 문제가 되고 있다.
이들 돌팔이 의사들은 대개가 성형외과 간판을 내걸고 있는 서울 중
심가 병원에서 조수로 있던 의사 면허가 없는 가짜들로 이들은 주사
기와 약물을 넣는 간단한 손가방 하나를 들고 다니면서 보따리 의
료 행상을 하는 경우가 대부분인데 한 곳에서 며칠간 머물다가 부
작용이라도 일어날 듯한 기미만 보이면 훌쩍 줄행랑치곤 한다는 것
이다.[15]

1976년 서울대학교 병원 성형외과의 이윤호와 김진환 박사
팀은 부작용 피해의 대부분이 '돌팔이(무면허 시술자)'에 의한 것
임을 강조하고 그 실태를 밝히는 데 주력했다. 이들의 조사 결과
성형수술 피해자 가운데 92.6퍼센트가 '돌팔이'에게 시술을 받
았고, 나머지 7.4퍼센트가 면허를 가진 개업의에게 시술을 받은
것으로 드러났다. 이윤호는 무면허 시술 실태 조사를 위해 무면
허 시술자를 직접 방문하고 시술받은 사람들과 면담까지 실시하
는 등 적극성을 보였다. 그가 "한국에 있어서의 이물 주입 현황"
으로 소개하고 있는 무면허 시술 실태는 다음과 같다.

이물질의 인체 내 주입이 행해지는 장소는 대부분이 가정집 등 비밀
장소가 이용되고 있었으며, 간혹 소수의 개인 병원에서도 시행되고
있는 것을 알 수 있었다. 이들이 주입 시 사용하는 물질은 주로 고체

파라핀의 조각에 바셀린이나 올리브유, 또는 각자 비법에 따른 파라핀의 용해를 돕는 어떤 물질을 섞어 끓여 만든 액체였고, 무면허 시술자들의 개인 비법에 따라 여러 가지 modification(변형)된 방법이 있었고, 음경부와 같은 부위에는 단지 바셀린만을 주입하는 등 여러 가지 방법들이 있음을 발견하였다. (…) 한편 주입 대상이 되는 사람들은 비밀 보안을 위하여 시술자가 아닌 제3자에 의하여 수차 확인된 후 시술 장소로 안내되는 것이 통례였다.[16]

이윤호는 논문에서 무면허 시술자들의 비전문성과 그 위험성을 조목조목 밝히고 있다. 특히 시술자들이 의학적으로 검증된 표준적인 기법이 아니라 "각자의 비법에 따라" 임의로 물질을 조제해 물질을 주입하며, 그러한 시술들이 은밀하고 비밀스럽게 이루어지고 있다는 점을 강조함으로써 병원 밖에서 이루어지는 시술이란 비위생적이고, 어딘가 모르게 떳떳하지 못하다는 인상을 주었다. 이 시기 각종 언론에는 주사로 주입되는 물질의 위험성, '돌팔이' 시술자의 부도덕함, 시술의 비의학성에 대한 의사들의 성토가 꽤 일관된 방식으로 이어지는데, 이를 통해 의사들은 그들 스스로를 성형 부작용에 시달리는 환자를 치료해 주는 진정한 의사로 자리매김한다.

문 22세의 직장 여성입니다. 3년 전 코 높이는 수술을 받은 적이 있습니다. 지난 달부터 코의 중턱이 시퍼런 색을 띠면서 가끔 아픕니다. 수술의 부작용이 아닐까요? 김○○(서울시 영등포구 상도동)

📭 시중에서 성형하고 있는 약물 주입에 의한 성형수술의 피해자인 것 같습니다. 이러한 부작용으로 성형외과를 찾는 환자가 늘어가고 있어 시중의 미용 수술에 관한 대책이 시급합니다. 모든 주입 약물은 안전한 것이 없습니다. 약물이 체내에 들어가면 역반응을 일으켜 부작용이 나타나는 것입니다. 약물이 들어간 자리가 보통 3~10년이 지나면 시퍼렇거나 붉어지면서 통증이 생기는 등의 부작용이 나타납니다. 우선 전문의의 진단을 받아 절개 수술로 이물질을 없애주면 보통 부작용이 가라앉습니다. 되도록 일찍 삽입물 제거 수술을 받는 것이 필요합니다. 따라서 코의 성형수술은 골 이식 아니면 FDA(〈미식품의약품검정국〉)가 허용한 실리콘 블록(실리콘으로 만든 대용 골재)으로 해야 이런 부작용을 막을 수 있습니다.[17]

비슷한 시기, 『경향신문』에 실린 기사에서도 아무에게나 수술을 받아 "혹 떼려다 혹 붙이는 격"이 되지 않으려면 종합병원이나 성형외과 전문의의 진찰을 받은 뒤 수술을 받으라고 권고하고 있다.[18] 바야흐로 성형외과 전문의라는 명함이 미용 수술을 집도할 수 있는 진정한 자격과 실력을 의미하게 된 것이다. 바야흐로 성형은 무면허 시술자들에 의해 미용실이나 가정집에서 이루어지는 '나쁜' 성형과 성형외과 의사들에 의해 병원에서 이루어지는 '좋은(안전한)' 성형으로 이원화되었다. 성형외과 의사들과 미디어 담론은 무면허 시술자에 의한 성형 부작용을 고발하면서 성형외과 전문의 제도의 당위성을 구축했고, 의료인으로서 성형외과 의사의 위상을 재정립했다. 성형이 전문화된 것이다. 위생적이고 현대적인 병원이라는 공간, 안전한 수술, 수술의 부작용까지 치료하는 기술력과 책임감은 전문화된 성형을 상징하는 것들이었다.

얼굴, 계층의 상징이 되다

성형외과 의사들이 미용 성형의 제도적 체계를 만들던 시기는 한국 사회에 소비문화가 대두되던 시기와 맞아 떨어진다. 1980년 12월부터 컬러텔레비전이 보급되기 시작했고 에어컨을 비롯한 고급 가전과 자동차가 판매되었다. 부유층의 소비 행위는 선망의 대상이기도 했지만 계층 간 위화감을 조성한다는 점에서 사치·향락성 소비가 사회문제로 대두되기도 했다. 외국 언론사들은 한국이 "너무 일찍 샴페인을 터뜨렸다"는 기사를 내보내며 한국 부유층의 소비문화를 비판했다. 하지만 각자의 소비 취향을 형성하고, 이를 자유롭게 행사하려는 개인들의 욕구를 막지는 못했다.

외모를 가꾸는 행위 역시 소비의 범주 안에 포함되었다. 도심지의 소비자들 사이에 몸치레 문화가 유행을 탔다. 서울 신촌의 이화여자대학교 앞이 미장원 거리로 바뀐 것도 이때쯤이다.

각 건물마다 대규모의 미장원들이 계속 생겨나고 있다. 'ㅇㅇ 미장원', 'ㅇㅇ 미용실' 같은 평범한 이름부터 'ㅇㅇ의 집', 'ㅇㅇ 머리방',

'○○ 미용타운' 등 색다른 간판을 내건 미장원들이 이대 앞에 40여 개나 된다. 명동의 번화가, 강남의 대형 아파트 상가도 마찬가지다. (…) 거리 곳곳에서 아주머니들이 미장원의 '퍼머 세일' 광고 전단을 뿌리는가 하면, 일부 미장원은 주머니용 화장지 꾸러미에 자기 미장원의 약도와 연락처를 새겨 사람들에게 나눠 준다.[19]

미장원의 서비스 행태도 달라졌다. 과거에는 머리나 자르고 파마나 하던 곳이던 미장원이 이 시기부터 피부 마사지나 피부 손질 등의 서비스를 함께 제공했고 피부 전문 관리실, 피부 미용 연구소 등을 운영하기도 했다. 이와 비슷한 시기에 성형외과들도 도심지 곳곳에 들어서기 시작했다. 성형외과 전문의 제도 수립 초기 한국의 미용 성형 담론은 주로 대학병원 성형외과를 중심으로 형성되고 확산되었다. 대학병원 성형외과 과장들은 신문의 미용 성형 관련 칼럼난에 글을 썼고, 미용 성형 관련 실태를 보도하는 기사에서는 주요한 인터뷰이로 등장해 미용 성형 사례들을 소개했다. 그러다가 개원을 하는 전문의들이 늘면서 미용 성형 담론의 무게 중심은 대학병원에서 개인 병원으로 넘어간다. 기형 성형이나 재건 성형이 중심인 대학병원의 전문의들과는 달리 개원의들은 미용 성형에 주력했기 때문에 더 확실한 전문성을 담보할 수 있는 것처럼 보였다.

개인 성형외과 의원은 서울 명동과 압구정동 등지에 밀집하며 발전하기 시작했다.[20] 종로 3가에서 20년 동안 성형외과를 운영했다는 한 의사는 "80년대 들어 손님의 증가가 두드러져 신장률

이 연간 10~20퍼센트에 이르고 있다"며 당시 성형외과의 호황을 전했다.[21] "미국에서는 성형외과를 미장원 가듯이 한다", "미국엔 미용 성형만 전문으로 하는 병원이 따로 있다더라"와 같은 '카더라' 통신이 유행하기 시작한 것도 이때쯤이다.

이처럼 대학병원 성형외과 의사와 개업의들이 성형에 전문성을 부여하면서 일종의 시장 질서를 형성해 갔지만, 그렇다고 무면허 시술자들이 도태되거나 사라진 것은 아니었다. 그들은 여전히 미용 성형의 한 축을 담당하며 그들만의 시장을 형성했다. 전문가인 의사와 무면허 시술자로 미용 성형 시장이 이원화됨에 따라 나타난 새로운 풍속도는 미용 성형이 계층화된 소비 양상을 띠게 되었다는 것이다. 1960년대까지만 해도 해도 미용 시술자(무면허 시술자)와 성형 의사의 구분이 명확하지 않았던 것을 고려하면 이는 성형 시장에 나타난 큰 변화였다. 연구자 전보경은 전직 초등학교 교사였던 채수미래 할머니를 인터뷰했는데, 그녀는 당시 잘 나가던 〈간 성형외과〉와 일본 록본기의 정형외과뿐 아니라 이른바 '야미(야매)' 선생이라고 하는 무면허 시술자에게도 미용 성형을 받았다고 한다.[22]

🔖 그때 당시 야매 성형도 많았어요?(전보경)

야매? 응 야미……, 우리들은 야매라고 안 하고 야미라고 그랬는데. 야미가 흔했지. 글쎄 몰라, 나는 요새는 야미하는 사람을 주변에서 하나 못 봤는데, 옛날에는 여자들이 야미 많이들 했어. "야미 썼다" 그렇게 말해. 내 동생도 60년대에 코 했고, 내 친구들 중에도 야미

쓴 애들 여럿 있지. 그게 다 60년대 얘기야 지금.

🔍 할머니는?

나? 나도 사실은 그때 야미로 코 다시 했었어. 이빨도 야미로 했었고.

🔍 왜 야미로 했어요?

글쎄, 물론 야미가 돈이 좀 더 싸긴 했지만 나도 지금 생각해 보면 돈
도 있으면서 왜 그랬는지 모르겠어. 근데 그때는 꼭 돈이 없어서가
아니라 여자들 사이에 야미가 흔했어. 그냥 자기 선택이야. 또 야미
의사 쓴다고 반드시 부작용이 생기고 그런 것도 아니었으니까, 자기
의 운이지. 누가 잘 한다더라 그러면 야미라도 그냥 하고 그랬어.

채수미래 할머니는 일본까지 가서 성형을 받을 만큼 경제력이
있었지만 '야미'를 꺼리지는 않았다. 이처럼 1960년대까지는 환
자의 경제력에 따라 성형을 경험하는 방식에 큰 차이가 없었다.
"자기 선택이었다", 부작용이 생기고, 안 생기고는 "자기 운"이
었다는 채수미래 할머니의 말처럼, 성형이 정식 진료 과목이 되
기 전에는 일반 개원의에게 받든, 아니면 '야미'에게 받든, 전문
성이나 시술자의 책임감에 큰 차이가 있는 것으로 여겨지지 않
았다. 그러던 것이 미용 성형이 제도화되면서 무면허 시술이 성
형 부작용의 원인으로 지목되었고 불법화되었으며, 이에 따라
미용 성형 환자도 경제력을 기준으로 양극화되기 시작했다.[23]

국내에서 성형외과 전문의들이 배출된 것은 1975년의 일로,
이들 전문의들이 서울대와 가톨릭대, 순천향대 등, 전국 20여개
의과대학에 성형외과학 교실을 설립하면서 대학병원과 종합병

원에서 성형외과 진료가 시작되었다. 이들 대형 병원은 성형수술에 고가의 비용을 책정하면서 비용 상승에 한몫을 했다.

종합병원 성형윗과의 각종 미용 성형수술비는 최하 20만 원(쌍꺼풀)에서 3백만 원(주름 펴기)까지로 다양한데 성형학계의 권위로 알려져 있는 Y교수의 경우 어떤 부위든 메스만 댔다 하면 2백만 원 이상의 수술비를 받고 있으나 부유층의 40대 부인들이 계속 밀려들어 이 교수에게 수술을 받으려면 2~3개월 전에 예약을 해야 한다는 것. 그래서 일부 부인들은 수술 전후에 수술비 외에 따로 1백만 원 안팎의 커미션을 내기도 하고 고가의 귀금속을 보내오는가 하면 최근 어느 신흥 기업가의 부인은 "수술이 썩 잘 돼 기분이 좋다"면서 승용차(포니) 한 대를 선물로 내놓기도 했다는 것이다. (…) 박 모 부인(42세·성북구 돈암동)은 지난 1월 동네 산부인과에서 이른바 이쁜이 수술을 한 것이 잘못돼 경희의료원에서 재수술을 받느라 7백여만 원의 치료비를 물고 2개월 동안 고생했으며 윤 모양은 종로 3가 모윗과에서 쌍꺼풀 수술을 하고 난 뒤 눈가죽이 아래로 처져 얼굴이 흉하게 되자 항의하는 소동을 빚기도 했다. 개업의 이 모 박사는 "수술비가 싼 맛에 일반의를 찾아가 재수술을 받는 경우가 많다", 일반윗과에서 성형수술을 받은 김 모양은 "종합병원 성형윗과는 너무 붐비고 비싸 할 수 없이 일반윗과를 찾았다"고 했다.[24]

당시 성형에 대한 언론의 보도를 보면 한편에는 비용이 얼마가 들든 대학병원 전문의에게 수술을 받겠다고 줄을 선 "부유층의 40대 부인"이 있고, 다른 한편에는 박 모 부인과 윤 모 양처럼 싼값에 수술을 받으러 일반 개업의를 찾는 이들이 있다. 같은 시기 전직 간호사, 포장마차 주인, 병원 사무장 등, 무면허 시술자에게 야매 성형을 받았다가 피해를 당했다는 기사도 급격히 증가했다. 음지로 들어간 소위 야매 성형은 싼 가격을 경쟁력으로 삼았지만 그로 인해 발생할 수 있는 부작용은 '비전문적인' 방법을 택한 환자들이 치러야 할 비용이라는 식이었다.

값싼 무면허 시술이 비합법적이고 비전문적이라는 이유로 여론의 몰매를 맞았다면, 높은 비용에도 성형 수요가 줄지 않고 오히려 점점 늘어나자 이에 대한 사회적 반감도 거세졌다. 성형은 향락과 사치의 증거였고, 움트기 시작한 자본주의와 소비문화의 폐해를 보여 주는 징표였다. 1981년 소설가 김용성은 연재소설 『나신의 제단』에서 개발과 산업화의 부작용인 사치, 투기, 허욕을 상징하는 '호반湖畔'을 성형수술을 한 여성의 얼굴에 빗대어 설명하고 있다.

호반이란 말을 좋아하지 않았다. 그 말을 들으면 속이 메슥거리고 뒤틀렸다. 대체로 그것들은 인위적인 것을 의미했다. 인위적인 것은 국가의 산업화 과정에서 필수적으로 뒤따르는 것이기는 했으나 때로는 사치와 투기와 허욕을 불러일으켰다. 인위적인 것은 어딘가 모르게 부자연스러웠으며 아름답지도 않았다. 호반이라구? 그건 성형수술을 끝낸 여자의 어색해하는 얼굴 표정과도 같다.[25]

"성형수술을 끝낸 여자의 어색해하는 얼굴"은 속이 메슥거리고 뒤틀리는 것, 사치와 투기, 허욕을 불러일으키는 것, 어딘가 모르게 부자연스럽고 아름답지도 않은 것이다. 여성의 성형수술은 언제나 부정적인 기호들과 짝을 이루면서 재현되었다. 1985년 KBS의 "추적 60분: 몬도가네 미인 작전 백태"는 이러한 사회적 인식을 잘 보여 준다. '몬도가네'■, '백태'라는 제목이 말해 주듯, 이 프로그램은 수술 부위에 주사를 꽂는 장면을 노출하는 등, 자극적이고 선정적으로 성형을 바라봤다. 해당 방송은 일부 여성들의 사치스러운 미용 행태를 부각시키고 계층 간 위화감을 조성했다는 이유로 방송위원회의 경고를 받기도 했다. 대중적인 여성 잡지에도 성형 세태를 비난하거나 성형 부작용을 고발하는 기사가 줄을 이었다. 1985년『여성동아』3월 호 기사는 성형수술 실태를 '부작용과 허영이 춤추는 현장'으로 묘사하고 있다.

국내 연예인의 성형수술 실태를 통해 부작용과 허영이 춤추는 그 현장을 추적한다. 대부분의 여자 연예인들은 '성형수술설'에 휘말리면 신경질적인 반응을 나타낸다. (…) 성형한 연예인들은 대중들에게 왠지 모르게 신비스런 감정이 사라지고 가짜에게 속았다는 묘한 배반감을 갖게 해 피해를 줄 염려가 있다. (…) 결론은 성형수술을 하

■ 몬도가네Mondo Cane, 1962년 제작된 동명의 다큐멘터리 영화에서 유래한 용어이다. 이탈리아에서 제작된 이 영화는 세계 각국의 기괴한 풍습을 담고 있는데, 이후로 '몬도가네' 자체가 충격적인 현실을 폭로하는 저널리즘 용어로 자리를 잡았다.

지 말 것. 만약 일생일대의 중대 결심을 하고 수술을 받을 때는 전문의를 찾을 것.[26]

부작용, 허영, 배반감, 가짜라는 용어 선택에서도 드러나듯이, 이 기사는 성형수술을 시종일관 부정적으로 묘사하고 있다. 그러면서도 마지막에는 "성형수술을 받고자 한다면 전문의를 찾으라"라고 말함으로써, 독자들로 하여금 부작용 없는 안전한 성형이 있다고 믿게 만든다.

야매나 무면허 시술에 의한 부작용이 문제가 되고, 대형 병원의 시장 진입으로 성형 비용이 상승하고, 이에 따라 성형에서 계층적 소비 양태가 등장한 현상들은 모두 새롭게 등장한 성형외과 전문의들의 전문성을 강화시켜 주었다. 위의 기사에서도 강조하듯, 1980년대에 유행한 "성형수술은 전문의에게"라는 수사는 성형외과 의사들의 전문성, 기술력, 권위를 대단한 비용을 치르고서라도 받을 만한 가치가 있는 일로 인식하게 만들었고, 고가의 상품처럼 포장하고 차별화함으로써 전문의에 대한 신뢰도를 높였다. 그 결과 성형에 사치와 향락이라는 낙인을 찍는 사회 분위기 속에서도 전문의들이 행하는 '안전한 성형'은 무풍지대로 남았다.

3장

몸을
디자인하다

1990년대 한국은 본격 소비사회로 진입한다. 이 시기 주목할 만한 점은 외모 가꾸기에 대한 사람들의 인식이 급격하게 변화했다는 점이다. 이미지 메이킹 담론의 등장으로 외모는 또 다른 자아라는 사고가 확산되었고, 다양한 상품의 소비를 통해 외모를 가꾸는 게 자연스러운 일이 되었으며, 외모의 범위도 얼굴에 한정되지 않고 몸 전체로 확대되었다. 이에 따라 패션, 미용, 화장품 소비가 급증했고, 체형 관리 업소가 등장했다. 성형수술 업계에 지방 흡입 장비가 등장한 것도 이 시기이다.

다른 한편에서는 외모 관리 열풍에 제동을 거는 담론도 증가했다. 대표적으로 여성주의 담론은 남성 중심적인 기준에 맞춰 여성의 외모를 재단하는 풍조가 여성을 외모 가꾸기에 몰입하게 함으로써 결과적으로 여성의 사회 참여를 제한한다고 비판했다. 안티미스코리아 페스티벌은 아름다움을 평가하는 다양한 기준을 제시함으로써 가부장적 사회의 외모 기준이 가진 편협함과 차별성을 폭로했다.

그러나 사람들은 타인의 외모를 관찰하고 평가하는 시선 게임에 익숙해져 갔고 그 게임을 즐기기 시작했다. 또한 잘 관리된 외모가 자기 관리의 수준을 보여 주는 것이라는 인식이 강화되었고, 외모를 가꾸는 것이 곧 자기를 아끼고 사랑하는 방법이라는 사고가 자리를 잡았다.

내가 만드는 나

1990년대는 대중문화와 소비문화가 폭발적으로 성장한 시대이다. 광고나 드라마 등, 1990년대를 특징짓는 대중문화는 개성 있는 개인이 따라야 할 바람직한 이미지, 특히 상품과 연관된 이미지들을 끊임없이 생산해 냈다. 도시 생활, 첨단 패션, 새로운 세대에 걸맞는 사고방식 등을 주요 소재로 한 트렌디 드라마가 유행을 한 것도 이 시기였다. 1992년에 방영된 MBC 드라마 〈질투〉를 시작으로 〈마지막 승부〉(1994), 〈사랑을 그대 품 안에〉(1994), 〈도시 남녀〉(1996) 등 젊은층을 겨냥한 드라마가 연이어 성공을 거두면서 드라마 주인공들이 입고, 먹고, 마시는 것 하나하나가 따라 하기의 대상이 됐다. 신세대 중심의 대중 소비문화가 형성된 것이다. 예를 들어 드라마 〈질투〉의 등장인물들은 커피 한 잔과 신문, 음악을 들으며 하루를 시작하고, 직접 차를 운전하며, 컴퓨터를 능숙하게 다룰 뿐 아니라 외국어 공부 같은 자기계발에도 열심인 젊은이들이다. 그들은 또한 여행사, 광고 대행사와 같은 비교적 창의적인 직종에서 일을 하거나 당시 젊은이들이 선망하던 국제 변호사, 방송국 PD 등을 직업으로 갖고 있다. 이 드라마에서 주인공 최진실이 입고 나온 의상과 헤어밴드, 모자 등은 불티나게 팔릴 만큼 인기를 끌었다.[1]

특히 광고는 바람직한 자아와 관련된 새로운 욕망들을 끊임없이 창출해 내는 기제였다. 후기 자본주의 사회에서 광고는 더 이상 광고하는 상품이 얼마나 질이 좋고, 얼마나 새로운 기능을 가졌는지, 얼마나 튼튼한지를 말하지 않는다. 광고는 상품을 홍보하는 게 아니라 상품과 연관된 이미지를 홍보한다. 광고가 판매하는 건 '오래 쓰는 냉장고' 따위가 아니라 '품격 있는 집', '단란한 4인 가족', '프로페셔널한 주부'의 이미지인 것이다. 상품을 사용함으로써 얻게 될 실질적인 경험보다는 그 상품이 표상하는 문화적 이미지가 더 중요해진 사회가 됐다. 따라서 산소 같은 여자가 바르는 화장품을 쓰고, 능력 있는 남자가 모는 자동차를 타고, 아예 특정 연예인이나 스포츠 스타의 이름이 붙은 휴대폰을 사용하는 것은 단순히 새로운 상품을 구입하는 게 아니라 새로운 자아를 주장하는 일이 된다. 그리고 그렇게 얻는 자아 정체감은 언제든 바꿀 수 있고 조작 가능하다는 특성이 있다.

현대 사회에서 시각적 이미지가 갖는 중요성이 커지면서 사람들의 욕망은 타인의 시선과 밀접한 관련성을 갖게 된다. 내면에만 틀어박힌 '나 다움'은 바람직한 개성이 아니다. 그것은 늘 타인의 인정과 주목을 끌 수 있도록 외부로 표출되고 발현되어야 한다. 결국 타인이 욕망하게끔 '나 다움'을 조작할 수 있는 자아의 능력이 중요하게 된 것이다. 개성을 있는 그대로 인정해 달라는 신세대의 구호는 '내가 소비하는 것이 바로 나'라는 소비사회의 구호와 맞물려 끊임없이 타인의 인정, 즉 타인의 시선을 필요로 하는 자아를 만들어 냈다. 다른 한편으로 타인의 인정을 바라는 자아는 때로는 타인을 바라보고 평가하는 자아이기도 하다.

1980년대만 해도 사람들은 주로 생활필수품을 구입했고 소비 성향 또한 표준적이고 몰개성적이었다. 이에 반해 1990년대는 자신의 개성을 표현하기 위해 소비를 하는 시대였다. 사람들은 상품을 구입할 때, 그 상품의 절대적 필요보다 상품과 연관된 이미지, 그 물건을 구입함으로써 자기가 구축하게 될 스타일을 더 의식했다. 개성은 상품을 경유해 만들어졌다. 사람들은 소비 행위를 통해 자신이 어떠한 사람인지를 확인하고 표현하기 시작했다.[2]

한국 소비사회의 변화를 조사한 한 연구를 보면 '옷을 잘 입어야 제대로 대접을 받는다'는 질문에 긍정적으로 응답을 한 사람들이 1994년 72.3퍼센트, 1998년 76.2퍼센트로 매우 높게 나타났다. 흥미로운 것은 '주위 사람이 무슨 옷을 입는지 눈여겨

본다'는 응답 또한 1995년 68.2퍼센트, 1996년 69.4퍼센트로 높았다는 것이다.[3] 이처럼 서로가 서로를 평가하는 위치에 선 소비사회의 주인들은 누가 주목을 받고 인정을 받는지 겨루는 일종의 시선 게임을 벌이게 된다. 스스로를 시각적으로 전시하는 데 익숙해진 자아들은 위와 같은 시선 게임을 부담스러워하기보다는 즐겼다. 그리고 90년대 성형 붐은 이러한 시선 게임에 길들여진 자아의 등장과 맥을 같이 한다.

얼굴 미인에서 토털 성형의 시대로

1980년대만 해도 다이어트를 비롯해 날씬한 몸매를 만들기 위한 여러 가지 방법들은 쌍꺼풀과 오뚝한 코를 만들려는 성형수술에 쏟아진 관심과 인기에 비한다면 여전히 주변적인 위치를 차지했다. 그러나 1990년대에는 이 흐름에 결정적인 변화가 생긴다. 대중문화가 화려한 볼거리를 쏟아 내고, 사람들이 미디어의 이미지를 참조하면서 자신의 개성이나 라이프스타일을 만들어 가는 데 가장 중요한 매개 수단이 몸이었던 것이다. 광고에 등장하는 몸 이미지는 자본주의 시장 전략의 주요한 도구가 되었다.[4] 광고는 상품의 기능이나 용도보다 이 상품을 '스타일리시'하게 소화할 수 있는 몸 이미지를 적극적으로 재현하기 시작했다.

모래사장에 두 여자가 얼굴 방향을 달리하여 누워 있고 모두 검은 선글라스에 금빛 문양을 두른 검은 색 수영복을 입고 있다. 그런데 그 여성들의 이미지는 서로 다른 에로틱한 효과를 발휘하는데 한 여성은 비키니 수영복을 입고 얼굴의 시선이 하늘로 향해져 있으며, 원피스형 수영복을 입은 다른 한 여성은 누워 팔베개를 한 자세로 광고를 보는 관찰자의 시선을 정면으로 보고 쳐다보고 있다. 이러한 그림 위에 "그녀의 바디라인은 해변에서도 뷰티라인"이라는 광고 카피가 등장한다.[5]

1993년 여성 잡지 『퀸Queen』에 등장하는 이 광고는 수영복 자체의 상품 가치를 선전하는 데 초점을 두기보다 성적인 매력을 과시하는 여성 모델의 바디라인을 강조한다. 이 수영복을 구입해서 광고 모델들처럼 에로틱한 이미지를 연출하기를 원한다면 이에 걸맞는 몸을 갖추라고 광고는 말하는 듯하다. 수영복이 없는 것이 결핍이라기보다 저 수영복을 입고 매력을 발산할 수 없는 '나의 몸'이 결핍으로 느껴지는 것이다.

넘쳐나는 육체 이미지들 속에서 사람들은 자신의 몸을 더 이상 자연스럽게 여기지 않게 되었다. 그 가운데 자신이 귀속하고 싶은 육체 이미지를 실현시켜 줄 패션 뷰티 산업이 번창했다. 외모는 얼굴만이 아니라 몸 전체를 포괄하는 것으로 재개념화되고 작은 얼굴, 길고 가는 다리와 팔, 큰 키에 마른 몸으로 재현되는 육체 이미지를 실현하기 위한 서비스들이 상품으로 등장했다. 패션, 화장, 헤어, 액세서리 등으로 몸을 치장하거나 다이어트, 헬스, 에어로빅 등으로 몸을 관리하는 차원을 넘어 체형 관리, 선탠 그리고 성형수술까지 몸을 변형하는 것이 가능한 세상이 된 것이다.

이 시기 특징적인 점은 체형을 만들어 주는 전문 기계들이 등장했다는 점이다. 토닝, 슬리밍 등 체형 관리 기계[■]는 1980년대 초에 소개되었지만 1990년대 들어 대중화되기 시작했다.[6] "기계 운동으로 살을 빼 주는 '인치 바이 인치'", "살 빼기 집념 첨단 전자 기술까지 동원", "'예쁜 다리 만들기' 전문 센터 급증" 등과 같은 광고 문구에서 볼 수 있듯이 이들 기계들은 헬스나 에어로빅과 달리 힘 들이지 않고 누워 있기만 하면 단기간에 살을 뺄 수 있고 부위별 군살을 제거하여 균형 잡힌 몸매를 얻게 된다는 점을 마케팅 포인트로 내세웠다. 다이어트나 헬스, 에어로빅은 지난한 노력과 힘든 실천을 요구한다는 단점이 있고, 성형수술은 비용이나 안전성 면에서 소비자들에게 부담이 되던 시기, 이들 체형 관리 업소는 운동과 수술 사이의 공간을 비집고 들어갔다.

천장이 높고 거울 벽으로 둘러싸인 토닝 시스템실은 1번 기계부터 7번 기계까지 이동하면서 엉덩이, 종아리, 등, 어깨, 가슴, 팔뚝, 복부 등의 신체 부위에 작업을 가한다. 첫 번째 단계의 기계는 '허벅지와 엉덩이 살을 빼기 위한 기계'에 해당하는 것으로, 천정을 보고 다

[■] "토닝 시스템은 일곱 개로 분리된 테이블이 조립된 침대에 몸을 누이고 지방이 많은 부위를 진동시키거나 스트레칭을 해서 지방을 분해시키는 방식이고, 에어 슬림은 열과 바람을 이용해 피부를 진동시키는 것으로 열풍이 강한 호스로 지방이 많은 부위를 마사지, 진동시킴으로써 지방 분해를 촉진시키는 방법이다."(이동연(1993), 「육체의 관리와 문화의 효과」, 『문화과학』 제4호, 문화과학사)

리를 벌려 롤러에 발을 끼우고 허벅지에는 가로 세로 30cm 정사각형 모양의 패드를 끼워 떨어지지 않도록 힘을 주어야 한다. 스위치를 작동시키면 발을 끼우고 있던 롤러가 원을 그리며 돌아가고 이 과정에서 양 허벅지는 붙여지게 되어 바깥 원을 그릴 때마다 저항력을 제공하도록 되어 있다. 이런 동작을 8분 동안 실시한 후에 '복부와 엉덩이를 위한 기계'로 옮겨가는데, 이 기계에서는 엎드리고 누워 양 다리를 엇갈리며 높이 드는 동작으로 작동된다. 이처럼 여러 부위를 위한 일련의 반복 동작을 거친 후에 '근육을 풀어 주는 흔들리는 기계'에서 토닝 시스템의 운동을 완성한다. 이 과정에서 자신의 신체 부위중에 더 빼야 할 부위와 연결되는 기계는 2~3회 더 실시한다.[7]

90년대 후반 여성의 체형 관리 경험에 관한 논문을 쓴 연구자는 체형 관리실 내의 토닝 시스템실을 고립된 채 오로지 몸을 만드는 데만 집중하는 공간으로 묘사한다. 그곳에서 유일하게 대화를 나누는 사람은 체형 관리 교사이며, 대화의 내용도 체형 관리에 관한 것으로만 한정된다. 한마디로 90년대 체형 관리실은 여성들이 이상적인 신체상에 가깝도록 자기 몸을 단련하고 그에 관한 지식을 학습하는 고도로 효율적이고 목적의식적인 공간이었다. 무엇보다 이들 체형 관리 기계는 몸을 기술의 도움을 얻거나 일정한 투자를 통해 충분히 변화시킬 수 있고 새롭게 만들어낼 수 있는 대상으로 인식하는 데 기여했다. 또한 엉덩이, 종아리, 등, 어깨, 가슴, 팔뚝, 복부 등 몸의 부위별로 달성해야 할 목표치를 따로 설정해 살 빼기의 목적이 단순히 몸무게를 줄이는

데 있는 게 아니라 부위별 만족도를 높이는 데 있다는 인식도 확산했다. 전체가 아닌 분할된 신체로서의 몸 개념이 등장하게 된 것이다.

미용 성형 분야 역시 몸매 관리 열풍에 적극적으로 참여하며 진화를 거듭했다. 1989년 말 도입된 지방 흡입 수술은 성형수술의 개념과 범위를 크게 변화시켰다. 1997년 유행했던 토털 성형 개념이 그 예인데, 이는 수술 부위가 얼굴 중심에서 팔·종아리·허리·뱃살 등 몸 전체로 확장되고 있음을 의미했다. 또한 한 가지 수술만 받는 것이 아니라 쌍꺼풀 수술을 받는 동안 코나 뱃살 등 두세 곳을 함께 받을 수 있다는 뜻이기도 했다.[8] 몸 성형은 성형 부위에 따라 가격을 다르게 매겨 분할된 신체라는 인식을 더 강화했다. 당시 시세는 대략 종아리가 2백~4백만 원, 허벅지를 포함하는 경우 4백~6백만 원, 허리와 배는 3백~4백만 원 정도였다. 부위별로 다르게 책정된 성형수술 가격표는 이로부터 십여 년 후 "얼마면 돼?"라고 묻는 영화 〈미녀는 괴로워〉 포스터의 등장을 예고하고 있었다. 지방 흡입 수술은 장기간의 노력을 요구하는 운동이나 다이어트, 체형 관리 시스템과 달리 지방 세포만을 골라 분해하여 흡입하는 의료기기를 사용한다는 점에서 가장 효과적이고 확실한 방법으로 홍보되었다. 수술의 안정성이나 부작용에 대한 우려는 컸지만 몸 변형에 대한 욕망이 지배적인 사회에서 성형수술은 다이어트, 운동, 체형 관리실 이후의 가능한 대안으로 거론되었으며, 시술받는 이들의 거부감도 차차 줄어들었다.

과학적 미인의 등장

1990년대 미용 성형 분야의 또 다른 특징은 권위 있는 성형외과 개업의가 등장했다는 점이다. 1980년대까지만 해도 미용 성형 담론이 확산되는 데에는 대학병원 성형외과의들의 역할이 컸다. 당시 일간지의 미용 성형 관련 전문가 칼럼난을 장식한 것이 서울대 병원이나 고려대 병원, 가톨릭대 병원 등 대학병원 성형외과 과장들이었다는 것만 보아도 알 수 있다.(1975년 『조선일보』의 "상식의 허실", 1982년~1986년 『중앙일보』의 "가정의학" 등) 그러던 것이 1990년대에 이르면 고정 지면 기고자들이 성형외과 개업의들로 교체된다. 1998년~1999년, 『동아일보』의 "성형의 사회학"에는 5명의 개업의들이 총 34회 칼럼을 게재했다. 전문 필진의 변화는 개업 성형의들이 늘면서 대학병원과 개인 병원 사이에 자연스럽게 역할 분담이 이루어졌기 때문이다. 기형이나 재건 성형은 대학병원의 몫, 미용 성형은 개인 병원의 몫이 된 것이다. 개업의들이 기고한 기사의 끝에는 어김없이 의사와 병원의 이름, 전화번호가 표시되었다.[9]

1990년대 성형외과 개업의들은 대중매체에서 의료 전문가로 권위를 과시하며 명성을 쌓았고 동시에 병원을 홍보하는 성과도 거두었다.

15만 원 주고 안과에서 싸게 했다. ○○안과에서. 눈 아파서 병원 갔더니 의사가 우리도 한다고, 성형외과 가면 60만 원 하는데. (…) 시력 때문에 가니 빨갛게 쌍꺼풀 수술 얼마라고 적어 놓은 거야. 전에 피부과 가니까 거기도 쌍꺼풀 수술 적혀 있데. 되게 쌌지, 15만 원이면. 그래서 했지. 아니면 안 했을 건데. 한 3일 뒤에 했지. 질질 끌면 안 했을 건데. 돈도 딱 맞고.[10]

당시 동네 안과나 피부과에는 "쌍꺼풀 합니다"라는 안내문을 벽면에 붙여 놓은 곳이 많았다. 대부분 저렴한 가격을 경쟁력으로 내세웠는데, 성형외과 전문의에게 쌍꺼풀 수술을 받으려면 이보다 두 배가 넘는 60만 원, 많게는 100만 원을 지불해야 했다. 이처럼 큰 가격 차이는 성형외과 전문의가 가진 전문성, 그리고 대중매체에서 전문가로 재현되는 그들의 이미지 덕분에 수용 가능한 것으로 여겨졌다. 이 시기 성형외과의 문전성시를 다룬 한 기사에서 "의사의 명성과 지명도에 따라 가격이 천차만별"[11]이었다고 보도한 내용에서도 알 수 있듯 서울의 부자 동네에 성형외과를 개원한 의사들은 그 실력과 권위를 인정받아 나름의 명성과 부를 쌓았다. 이는 2000년대 '스타' 성형외과 의사의 등장을 예고하는 것이기도 했다.

이들 성형외과 의사들은 이상적인 외모를 측정하고 판단할 수 있는 과학적 권위를 가진 사람들이기도 했다. 성형외과 전문의들은 1980년대부터 미인 대회 출전자나 배우, 가수, 모델 등 여성들의 얼굴을 부위별로 측정한 후 그 평균치를 미인 얼굴의 표준으로 내세웠는데, 그러던 것이 1990년대에 이르면 변화된 사회 분위기에 맞게 몸 전체를 대상으로 더욱 세분화된 수치를 제시했다. "성형외과 전문의 5인이 뽑은 8등신 미녀"라는 기사에서 대학병원 성형외과의 한 명과 성형외과 개원의 네 명은 미스코리아 출신인 장○○과 서○○을 최고의 미인으로 꼽으면서 다음과 같이 미인의 기준을 제시한다.

몸은 8등신, 코의 크기는 얼굴의 3분의 1, 몸 전체는 S형으로 히프와 가슴의 돌출 정도가 비슷할 것, 가슴은 팔꿈치와 어깨의 중간 지점까지 올라붙어 있어야 하며, 다리는 길되 대퇴부보다는 종아리가 더 길어야 한다.[12]

1993년 미스코리아 선발 대회에 적용된 미인의 조건은 이보다 더욱 상세하다.

△이마는 넓고 반듯해야 하며 △코는 길이 5cm, 폭 3.3~3.6cm, 높이는 2.5cm 이내로 오뚝하고 △가슴은 탄력성이 있고 처져서는 안 되며 △허리 부분과 대퇴부의 각도는 125도 내외를 이루어야 한다.[13]

아름다운 외모를 인지하는 과정에는 사회문화적이고 심리적인 요소들이 관여한다. 미 규범은 어느 시대, 어떤 문화권에서 살고 있는지에 따라 달라지며 누군가를 아름답다고 느끼는 감정 또한 관계의 친밀성이나 정서의 교감 정도에 따라 달라질 수 있다. 미 규범은 상대적이고 유동적이다. 그러나 성형외과 의사들은 외모를 인식하고 판단할 때 관여하는 다양한 요인들을 과학적인 수식 하에 제거시켰다. 아름다운 외모를 계산하여 도표로 제시하는 것은 성형외과를 미인 과학의 중심에 두는 작업이었다.[14] 미인 과학은 새로운 미인 공식을 만들어 냈고, 이 미인 공식을 주무르는 성형외과 의사들은 미인에 관한 가장 권위적이고 과학적인 평론가가 되었다. 사람의 신체를 부위별로 나누어 이상적인 몸 이미지를 구축하는 작업은 성형외과 의사들의 권위에 힘입어 일반 대중에게까지 전파되었다.

안티 미스코리아 페스티벌

1990년대 미스코리아 선발 대회는 주말 저녁 황금시간대에 무려 네 시간에 걸쳐 공중파를 통해 방영되었다. 당시 여자 아이들의 장래 희망 목록에 미스코리아가 빠지지 않고 등장할 정도로, 미스코리아 대회는 온 국민의 이목을 끄는 국가적 이벤트였다. 1990년대는 미인 대회 전성시대이기도 했다. 미스코리아 지역 예선뿐 아니라 관광 홍보 사절 선발 대회, 각 시군의 특산물 판촉을 위한 미인 선발 대회(능금 아가씨, 한우 아가씨, 고추 아가씨 등), 지역 축제 미인 대회(미스 명동, 미스 신촌 등)까지, 한 해에 한 번씩 치러지는 미인 대회만 전국적으로 이백여 개가 넘을 정도였다.[15] 1995년부터는 〈나드리화장품〉이 미국 〈엘리트모델사〉와 계약을 맺고 〈서울방송〉과 공동으로 "한국 슈퍼 엘리트 모델

선발 대회"를 개최하기 시작했다. 미스코리아 대회 참가자는 전
국적으로 1천 명을 넘어섰고 1996년 슈퍼 엘리트 모델 선발 대
회 역시 수백 대 일의 높은 경쟁률을 보였다.[16]

미인 대회를 촬영하는 방송 카메라는 하나같이 노골적으로 참
가자들의 몸을 훑고 지나갔다. 참가자를 당황하게 하려는 아나
운서의 짓궂은 질문은 성희롱과 구별되지 않을 정도였다.[*] 이
러한 미인 대회에 처음으로 진지하고 격렬한 문제 제기를 한 집
단은 여성학자와 여성운동 진영이었다. 이들은 미인 대회를 여
성의 몸을 상품처럼 진열하고 평가하는 자리라고 인식했다. 미
인 대회가 여성성을 외모의 차원으로 환원시키면서 여성의 인
격과 사회적 지위를 취약하게 만들고 있다는 지적도 이어졌다.
1996년 〈한국여성민우회〉와 〈한국여성단체연합〉, 〈서울지역여
대생대표자협의회〉는 미인 대회를 여성의 성 상품화로 규정하
고 대회의 폐지와 공중파 중계 중지를 강력하게 요청했다. 그러
나 미인 대회는 미인 대회 산업뿐 아니라 패션·화장품 산업, 직
업 모델 산업, 그리고 영화 산업 등 거대하게 팽창하는 뷰티 문

---

[*] 1996년 『한겨레21』은 이전 해 〈문화방송〉을 통해 중계된 미인 대회의 한 단면을 다음과
같이 묘사한다. "미인 대회의 대명사인 미스코리아 선발 대회. 늘씬한 몸매, 아슬아슬한 수
영복을 걸친 미모의 여성들이 줄줄이 무대를 걸어 나온다. 이를 놓칠세라 방송 카메라의
눈도 여성들의 신체 곳곳을 파고들고, 야하디야한 장면들이 공중파를 통해 무차별하게 전
국 곳곳으로 타고 나간다. 사회자의 질문이 이어진다. 각선미가 아름다우면 여러 사람들
에게 자랑하고 싶을 텐데 그런 마음은 없습니까? 아무도 없는 계곡에서 옷을 벗고 목욕을
하던 중 지나가던 남자가 옷을 벗어 놓은 옆에서 책을 읽고 있다면 어떻게 하겠습니까?
도대체 뭘 테스트하겠다는 질문인가. 심사위원들도 신체 부위별 기준에 따라 채점에 여념
이 없다."("미인대회, 카메라 치워!", 『한겨레21』, 1996. 5. 15)

화의 연결고리에 불과했다. 미인 대회를 공중파에서 방영하는 데서도 알 수 있듯, 언론사와 방송사도 이 연결고리의 한 축이었다. 미인 대회 폐지를 외치는 것만으로는 여성의 성 상품화와 노골적인 외모 주심주의의 도도한 흐름을 거스르기 힘든 환경이 이미 조성되고 있었다.

성형외과 의사들은 미인 대회 심사위원으로 나서고, 대중매체에서는 미용 성형뿐 아니라 미美 자체에 관한 전문가로 등장하는 등, 뷰티 문화 산업이 팽창하는 데 적극적으로 공모했다. 이에 따라 다이어트와 미용 성형은 자연스럽게 보편적인 외모 관리의 일부가 되어갔다. 대중매체가 쏟아내는 시각적 이미지들로부터 자유로울 수 있는 여성은 없었다. 자신의 몸에 만족하지 못하는 여성들은 적극적으로 뷰티 문화에 편입되었다.

'용모 단정'이라는 기업의 채용 기준은 외모로 여성을 평가하는 것을 당연하게 생각하는 사회 분위기를 단적으로 보여 준다. 여기서 '용모 단정'이라는 말이 함의하는 것은 키가 크고, 날씬하고, 예뻐야 한다는 것이다. 1994년에는 상업고등학교를 나온 여고생이 외모를 비관하여 자살한 사건이 일어났다. 취업 문턱을 넘기 힘든 여성들에게 성형수술은 때로 현실적인 절박함으로 다가왔다.

취업 시즌이 다가오면 여자 실업학교 졸업반 학생들은 병원비를 마련하느라 안달이라고 한다. 끼리끼리 모여 계를 만들기도 하고 수업 후 한 푼이라도 모으기 위해 아르바이트를 자청하기도 한다. 얼굴의 점을 빼고 쌍꺼풀을 만들고 콧날을 세우는 등 성형수술을 받기 위해서다. 수술비가 없어 자살하는 학생들이 생겨도 선생님들조차 속수무책이다. 취업 추천서에 성적 몇 퍼센트, 용모 몇 퍼센트를 따져야 하는 것이 취업 현실이기 때문이다.[17]

1994년 여성 단체와 전교조는 여자 상업고등학교 졸업 예정자들의 추천 의뢰서에 '키 160cm 이상 몸무게 50kg 이하'라는 신체적 조건을 명시한 44개 기업을 "남녀고용평등법" 위반으로 서울지방검찰청에 고발하고 여론화했다.[18] 물론 이를 계기로 채용 심사에서 학업이나 자격증보다 날씬하고 매력적인 외모를 중시하는 관행이 완전히 사라진 건 아니지만,[19] 적어도 직접적이고 공식적인 방식으로 외모를 제한하는 규정은 찾아볼 수 없게 되었다. 다른 한편에서는 서비스 업종이 늘어나고 다양해진 결과 외모 중심주의가 강화되었다는 분석도 나왔다. 이 연구는 도우미와 내레이터 모델 등 특정 기준의 외모를 공식적인 자격 요건으로 내세우는 직종들이 늘고 있다고 지적하며, 항공사 여승무원의 경우 외모 관리 자체가 노동의 내용이 되고 있다고 비판한다.[20]

여성의 외모 관리 열풍이 거세던 시기에 성장한 대학의 젊은 여성주의 운동가들은 외모 관리 강박에 시달리는 또래 여성들의 생생한 경험을 모으는 토론 그룹을 형성했고, 미인 대회 반대 문화제 등을 개최했다. 1999년에는 미스코리아 대회를 정면으로 거부하는 "안티 미스코리아 페스티벌"이 열렸다. 축제처럼 마련된 이 행사에서 여성들은 그동안 미인 대회를 바라보며 느꼈던 불편함과 외모 때문에 여성들이 느끼는 억압 등을 호소했으며, 여성이 자신의 몸을 아름답고 건강하게 가꾼다는 것이 무엇인지에 대한 대안을 모색했다. 또한 장애인 여성, 노인 여성, '뚱뚱한' 여성 등, 그동안 편협한 미 기준에 의해 주변화되었던 여성들의 다양한 스타일을 실험하고 과시함으로써 아름다움의 개념을 확대하고자 했다.[21] 안티 미스코리아 대회는 여성의 외모 관리 문제를 명백한 사회문제로 만드는 데 기여했다.■

이처럼 외모의 정치학을 둘러싼 논의와 활동이 활기를 띠었지만, 외모 가꾸기에 대한 여성들의 참여와 열기는 쉽게 수그러들지 않았다. 외모 중심적인 사회에 대한 상반된 참여를 집약해 보여 주는 것이 "여대생들 대회 반대 시위 속 미스코리아 전원이 대학생" 제목의 기사이다.

올해 미스코리아 선발 대회 8명의 입상자에 모두 여대생들과 갓 대학을 졸업한 이들이 뽑혀 이채를 띠었다. (⋯) 이에 앞서 한양대 총학생회 여성위원회 소속 50여 명은 이날 오후 4시 서울 종로 2가 제일은행 앞에서 탑골공원까지 성의 상품화를 조장한다며 '미스코리아 선발 대회 개최 반대' 침묵시위를 벌였는데 공교롭게도 한양대학생이 진에 선발됐다.[22]

여성학 연구자와 여성운동 진영은 여성들이 외모 때문에 차별받는 부당한 상황을 폭로하는 것을 넘어, 외모를 인정받음으로써 여성이 얻게 되는 안도감, 만족감, 쾌락의 측면까지 섬세하게 고민하고 탐색해야 하는 과제를 떠안게 됐다. 외모 관리는 타인의 시선을 의식해 나를 가꾸는 강제된 노동이 아니라 새로운 나, 자신감 있는 나를 얻는 즐거운 실천이라는 사고가 형성되고 있었기 때문이다.

몸과 자아의 이분법이 변화하다

1990년대 외모와 몸에 대한 열광적인 관심은 소비 자본주의 사회에서 사람들이 몸과 자아를 상상하는 방식에 나타난 변화를 설명하지 않고서는 이해하기 어렵다.[23] 우리는 흔히 중요한 것은 정신이며, 몸은 의지로 통제할 수 있다고 생각한다. 또한 겉으로 드러나는 외모보다는 내면을 가꿈으로써 자신의 인격을 형성하는 것이 중요하다고, 몸은 욕망과 연결되어 있고 욕망을 통제하는 것은 정신이므로, 정신은 신체보다 우위에 있다고 일반적으로 생각한다. 그런데 몸 가꾸기에 몰두하는 소비 행위 속에서 기존의 정신/몸의 이분법적 틀은 전도된다. 사람들은 자신의 몸 이미지를 가꾸는 데 많은 시간과 에너지, 돈을 투자하며 이렇게 치장되고 관리된 몸이 바로 자신이 어떤 사람인가를 보여 준다고 느끼기 때문이다.[24]

1990년대 새롭게 등장한 이미지 메이킹, 이미지 컨설팅 담론은 개인의 외모, 즉 어떻게 보여지는지가 그 사람의 경쟁력을 결정한다고 주장하는 대표적인 언설이었다. 바야흐로 외모가 '나다움'이나 개성을 표현하는 것을 넘어 상징적이고 경제적인 가치를 가지게 되었다.

이미지 메이킹이란 상대에게 좋은 인상을 심어 줄 수 있도록 단점은 감춰 주고 장점은 키워 주는 외적인 연출력을 의미한다. 요즘 같은 "속전속결 시대"에 이미지 메이킹을 성공적으로 해 내는 것은 매우 어렵다. 개인에 대한 이미지는 만난 지 빠르면 7초, 늦어도 4분 이내에 결판나고 만다. 이 짧은 시간에 자신의 장점을 얼마나 잘 전달하느냐에 이미지 메이킹의 성패가 달려 있다.[25]

이미지 메이킹이 일반인들의 주목을 받게 된 계기는 1997년 제15대 대통령 선거였다. 당시 김대중, 이회창 후보 모두 전문 코디네이터를 고용했고 옷차림뿐만 아니라 스피치 방식까지 전문가의 지도를 받았다고 알려졌다. 스피치 강사로도 활동하고 있는 아나운서 이서영은 이미지 메이킹의 중요성을 설명하기 위해 당시 대선 사례를 가져온다.

옷차림은 인품이며 성격까지 평가받을 수 있는 중요한 기준이 된다. 그래서 정치인들의 치열한 유세 활동에도 이미지 메이킹을 위한 코디법은 중요한 전략이 되었다. (…) 제15대 대통령 선거 당시 김대중

후보는 짙은 양복과 푸른 셔츠, 금색 넥타이를 선택하여 따뜻함과 중후한 이미지를 내세웠으며, 이회창 후보는 차가운 이미지를 벗기 위해 감색 양복과 푸른 셔츠, 대각선 줄무늬 넥타이를 선택했다. 그리고 결과는 알다시피 김대중 전 대통령의 승리였다. 훗날 패션 전문가들의 의견을 들어보니 김대중, 이회창, 이인제 후보 순으로 좋은 평을 하였다고 한다. 그런데 이러한 순위는 공교롭게도 세 후보가 받은 투표 순위와 일치한다.[26]

이미지 메이킹이 주로 비즈니스 분야에서 필요한 전략처럼 재현되었다면, 여성, 특히 중산층 주부를 대상으로는 차밍charming 담론과 실천들이 유행을 했다. 개성 있는 외모 연출을 지도하는 차밍스쿨이 언론사나 백화점에서 운영하는 문화센터에서 성행했고, 『이희재 차밍스쿨 아름다운 여자』, 『못생긴 톱모델 김동수의 차밍스쿨』 등 모델 출신 저자들의 외모 관리 매뉴얼북이 인기를 끌었다.

모델 이희재는 "이렇게 입으면 혹시 누가 쳐다보지는 않을까?", "나이 먹은 여자가 주책이라고 속으로 욕하지 않을까?" 따위의 소극적인 생각을 버리고 자신 있게 자기를 표현하라고 강조했다. 이희재가 쓴 책은 각 부별로 패션과 화장, 몸매 관리 비법을 담고 있는데, "체형의 결점을 커버하는 옷 입기 센스", "바람직한 커리어우먼의 옷", "아름답게 앉는 자세", "일주일 7킬로그램 살 빼기 프로그램" 등이 그 내용이다. 이들 패션 뷰티 전문가들의 매뉴얼북은 주로 중산층 주부들을 겨냥해 남편의 사회적 지위에 걸맞게 우아하고 세련된 아내의 모습을 연출하는 비법에 초점을 맞추었다. 매력 있는 여성이 되기 위한 외모 가꾸기가 여성의 성 역할을 강화하는 방식으로 구성되고 있었다.

외모의 중요성이 더해 가면서 뷰티 문화에 동참하는 사람들은 늘었지만 이에 대한 강력한 저항 또한 존재했다. 대부분의 사람들은 패션, 미용, 다이어트 등 외모를 가꾸는 것과 성형수술을 분명하게 구분했다. 이희재와 같은 시기에 차밍북을 펴냈던 모델 김동수는 "미국에서 고쳐 온 '짬뽕 얼굴'"이라는 제목의 장에서 해외에서 성형수술을 받고 오는 여성들을 "속물스럽다"고 표현한다. 김동수는 자신에게 못난 부분이 있다면, 그 못난 부분을 오히려 남과 나를 차별화시킬 수 있는 지점으로 활용하라고 조언하며 성형수술에 대한 반대 의사를 분명하게 표현한다. 이 시기 다른 패션 뷰티 전문가들 역시 이미지 메이킹 담론을 내가 되고 싶은 새로운 나를 위해, 그리고 타인에게 긍정적으로 평가받는 나를 만들기 위해 필수적으로 행해야 하는 일로 적극적으로 수용하고 있지만, 미용 성형에 관해서는 시종일관 부정적이거나 아예 언급조차 하지 않는다.

그러나 이미지 메이킹 담론을 비롯하여 여성 전용 차밍북들은 몸과 자아 관계를 전도하여 사고하는 패러다임을 강화함으로써 성형수술에 대한 대중의 거부감을 줄이는 데 기여했다. "새로운 몸에 새로운 자아"라는 구호는 더 이상 낯설지 않았다. 부단한 외모 관리의 끝에는 늘 외모 변형의 가능성이 도사리고 있었고, 미용과 성형 사이의 경계선을 넘는 것은 개인의 선택이 되었다.

1990년대 성형수술을 한 여성들의 경험을 연구한 장정화의 논문에는 외모 가꾸기를 자기만족이라고 설명하는 여성들의 이야기가 등장한다. 대학 재학 중에 쌍꺼풀 수술을 한 대학생은 외모 가꾸기의 의미를 묻는 연구자에게 다음과 같이 답했다.

> 공부도 중요하지만 외모 가꾸는 데 이 정도는 신경 써야 된다는 생각이거든요. (…) 저는 누구한테나 원하는 스타일이 있다고 생각하거든요. (…) 예를 들어서 스타일이 좋다, 예쁘게 보인다 그러면 집에 일찍 들어가야 되는데 괜히 돌아다니고 싶고……[27]

이전만 하더라도 성형을 하고 싶다거나 성형을 했다는 사실은 되도록 숨겨야 하는 일이었다. 그러나 위 인터뷰에서는 성형이 자기 관리의 수단으로 적극적으로 고려되고 있다는 걸 알 수 있다. 성형에서 긍정적인 요소를 발견한 개인들이 출현한 것이다. 이들에게 성형은 단순히 시선 게임에서 이기기 위해 비싼 돈을 들여 행하는 사치나 속물스러운 행위가 아니었다. 자기 자신을 사랑하는 방식 가운데 하나일 뿐이었다. 하지만 성형은 패션이나 화장, 다이어트처럼 누구나 쉽게 결정하고 실천할 수 있는 선택지는 아니었다. 일단 비쌌고, 혹시 잘못되었을 경우 치러야 하는 비용도 높았으며, 성형한 여성을 곱지 않은 시선으로 바라보는 사회적 낙인도 감수해야 했다.

1980년대와 1990년대를 거치며 몸 관리 열풍이 일기는 했지만 성형이 지금처럼 일상화·대중화되기까지는 넘어야 할 산이 많았다. 특히 성형한 여성에 대한 사회적 낙인과 성형을 금기시하는 사회 분위기를 넘어서야 한다는 부담감은 접근성을 떨어뜨리는 요인이었다. 그럼에도 성형에 대한 수요는 꾸준히 증가했다. 성형은 미용, 다이어트, 체형 관리 등, 뷰티 문화가 영향력을 확산해 가는 틈새에서 부단히 자신만의 공간을 넓혀 갔고, 의사들 역시 애초에 미용 기술자들의 영역이던 주사 시술이나 쌍꺼풀 만들기에 끼어들거나 체형 관리 붐에 기대어 지방 흡입술을 대중화하는 등의 노력을 기울였다. 그 과정에서 성형은 점차 합리적이고 경제적이며 도덕적으로 거리낄 것이 없는 당당한 외모 관리의 일부로 편입되어 갔다.

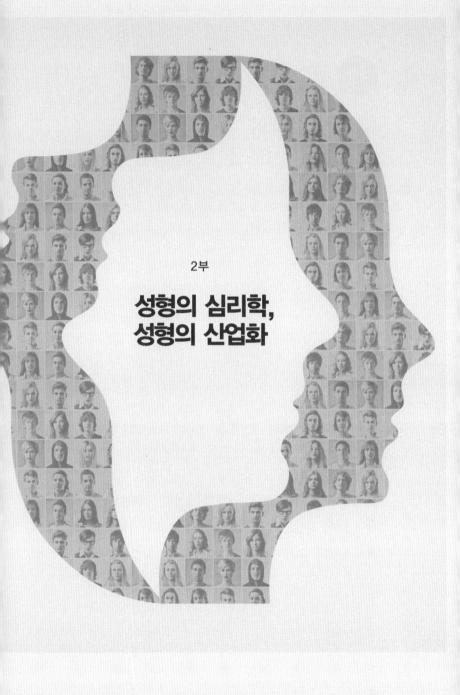

2부

성형의 심리학,
성형의 산업화

4장

정상/비정상의
경계에 선 여성들

　"성형을 한 뒤 나의 삶이 달라졌다"라는 말은 성형하는 여성들의 바람을 대변해 준다. 이 언설 뒤에 숨은, "더 나은 외모가 더 건강한 정신"을 선사해 준다는 논리는 지금과 같은 외모 중심 사회에서 어찌 보면 당연한 것처럼 여겨진다. 하지만 이는 성형 의학이 미용 성형을 정당한 의료 행위로 재의미화하기 위해 정신의학과 심리학 사이를 오고가며 부단히 새로운 의학적 담론을 생산한 결과이다. 근대 의학계 내부에서 외모와 정신이 연결되어 있다는 사고가 형성된 것은 얼마 되지 않았다. 미국의 성형외과 의사들이 당시 새롭게 등장한 열등 콤플렉스 개념을 열렬하게 지지하면서 그들 스스로를 '마음을 고치는 외과 의사'라고 정체화하기 시작한 것이 그 시초라 할 수 있을 것이다.

서구 담론의 영향 속에 한국의 성형외과의들도 외모의 정신적 측면에 관한 연구에 착수했다. 초기 성형의학 담론에서 미용 성형 환자는 정신의학적으로 문제가 있는 집단이라는 의견이 지배적이었다. 그러던 것이 열등 콤플렉스 개념이 수입된 이후에는 오히려 성형수술이 자신감과 만족감을 증진시킬 수 있다는 의학 담론이 생산되었다. 더 나아가 성형수술이 나를 발전시키기 위한 행위, 나를 돌보는 행위라는 적극적이고 긍정적인 의미로도 해석되기 시작했다. 하지만 다른 한편에서 과거 성형외과 환자들의 정신적인 측면에 관한 학술적인 연구 성과들은 남아, 의사들이 '좋은' 환자를 선별하는 지표로 활용되었다. 수술 결과에 부당한 불만을 표출할 가능성이 있는 잠재적인 환자 집단이 추려졌고, 그들에게는 정신적으로 병리적인 집단이라는 꼬리표가 붙었다.

열등 콤플렉스의 발명

미용 성형이 개인의 성격과 심리에 긍정적인 영향을 미친다는 주장이 등장한 것은 1930년대 미국의 대공황 시기였다. 독일 학자 아들러가 주창한 열등 콤플렉스 개념은 당시 미국에서 폭발적인 인기를 끌었다. 성형외과 의사들은 성형수술의 수요를 늘리고 성형의 의학적 의미를 정립하는 데 이 개념을 영리하게 활용했다. 미국의 역사학자이자 의사학자인 엘리자베스 하이켄은 1930년대 미국의 성형외과 의사들이 열등 콤플렉스를 열광적으로 지지하면서 성형의 정신 치료 효과를 정립하는 과정을 흥미롭게 보여 준다.[1] 하이켄에 따르면, 열등 콤플렉스 개념이 유행한 덕분에 이발소, 호텔방, 미용실 등 이른바 비천한 곳에서 시작된 미용 성형이 의료 중심부에 전문 과목으로 자리 잡을 수 있었다.

열등 콤플렉스는 자신이 남들보다 열등하다고 생각하는 감정은 주위 환경과 권력 관계에 의해 형성되며, 이를 보상하고 극복하는 실천을 통해 인간이 발달하고 성장한다고 보는 개념이다. 프로이트의 성 본능이나 무의식과 같이 난해한 정신분석학과 달리 개인의 자유의지와 선택, 변화와 발전, 자기완성을 강조하는 아들러의 개인 심리학은 일반 대중이 이해하고 받아들이기 쉬웠다. 당시 대공황으로 침체기에 빠져 있던 미국에서 열등 콤플렉스는 미국인들의 정서를 설명하는 데에도, 그 정서를 극복해야 할 필요성을 주장하는 데에도 유용했다. 개인의 심리 상태를 바꾸어 미래의 성공까지 기대할 수 있다는 열등 콤플렉스 개념은 대공황기의 미국인에게 희망을 불어넣어 주었다.

기업들은 발 빠르게 열등 콤플렉스를 상품 판매에 활용했다. 기업의 광고는 그들이 파는 상품을 구입하면 불안과 열등감을 극복할 수 있다고 선전해 댔고, 대중 잡지는 "네 가지 흔한 콤플렉스와 그 극복 방법", "당신의 자녀와 열등감" 같은 기사를 내놓으며 열등감을 예방하고 치료하는 방법들을 소개했다.[2] "그 당시 열등 콤플렉스는 거의 모든 것을 팔 수 있었다"[3]는 말처럼 아들러의 이론은 미국 사회에 파고들어 다양한 적용 사례들을 만들어 냈다.

성형외과 의사들도 열등 콤플렉스 개념을 매우 빠르게 받아들였고, 각종 문헌에서도 핵심 주제로 다루었다. 의사들은 성형 수술을 통해 열등감을 치료할 수 있다고 확신했다. "안면 기형을 교정한 뒤에 환자의 성격이 종종 변하는 것은 매우 흥미로운 경험이다"[4]라든지, "외모와 복장에 대한 관심이 커지고 행동에 자신감이 뚜렷해지며 때로 열등 콤플렉스 수준까지 올랐던 예민함도 사라진다"[5] 등의 글귀들이 의학 서적을 장식했다. 의사들은 환자 기록이나 의사들 사이의 서신 교환, 수술 의뢰서 등에도 열등 콤플렉스라는 용어를 빈번하게 사용했다. 예를 들면 "이 환자는 흉터로 인해 분명한 열등 콤플렉스를 가지고 있습니다. 환자는 (…) 외모에 아주 민감해서 파티에도 갈 수 없고, 데이트도 할 수 없으며 친구들과 외출도 못합니다"[6]와 같은 식이다. 신문과 잡지 등 대중매체는 열등 콤플렉스에 기댄 의사들의 이야기를 매우 단순하고도 극적으로 표현했다. 코 수술을 받고 행복해진 여성이 자살 기도를 멈추고 재혼에 성공했다든지, 같은 수술을 받은 남성이 일자리를 얻게 되었다든지, 이와 유사한 사례들이 신문 지면을 장식했다.

환자들도 의사를 찾아가 자기 외모에 대한 불만을 열등 콤플렉스 개념을 빌려 설명하기 시작했다. 이전에는 의사들이 가진 특정한 미 규범에 따라 성형이 필요한 얼굴과 필요하지 않은 얼굴이 구분되었다면, 이제는 환자의 주관적인 자기 인식이 성형을 결정하는 주요한 잣대가 되었다. 환자들은 자신이 가진 열등감을 근거로 의사들을 설득하거나 특정 수술을 요구하기 시작했다. 의사들은 더 이상 환자의 추함이나 기형이 수술을 할 정도인지 아닌지 고민할 필요가 없어졌다. 개인이 자기 외모 때문에 열등 콤플렉스에 시달린다면, 그것만으로 수술을 할 타당한 이유가 되었기 때문이다. 이로 인해 성형수술이 필요한 기형의 범주가 무한히 확장되었다. 주먹코와 늘어진 유방, 이마의 주름, 이중턱에 이르기까지, 이전에는 그저 개별적인 신체적 특징으로 치부되던 것들이 열등 콤플렉스 프레임을 통과하면서 치료가 필요한 기형이나 결함으로 분류됐다. 즉, 기형은 열등감을 유발하는 모든 신체적 속성을 가리키는 말이 되었고, 성형외과 의사들은 외모 변형을 통해 이 열등감을 치유할 수 있다고 선전함으로써 스스로를 "삼십 분 정신과 의사" 또는 "정신외과의"[7]라고 부를 수 있는 토대를 마련했다.

의료인으로서의 자기 자리 찾기

한국의 성형외과 의사들은 성형의 의학적 의미를 구축하기 위해 노력하는 가운데 서구 성형의학의 사례를 많이 참조했다. 특히 미국에서 발명한 열등 콤플렉스는 한국 미용 성형의 의학적 위상을 정립하는 과정에서 적극적으로 활용되었다.

1960년대 미국에서 돌아온 의사 유재덕은 한국 사회에 성형외과를 전문 의료 과목으로 제도화시키기 위해 많은 노력을 기울였다. 당시에는 일반인뿐만 아니라 의사들도 성형외과가 단지 미용술에 불과하다는 편견을 가지고 있었고, 성형은 곧 미용 성형이라는 통념이 지배적이었다. 유재덕은 산부인과, 외과 등 타 분과의 학회를 찾아가 동료 의사들에게 성형외과를 설명했고, 성형의 의학적 정체성을 이해시키고자 노력했다. 1963년 〈대한산부인과〉 학회지 논문에서 유재덕은 성형외과는 산과학 다음으로 가장 오래된 의학 분야이며 불구가 된 신체의 기능을 회복시키는 재건 성형을 주요한 본분으로 한다고 주장했다. 그는 미용 성형은 성형외과의 여러 분야 중 하나일 뿐이라는 점을 분명히 했다. 다만 그는 의학적인 치료 행위로 설명하기 곤란한 미용 성형에 대해서는 다음과 같은 의견을 덧붙였다.

일명 미용 수술이라고 불리는 이 수술은 문자 그대로 미를 찾는 수술로 그 대상은 결코 기능 장애를 호소하는 일이 없고 오로지 외견상 "모양이 보기 싫다" 하는 정신적 작용뿐이다. 코가 낮다, 눈이 적다, breast(가슴)가 조곰았다 하는 것은 순전히 인체의 자연 발육 과정에서 생긴 normal development effect(정상적인 성장 결과)로서 병적이거나 abnormal(비정상적인)한 effect(결과)는 아니다. 따라서 외과의로서 병을 고치기 위해 환자에게 수술을 권유하는 성질의 것이 못된다. 그러나 어떤 사람은 정신 건강에 위해를 줄 만큼 미를 찾는 나머지 의사를 찾아 esthetic operation(미용 수술)을 받게 되고, 그 결과가 욕구를 충족시켰을 때 비로소 의사는 환자를 정신적으로 구출해 준 것이 된다.[8]

논문에서 유재덕은 미용 성형이 질병을 치료하기 위해 수술을 하는 의사의 소임에는 맞지 않다는 입장을 분명히 한다. 다만 치료 효과를 발휘할 때가 있는데, 성형을 통해 "정신 건강에 위해를 줄 만큼 미를 찾는 사람"의 정신을 구출하는 경우이다. 다시 말하면 미용 성형이 의학으로 정당성을 인정받으려면, 그 전제 조건은 병원을 찾는 사람이 정신적인 장애가 있을 정도로 미에 집착하는 환자여야 한다. 그리고 그 환자의 욕구를 충족시켜 주는 한에서 미용 성형은 의학적 효과를 갖는다.

성형을 통해 아름다워지려는 욕구를 병리적으로 해석했던 유재덕 이후 20년, 후속 세대 의사들은 좀 더 적극적으로 미용 성형 환자의 정신적인 측면을 연구하기 시작했다. 학계의 의사들은 심리적으로 정상인 사람이 미용 성형을 원하는 경우는 극히 드물며, 성형외과 의사를 찾는 것만으로도 신경증의 증상이 있다거나 얼굴 성형을 원하는 환자 가운데 반수 이상에 공식적으로 정신과적 진단을 붙일 수 있다는 외국의 사례를 공유했다. 국내 사례에 근거한 연구가 활성화된 것도 이 시기이다. 1979년 신경정신과 의사 정규한은 부산 지역 성형외과를 방문한 이들을 조사한 결과, 미용 성형 환자 대부분이 정신적인 문제를 가지고 있다고 주장했다.[9] 정규한은 자기 신체에 만족하지 못하는 이들은 대부분 성장 과정에서 겪은 어려움과 이후 현실에 적응하는 과정에서 겪는 어려움을 신체에 투사하는 문제를 가지고 있다고 분석했으며, 미용 성형은 그 전형적인 사례였다. 정규한은 논문에서 자해 행위를 미용 성형의 범주에 포함시킬 정도였다.

한편, 정규한은 신체의 일부 느낌이 싫거나 보기 싫다는 이들은 정신 병리가 있는 것으로 분리하면서도 단순한 미용 목적에서 성형을 한다고 말하는 이들(응답자의 57.2퍼센트)은 문제 삼지 않았다. 미용 목적으로 성형을 한다고 답한 응답자 대부분은 20대 여성이었는데, 정규한이 보기에 이들은 "자기 모습의 꾸밈이라든지, 미용이 절실히 필요하다고 인정되는 계층"이기 때문이었다. 하지만 실제로는 자기 신체의 일부를 싫어하는 것과 자기 신체의 일부를 더 아름답게 변형하고 싶어하는 욕구 사이의 차이는 정규한의 생각만큼 크지 않을 가능성이 있었다. 정규한은 외모에 대한 20대 여성의 강박을 이해하는 데 실패했다고도 볼 수 있다. 어쨌든 이후로도 미용 성형의 이유를 정신적인 문제에서 찾는 시도들이 이어졌고,[10] 이들은 하나같이 미용 성형이 정신 건강의 위해 요소를 교정하는 의료 과목임을 분명히 했다.

따라서 이들 연구는 미용 성형 환자 대부분이 어느 정도 정신적인 병리가 있다고 가정하고, 그 가정을 증명하는 방식으로 설계되었다. 그러한 연구 결과를 보면 실제로 미용 성형 환자 중에 정신과적인 이상이 있는 경우가 발견되기도 한다. 서울대학교 의과대학 성형외과학 교실과 신경정신과학 교실이 수행한 공동 연구에 따르면 미용 수술 환자의 11퍼센트가 히스테리아, 7퍼센트가 불안 신경증, 1퍼센트가 경조증, 3퍼센트가 신경증적 소견, 5퍼센트가 적응 장애, 6퍼센트가 성격 장애가 있는 것으로 밝혀졌으며,[11] 중앙대학교 의과대학 성형외과학 교실과 정신과학 교실, 문리과대학 심리학 교실이 공동 수행한 연구에서는 20퍼센트가 신경증적 경향, 24퍼센트가 성격상 문제 경향, 6퍼센트가 정신병적 경향이 있다고 보고했다.[12]

미용 성형 환자가 정신 병리학적으로 문제 범위에 있다는 결론은 성형외과 의사들에게 의료 행위를 하고 있다는 명분을 제공해 주었다. 성형외과 의사들은 여성들의 허영에 부응하는 장사치가 아니라 외모로 정신적인 고통을 받는 환자들을 치료하는 의료인이었다. 각종 언론도 성형의학계의 이러한 담론을 재빨리 흡수했다. "성형수술 환자 24퍼센트가 성격상 문제"라는 제호로 작성된 기사에서는 "외모의 기형이나 추함이 성격이나 정신적인 결함을 가져오는 원인일 수 있음을 입증했다"[13]는 식으로 이와 유사한 연구 결과를 소개하고 있기도 하다.

하지만 외국의 연구 결과와 비교했을 때, 한국의 사례에서 환자들이 정신 병리적 이상을 보이는 경우는 상대적으로 드물었다. 이에 대해 한국의 경우 연구 대상인 환자들을 의사가 직접 선별했고, 단순한 다면적 인성 검사(MMPI)기법을 적용했다는 점, 그리고 쌍꺼풀 수술이나 코 높이기 수술 등에 집중된 수술 내용을 볼 때, 한국에서의 성형은 개인의 병적 요소에 의한 것이라기보다는 서구적 미 개념이 도입된 결과이기 때문이라는 것이 연구자들의 설명이었다.[14]

열등감 극복에서 자기 돌보기로

1990년대에 들어서면 미용 성형 환자를 정신 병리적으로 바라보는 시선은 점차 사라지고 대신 미용 성형 환자는 일반인에 비해 자아 존중감이 낮고, 자기 비판적이며, 우울감, 불안, 예민함의 정도가 높다는 심리적 측면에서의 접근이 주를 이루게 된다. 쌍꺼풀 수술을 선택한 여성은 일반인에 비해 자아 주체성이 전반적으로 낮고 안정적이지 못하다는 연구 결과를 예로 들 수 있다.[15] 성형외과 의사들이 신문에 칼럼을 기고하면서 만들어 낸 대중 담론은 정신 병리, 성격 장애, 정신 교정 등 정신의학 언어를 콤플렉스, 자신감, 만족감 등 좀 더 일상적인 언어로 교체하면서 위와 같은 접근을 확산시켰다. 1990년대 압구정동에 성형외과를 개원한 양두병[■]은 성형외과의는 "얼굴이 아니라 마음속의 콤플렉스를 고치는 직업"이며, "성형수술의 첫 번째 목적은 환자 본인에게 자신감과 만족감을 주는 것"이라고 설명한다.

K양은 수술 후 마지막 면담에서 "이미 두어 번 녹화를 하며 예전과는 달리 이제는 카메라를 정면으로 볼 때도 자신감이 생긴다"며 즐거워했다. 그래서 성형외과 의사는 얼굴이 아니라 마음속의 콤플렉

[■] 양두병은 1995년 『자신 있는 미인』, 1998년 『성형수술 어디를 어떻게』 등 일반인들에게 성형수술을 안내하는 책을 연이어 출간했고, 1996년부터 2003년까지 『동아일보』와 『경향신문』에 "진료 일기", "양두병의 미인 만들기", "양두병의 미학 칼럼" 등 160여 건의 고정 칼럼을 연재한 바 있다.

스를 고치는 직업이 아닌가 엉뚱한 생각도 해본다.[16]

양두병은 환자들에게 자기 자신의 외모에 만족하라고 하면서도 동시에 콤플렉스를 가지고 있다면 참고 지내기보다는 수술을 받고 자신감 있는 삶을 사는 것이 바람직하다고 말한다. 한편 의사들이 미용 성형의 의학적 근거로 내세운 열등 콤플렉스, 자신감 결여 등의 심리학적 개념은 성형을 원하는 이들이 자신의 수술 동기를 설명하고 주장하는 근거로도 활용되었다. 성형외과가 심리학과 융합하면서 나타난 흥미로운 결과는 성형수술의 필요성을 진단하는 권한이 의사에게서 미용 성형 환자에게로 옮겨간 것이었다. 환자의 주관적인 심리 상태가 성형의 필요 여부를 결정하는 가장 중요한 잣대가 된 것이다.

"여섯 살 무렵에 코를 다친 적이 있어요. 그래서 코 중간 부분에 작은 상처가 생겼고, 학교에 다닐 무렵엔 늘 그 부분이 신경이 쓰였어요. 탤런트 시험을 볼 때도 만약 탤런트 시험에 떨어지면 코 때문일 거라고 생각했을 정도였어요. (…) 의사 선생님이나 주변 사람들은 제 마음을 몰라요. 연기보다도 코에 신경이 쓰일 때도 있어요." 그녀는 끝내 고집을 꺾지 않았다. 사실 이쯤 되면 수술을 할 수밖에 없다.[17]

의사가 보기에 멀쩡해 보여도 환자 자신이 외모적 결함을 가지고 있다고 생각한다면, 그리고 그러한 결함 때문에 사회생활에 지장이 있다고 주장한다면, 의사는 자신의 전문가적인 권위로도 환자의 고집을 꺾을 수 없었다. 성형외과는 외모 때문에 자신감이 떨어진다고 주장하는 사람들로 북적였다.

이제 미용 성형은 쌍꺼풀이나 높은 콧날처럼 획일화된 미 기준을 몸에 각인시키는 수술이 아니라 환자가 가진 내면의 콤플렉스를 극복하는 수단이 됐다. 미용 성형을 정신의학적 측면에서 접근한 초기의 연구 성과들이 병리적인 문제를 성형으로 극복할 수 있다는 소극적 의미의 치료 개념을 내세웠다면, 대중 담론에서는 더 나은 삶을 위한 기술로, 좀 더 적극적이고 긍정적인 의미로 해석되었다. 이제 히스테리나 성격 이상과 같은 문제적인 요인이 아니라 스스로에게 당당해지려는 발전적인 욕구가 성형을 매개하는 것으로 여겨졌고, 성형은 여성의 허영을 채우기 위한 것이 아니라 열등감을 치유하고 삶에 자신감과 의욕을 불어넣어 주는 행위가 되었다.

다수의 연구들에서 신체적으로 매력적인 사람들은 자신감을 가지고 좀 더 좋은 직장에서 일할 수 있고, 더 좋은 배우자를 만나 결혼할 수 있으며, 풍부한 사회적 경험을 하게 되므로 행복한 삶을 살게 된다고 하였으며, 반면 기형이나 외관에 추형이 있는 사람들이 받는 정신적 고통이나 사회 적응 문제가 매우 심각하다고 하였다. 이러한 관련성은 영아와 부모 사이, 그리고 친구나 교사와의 관계에서도 나타나고 있으며, 또한 데이트 신청, 결혼 대상자 선택, 직장에서의 성공 등에서도 미모가 신체적 매력을 가진 이들에게 이득이 많다.[18]

이는 1999년 발표된 한 논문의 서문 일부를 인용한 것으로, 여기서 성형수술은 명백히 열등감을 극복해 긍정적인 자아상을 확립하는 수단으로 의미화되고 있다. 이 논문은 미용 성형을 한 죄수들의 경우 재수감되는 비율이 낮아졌다는 외국의 사례를 들며[*] 미용 성형이 사회 적응에 도움이 된다는 논지의 근거로 활용하고 있기도 하다.

이처럼 성형은 정신 병리적 문제에서 열등감 극복 프로젝트로 나아갔고, 90년대 후반에 들어서는 이미지 메이킹 담론과 어우러져 자기 돌보기라는 좀 더 적극적인 프로젝트로 진화한다. 이때가 되면 정신의학 연구에서 미용 성형 환자가 심각한 차원의 정신 병리를 가지고 있다는 주장은 아예 자취를 감추고, 미용 성형에 대한 욕구를 있는 그대로 인정하려는 시도들이 이어지게 된다. 미용 성형에 대한 일반인의 거부감이 줄어들고, 허용적인 사회 분위기가 형성된 것도 그 이유 가운데 하나였다. 1999년의 조사에 따르면 "일반 국민의 28.2퍼센트, 중고생의 22.6퍼센트가 아름다워질 수 있다면 성형수술을 할 수 있다"고 응답했다. 이중 "(남녀를 불문하고) 20대 미혼은 34.8퍼센트, 특히 20대 미혼 여성은 51.1퍼센트를 차지"했다.[20]

이 시기에도 미용 성형 환자의 심리에 관한 연구는 계속됐지

---

[*] 1948년 픽Pick JF은 학술지에 미용 성형으로 얼굴을 고친 죄수 376명을 10년 간 추적 조사한 연구 결과를 발표했다. 그는 죄수들 가운데 1.07퍼센트만이 재수감되었다면서 나머지 99퍼센트의 죄수들이 성공적으로 사회에 복귀할 수 있었던 것은 성형으로 갖게 된 자신감 때문이라고 분석했다. 픽은 더 나아가 죄수들의 외모가 좀 더 일찍 교정되었다면 범죄자가 되지도 않았을 것이라는 주장을 펴기도 했다.[19]

만, 접근 방식이 확연히 달라졌다. 연구자들은 더 이상 미용 성형 환자와 일반인의 정신 상태가 다르다고 가정하지 않았다. 과거 인성 검사와 신체상을 묻는 단순한 질문들이 좀 더 정교해지고, 자기 주체성, 자아 존중감 척도와 연관된 질문들이 늘었다. 예를 들어 1993년 행해진 연구는 연구 대상 환자들에게 신체의 일부가 고통 받는 정도에 관한 질문을 던졌는데, 구체적으로는 "사람을 만나는 등 사회 활동을 하는 데 항상 걸림돌이 됩니까?", "현재의 모습이 최악의 경우라고 생각합니까?", "신체적 고민이 항상 머릿속을 따라다닙니까?", "자주 신체적인 문제로 짜증이 나고 화가 나고 우울합니까?"와 같은 문항으로 구성되었다.[21] 미용 성형 환자가 정신적인 병리 현상을 가지고 있다고 전제하고, 그 정도가 신경증적 경향인지, 성격상 문제 경향인지, 정신병적인 경향인지를 판별하고자 하는 전형적인 질문이었다.

반면 2000년에 시행된 한 연구[22]는 신체적 형상으로 인해 겪는 정신적인 고통에 대한 질문보다는 내가 나의 몸을 어떻게 느끼고 있는지에 주목한다. 질문들도 현재 나의 몸을 건강하고 매력적이라고 생각하는지, 나의 몸을 좋아하는지, 나의 몸을 어떻게 돌보고 있는지 등에 집중되고 있다. 성형은 자기 몸을 부정적으로 인식하는 데서 오는 병리적 현상이나 자신감 결여, 콤플렉스를 치료하는 게 목적이 아니라 자신의 몸과 정신을 적극적으로 돌보는 행위로 재개념화된다. 미용 성형에 대한 이와 같은 현대적인 접근은 미용 성형을 자기 개념, 자기 확신, 자기주장을 창출하려는 노력으로 본다. 또 다른 연구에는 미용 성형을 자신을 사랑하는 방법이라고 말하는 여대생이 나온다.

자기 양심에 비춰볼 때 아주 꺼려지는 게 아니라면 어느 정도까지 노력하는 게 안 하는 것보다 훨씬 좋다고 생각하거든. 사실 자기 자신을 꾸밀 줄 알고 자기의 외모도 자기 자신의 일부분, 너무 큰 부분 인데, 그거에 대해서 어느 정도 적당한 노력을 할 줄 알고 그러는 게 자기를 사랑할 줄 아는 사람이기도 한 것 같고. 그런 사람이 남들도 아낄 줄 아는 것 같아······.[23]

여대생의 인터뷰에서도 드러나듯, 성형수술은 자기를 배려하고 돌보는 기술로 그 의미가 이행되고 있었다. 이로써 성형을 하기 위해 굳이 자기 신체에 어떤 결점이 있고, 이로 인해 열등감에 시달린다는 등의 하소연을 할 필요가 없어졌다. 성형은 나와 나의 몸을 사랑하는 여러 실천들 가운데 하나가 되었기 때문이다. 그 사랑의 방법이 주어진 몸을 인정하고 받아들이는 게 아니라 끊임없이 수정하고 변형을 시도한다는 것이 특별할 뿐이다.

'좋은' 환자를 찾습니다

미용 성형의 성패는 의사의 의학적 판단보다는 환자의 주관적인 만족 여부에 좌우된다. 따라서 성형수술이 필요하다고 주장하는 이들이 늘어날수록 의사들은 어떤 사람을 수술할지 좀 더 신중하게 선별할 필요성이 생겼다. 수술 뒤에 지나치게 불만을 호소할 만한 환자를 만날 위험을 피해야 했기 때문이다. 흥미롭게도 미용 성형 환자의 정신적·심리적인 측면을 조사한 연구들은 동료 의사들에게 환자를 선별할 때 참고해야 할 정보들을 제공했다. 이들 연구는 환자의 정신의학적 특성을 파악해 수술 전후로 발생할 수 있는 정신의학적 장애를 예방하고 중재하는 것을 목적으로 내세웠지만 논문 대부분이 어떤 환자가 '좋은' 환자이고, 어떤 환자가 '나쁜(까다로운)' 환자인지에 관한 내용으로 채워졌다. 환자의 정신의학적 특성은 '좋은' 환자를 탐색하는 데 필요한 정보가 되었다.

일련의 연구들이 밝힌 좋은 환자의 첫 번째 기준은 본인의 판단에 따라 수술을 결정하는 환자이다. 타인의 권유로 성형을 하는 경우 그 결정이 즉흥적으로 이루어지기 쉽고, 그만큼 타인의 시선을 과도하게 의식하는 사람일 수 있기 때문에 수술 결과에 만족하기 어려운 부류의 환자라는 것이다.

수술 여부를 결정할 수 있는 단일 지표는 없으나 이 환자의 수술 동기를 정확히 파악하는 것이 중요하다. (…) 가장 간단한 방법으로 수술 동기가 자의에 의한 것인지, 타의에 의한 것인지를 구분하는 것인데 자의에 의한 수술에 있어서 환자들은 자신에 대한 깊은 불만감의 결과로 수술을 받게 되어 신체상Body Image에 대한 자기 평가의 향상을 기대하기 때문에 대부분은 수술 결과에 만족하게 되지만, 배우자, 친구 혹은 가족 등 외부의 압력에 의한 수술에 있어서는 (…)

거의 대부분이 수술을 받고 나면 그들에 대한 주위의 태도 및 행동이 달라질 수 있다는 비현실적인 기대를 하게 되고, 그 대부분이 미용 성형수술만으로 성취될 수 없는 것이기에 수술 결과에 만족하지 못하는 경향이 있다.[24]

두 번째로 미용 성형 결과에 대해 현실적인 감각을 가지고 있는지 여부도 좋은 환자를 가르는 기준이 되었다. 좋은 환자는 수술에 대한 기대를 몸 자체에 대한 변화에만 한정해야 한다. 수술을 통해 결혼이나 직장 생활, 인간관계가 개선될 거라 기대한다든지, 닮고 싶은 배우의 사진을 가져와 유사한 외모를 갖기를 원한달지 하는 환자는 '좋은' 환자의 범주에 들지 못한다. 외모의 변화로 정신적인 불만을 해소하려는 환자들도 '나쁜' 환자로 분류되었다. 또한 자아 존중감self esteem이 낮은 환자는 수술에 대한 의존도가 높고 수술에 만족하지 못하는 경우가 많아 적합한 환자가 되지 못하니, 이런 특성을 가진 환자를 수술할 때는 신중을 기하라고 동료 의사들에게 권고하기도 한다.[25]

성형외과 의사들은 성형을 하면 자신이 원하는 자아 이미지를 가질 수 있다는 대중 담론을 확산시키는 데 동참하면서도 동시에 개별 환자를 만날 때에는 자신들이 판매하는 상품 목록에 성형의 정신적인 효과는 없다는 것을 분명하게 주지시키는 이중적인 태도를 보였다. 성형은 특정 부위를 변형시키는 기술일 뿐 그 기술의 효과까지 장담하지는 못한다는 것이다. 오히려 의사들은 성형의 효과는 환자들의 마음가짐, 혹은 심리에 달린 문제라는 것을 알리기 위해 노력했다.

학계에서의 논의는 대중서를 통해 전파되었다. 성형외과 의사인 김수신은 『(김 박사가 권하는) 신세대 성형수술』(행림출판, 1994)이라는 책에서 성형을 하면 안 되는 세 가지 유형을 제시하고 독자들에게 자신이 이 유형에 해당하는지 숙고한 뒤 성형을 결정하라고 당부하고 있다. 성형을 하지 말아야 할 '나쁜' 환자는 첫째 성형수술에 지나친 기대를 갖고 있는 사람("탤런트 누구처럼 변할 것이라는 비과학적인 환상은 버려라"), 둘째 성격이 지나치게 예민해 완벽을 추구하는 사람("성형만은 컴퓨터처럼 정확해야 한다는 고집은 의사나 자신 모두를 불행하게 한다"), 셋째 마음에 콤플렉스가 심한 사람("누가 봐도 수술이 잘되었는데 본인은 왠지 마음에 들지 않는다고 시무룩하다")이다. 특히 세 번째 유형의 사람에게는 성형한 결과가 마음에 들지 않는다면 재수술을 할 게 아니라 정신과 상담을 받아 자신의 근본적인 열등감을 극복해야 한다고 말하고 있다.

'좋은' 환자의 요건으로 자아 존중감을 꼽은 것 또한 성형의 효과가 주관적으로 나타날 수밖에 없다는 것을 주지시키려는 의도였다. 다음 장에서 보게 되겠지만 미용 성형을 정당화하는 심리학적 논의는 신자유주의 시대 소비 정서와 매우 적절하게 융합했다. 시장적 행위자로 변모할 준비를 하고 있는 의사들에게는 과거 어느 시기보다 방대한 집단을 '고객'으로 끌어들일 수 있는 사회 분위기가 열린 셈이었다.

5장

신자유주의가
호황을 부르다

2000년대 이후 미용 성형 시장은 크게 팽창했고, 사람들은 성형을 필수적인 외모 관리 기술로 인식하기 시작했다. 이 갑작스러운 변화는 어떻게 이루어진 것일까? 이 장에서는 1997년 외환위기를 전후하여 한국 사회가 신자유주의 체제로 이행하면서 이루어진 경제적·문화적 변화를 미용 성형 산업의 호황을 이끌어 낸 주요한 맥락으로 분석한다.

신자유주의는 기업의 자유로운 경제활동이나 사유재산권과 같은 시장의 가치를 전면화하고 절대화하는 경제 질서이다. 신자유주의 체제 아래에서 모든 가치는 상품화될 수 있는 것으로 여겨지며, '개인' 역시 예외가 아니다. 이러한 신자유주의의 문화 논리에서 핵심은 '경쟁'이라는 말로 요약할 수 있다. 즉, 경쟁이 체제의 발전과 인간의 자유를 보장하는 필수적인 미덕이 된 사회가 바로 신자유주의 사회이다.[1] '스펙 담론'의 유행이 대표적이다. 경쟁 사회에서 살아남기 위해 외모 역시 스펙의 일환으로 관리해야 한다는 개인들의 강박은 수익을 창출하는 산업이 된 성형 의료 체계에서 기업가가 된 의사들이 가장 욕망하는 상품이 되었다. 외모 관리는 자아를 '잘 팔리는 상품'으로 만들기 위해 필수적인 기술이며 미용 성형은 이를 가장 극적으로 실현시켜 줄 중심적인 테크놀로지로 부상했다. 미용 성형 산업의 호황기가 도래한 것이다.

이 호황기의 작동 방식을 분석하기 위해 미용 성형 분야에 종사하는 의사와 상담실장, 간호사 그리고 '환자'들의 이야기를 들어보았다. 면접 대상은 지인에게 소개받거나 인터넷 성형 커뮤니티를 통해 접촉하는 경우, 혹은 참여 관찰을 한 병원에서 만난 사람들 등으로 다양했다. 인터뷰는 2009년 1월부터 2010년 7월까지 꽤 긴 기간 동안 이루어졌으며, 이후 책을 집필하기 전 짧은 기간 동안 집중적으로 추가적인 인터뷰를 수행했다. 이들의 이름은 모두 사례 번호로 표기하였고, 특히 성형외과 종사자의 종사상 지위를 보호하기 위해 내용에 지장을 주지 않는 범위에서 의원의 위치나 의사의 전공, 종사자 직위 및 소속 등을 실제와 다르게 바꾸었다.

자기 관리에서 스펙 쌓기로

스펙은 영어 단어 스페서피케이션specification의 준말로 상품의 세부 내역이나 규격을 뜻하는 말이다. 예를 들어 스마트 폰의 스펙이 좋다는 것은 화질이 뛰어난 디스플레이를 탑재하여 풍부한 색을 표현한다든가, 차세대 운영 체제를 적용하여 엄청난 통신 속도를 자랑한다든가, 그도 아니면 두께를 얇게 하거나 무게를 가볍게 하는 등 하드웨어상의 혁신을 가리키는 말이다. 그런데 최근엔 '스펙'이라는 단어가 사람을 설명하는 데 사용되고 있다.

우리는 산업사회를 지나며 이미 '인적 자본'이라는 단어에 익숙해졌다. 인적 자본이라는 말은 사람 역시 자본처럼 지속적인 투자를 통해 가치를 증식할 수 있는 수단이라는 관념을 내포하고 있다. 인적 자본이 기업뿐 아니라 가정과 학교 등 사회의 전 영역에서 자본의 가치 증식을 위한 참여와 책임을 요구하고 있었다면, 2000년대 초반부터 등장한 '자기계발'은 개인의 성공과 그 성공을 위한 끊임없는 개인적 노력을 강조하는 구호였다. 같은 시기 출판계를 휩쓸다시피 한 (그리고 지금까지도 계속되고 있는) 자기계발서 열풍은 대중들에게 이 같은 개인화된 구호가 얼마나 절대적인 영향력을 미쳤는지 짐작하게 한다.

학력, 학점, 어학 점수, 자격증, 해외 연수 경험, 자원 봉사 활동 등, 취업 준비생들 사이에 공유되는 스펙은 주로 객관적인 지표로 드러낼 수 있는 것들이다. 초기의 자기계발 담론은 이러한 스펙 쌓기에 초점을 맞춰 시간 관리의 중요성을 강조했다. 하지만 자기계발의 범위가 개인을 둘러싼 객관적 조건뿐 아니라 개인의 신체와 정서, 다시 말해 자기 자신을 개선하는 것을 목표로 하면서 개인이 기울여야 할 노력의 범위 또한 넓어졌다. 학점 관리나 어학 실력을 쌓는 데서 더 나아가 자신의 외모, 긍정적인 정서 능력까지 포함하는 개념이 된 것이다.

이처럼 자기계발의 의미가 확장되면서 자연스럽게 자기계발이 목표로 하는 스펙 쌓기의 의미 또한 확장되었다. 외모 때문에 면접에서 떨어졌다고 생각하는 응시자, 외모를 채용 기준으로 삼은 적이 있다는 기업의 인사 담당자 말에 노골적이라고 눈살을 찌푸리면서도 사람들 대부분은 부정할 수 없는 현실로 받아들인다. 텔레비전에서는 경쟁력 없는 외모를 가진 개그우먼들이 나와 인기를 얻기도 하지만 그들의 외모는 희화화나 무시, 경멸의 대상이 됨으로써 개그의 소재로 활용된다. 그런 개그 프로그램을 보고 따라 웃는 사람들은 사회적 차별 기제가 된 외모의 중요성을 무의식중에 곱씹는다. 이처럼 공고한 외모 중심 사회에서 사람들은 얼굴을 예쁘게 가꾸고, 피부를 매끈하게 하며, 날씬하고 잘 빠진 몸매와 세련된 스타일을 유지하라는 조언을 부당한 압력처럼 느끼지 않는다.

외모가 스펙의 반열에 오를 수 있었던 것은 외모 역시 학점이나 어학 점수처럼 관리할 수 있다는 사고가 지배적이 되었기 때문이다. 미용 성형 산업의 팽창 속에 외모 역시 시간과 노력, 비용을 들이면 더 나아질 수 있는 것으로 여겨졌다. 외모나 몸은 타고 나는 것이 아니라, 가꾸고 변형 가능한 것으로 재의미화되었다. '있는 그대로의 자기 모습을 사랑하라'라든지, '내면을 아름답게 가꾸는 것이 중요하나'는 이야기는 이제 나분히 구시내적인 발상처럼 들린다. 한 성형외과 광고는 "얼굴, 즉 관상이 변한다고 해서 취업을 보장받을 수는 없지만, 콤플렉스를 개선함으로써 얻는 자신감은 취업뿐 아니라 인생에 있어서 많은 변화를 가져다 줄 것"이라고 자신 있게 말한다. 외모를 가꾸는 행위는 긍정적인 정서 능력을 기르는 일이 되고, 이는 곧 스펙과 자기계발의 논리 안으로 흡수된다.

4장에서 보았듯, 미용 성형 담론은 외모와 정신의 연결 고리를 만들어 미용 성형의 의학적 정체성을 확보하는 방향으로 진화해 왔다. 결국 미용 성형은 마음을 고치는 의술로 의미화되었고, 2000년대 스펙 쌓기 담론은 이른바 '삼십 분 정신외과의'와 같은 명명에 더욱 힘을 실어 주었다. 미용 성형이 더 나은 외모를 만들 뿐 아니라 긍정적인 사고까지 심어 주는 확실하고 효율적인 기술로 수용된 것이다. 성형을 경험한 사람들의 만족스러운 피드백은 몸을 변형시킴으로써 긍정적인 정서와 삶의 활력을 얻게 되었다는 신념을 강화하고 확산시키는 데 도움을 주었다.

예뻐지는 거 중요하죠. 예뻐지면요, 편해지는 것 같아요. 뭘 입어도 예쁘다고 하잖아요. 뭔가 선택권이 많아지는 것 같고. 평소에 지내는데 자신감이 커지죠. 〈미녀는 괴로워〉 영화가 뜬 것도 그런 거 같아요. 학교에서 그렇죠. 학교에서도 많이 돌아다니고, 당당해지

고.(A, 18세, 고등학생)

쌍꺼풀 수술을 한 십 대 A는 수술하기 전에는 친구들이 쌍꺼풀 수술이 어울리지 않을 눈이라며 말렸지만 수술 후에는 "인간 성공"이라고 칭찬을 아끼지 않았다고 했다. 성형 결과에 대한 만족감은 "학교를 당당히 돌아다닐 수 있었다"는 말처럼 A의 행동 방식까지 변화시켰다. 이처럼 성형을 경험한 여성들은 외모 변화를 통해 몸과 함께 살아가는 자신의 존재 양식까지 바뀐 듯한 느낌을 얻는다. 외모 중심 사회의 현실 논리는 예쁜 외모에 더 많은 자원과 권력을 부여하는 방식으로 작동하기에, 여성들의 느낌이 틀린 것만은 아니다.

> 동생은 (성형을) 다 하고 (남편을) 만난 거죠. 남자들은 외모를 많이 보잖아요. 제가 볼 때는 자기 퀄리티를 높이려고 한 것 같아요. 선택의 폭을, 자기 연봉대보다 높은 사람을 만난다고 생각을 하고, 자기가 고를 수 있는 거죠. 남자들도 보잖아요. 여자 연봉 서로 물어보고 비슷한 수준이 되면 만나고 이런 게 있는 것 같아요.(M, 33세, 전업주부)

M의 동생은 전문직에 종사하는 이십 대 후반의 여성으로, 대학 졸업 이후 직장 생활을 하는 동안에는 외모에 별 관심을 갖지 않다가 두 차례 미용 성형을 하고 나서 본격적으로 결혼 시장에 뛰어들었다. 시장 중심 사회에서 사랑, 결혼 등의 친밀한 관계까지 합리적인 계산과 거래의 대상이 되어버렸다는 점을 고려할

때, M의 동생에게 미용 성형으로 변화된 몸은 삶의 가능성을 확장하는 자원으로 여겨졌을 것이다. 외모 변신을 통해 개인의 상품성("자기 퀄리티")을 높이고, 이를 통해 더 나은 삶을 살 수 있다는 기대는 속물적으로 느껴질지라도 더 이상 낯설지는 않다. 취업과 결혼 시장에서 외모는 이미 일반적인 스펙 가운데 하나로 수용되고 있기 때문이다. M에게 미용 성형은 결혼을 위한 스펙 쌓기에 다름 아니었다.

미용 성형이 스펙 쌓기로 의미화되는 것은 1990년대 미용 성형의 문화적 의미와 크게 달라진 지점이다. 1990년대 한국이 본격적인 소비사회에 접어들면서 외모 가꾸기에 대한 관심이 급증한 것은 사실이다. 사람들은 외모를 치장하고 관리함으로써 자신의 개성을 드러내 타인과의 시선 게임에서 이기고자 했다. 외모는 자기 관리이자 자기 과시의 차원이었다. 하지만 패션, 화장술, 다이어트 등에 비해 미용 성형은 비교적 주변적인 위치를 차지했고, 그 의미 또한 개인의 허영을 충족시키거나 콤플렉스를 극복하는 차원으로 한정되었다.

미용 성형이 (결혼이든, 취업이든) 개인의 생존을 위해 필수적인 기술로 언급되기 시작한 것은 2010년을 넘어서면서부터였다. 이는 스펙 담론이 대중화되던 시기와도 일치한다. 많은 여성들이 외모가 스펙인 사회에서 화장이나 다이어트로 안 된다면 미용 성형을 해서라도 자신을 '팔리는 상품'으로 만들어야 한다는 강박에 시달렸다. 미용 성형을 통한 몸의 변신은 개인의 스펙을 가장 극적이고 가시적으로 업그레이드하는 방법이었던 것이다.

이와 더불어 1990년대에는 상상하지도 못할 정도로 외모 규범이 세분화되었고, 그만큼 개선해야 할 결점들도 늘어났다.[■] 점점 더 많은 사람들이 자신의 신체를 첨단의 수술 장비와 기술을 뽐내는 수술실에 맡겼고, 여성들뿐 아니라 남성들 역시 다이어트나 뷰티 케어 소비 시장에 급속도로 포획되었다.

스펙은 신자유주의로의 체제 전환 이후 형성된 독특한 문화 논리를 포함하는 개념이다. 신자유주의를 정의하는 방식에는 여러 가지가 있겠지만, 통상 기존에 비경제적인 영역으로 분류되던 것들까지 시장 논리 안으로 무자비하게 포섭하는 극단적인 시장 중심주의로 규정할 수 있다. 개인은 이러한 신자유주의 문화 논리의 우선적인, 그리고 가장 최종적인 포섭 대상이다. 노동 유연화와 복지 축소로 삶의 불안이 가중되는 상황 속에서 개인들은 끊임없는 투자와 개발을 통해 자신을 '팔릴 수 있는 상품'으로 만들어야 한다는 압박을 받는다. 바로 여기에서 성형수술을 '나 자신에 대한 투자'라고 말하는 논리가 생겨났다.

하지만 스펙은 그 본성상 개인과 개인의 끝없는 경쟁을 부추길 뿐 확실한 성공을 보장하지 않는다. 실패의 책임은 결국 노력

■ 2000년대 초반 여성 잡지에 실린 성형외과 광고를 보면 여성의 신체는 크게 몸, 얼굴, 피부, 세 가지로 범주화되지만 각각의 범주는 다시금 세부적으로 분할된다. 한 연구는 이렇게 분할된 신체 부위가 150개에 이른다고도 한다. 개선이 필요한 신체 부위는 결점과 더불어 제시된다. 예를 들어 눈만 해도 작고 지방이 많은 눈, 눈매가 못나고 지방이 많은 눈, 작고 찢겨 올라간 눈, 눈꺼풀이 처진 눈, 짝눈, 처진 눈, 올라간 눈, 속꺼풀 눈, 언더라인이 부은 눈, 눈과 눈썹 사이가 좁은 사람, 쌍꺼풀 라인이 얇고 눈두덩에 살이 많은 사람, 쌍꺼풀 라인이 얇고 눈두덩이 넓은 사람 등 13개 유형의 결점들로 나열된다.[2]

이 부족한 개인의 잘못으로 귀결될 뿐이다. 외모와 관련된 스펙 담론도 마찬가지이다. (시장에서) 팔리는 외모로 만들기 위해 온 갖 방법을 동원해도 '신뢰감을 주지 못하는 외모', '자신감이 떨어지는 모습', '스마트하지 못한 인상' 등등, 개인을 생존과 성공의 대열에서 낙오시킬 이유들은 끊임없이 생겨난다. 시장은 개인에게 스펙을 쌓으라고 조언할 뿐, 그것이 가져올 결과에 대해서는 책임지지 않는다.

의사들의 과외 수업

"힘들어진 의료 환경! 새로운 돌파구를 모색하는 ○○학회" 2009년 참여 관찰 차 방문했던 한 학회가 내건 구호였다. ○○학회는 성형외과를 전공하지 않은 '비전문의'들로 구성된 학회이다. 현재 국내 미용 성형 시장의 두드러진 특징 중 하나는 이러한 비전문의들의 개업 사례가 급증한다는 것인데, 위 구호에서는 미용 관련 수술이나 시술 기술을 배워 개인 의원의 경영난을 타개해 보려는 비전문의들의 발버둥이 느껴진다.

○○학회는 2004년, 〈대한성형외과학회〉와 〈대한미용성형외과학회〉 등이 성형외과 전문의들을 중심으로 폐쇄적으로 운영된다는 점에 문제를 제기하며 출발했다. 출발부터 비전문의들의 권익과 이해를 보호하는 게 우선적인 관심사였던 셈이다. 학회의 회원 수는 8천 명에 달한다. 내과, 산부인과, 마취과, 일반

의 등, 전공을 망라한 비전문의들이 학회를 통해 미용 성형 기술을 학습할 수 있는 기회를 얻는다. 그 밖에도 학회는 관련 시술을 직접 실습할 수 있는 프로그램을 운영하고 있으며, 의사들 사이의 네트워크 형성에도 도움을 준다.

이날 학회장 로비에는 미용 성형 관련 의료 기기 회사와 제약 회사들이 부스를 설치해 각종 시술 기기와 약품을 홍보하고 있었다. 영업 사원들은 주로 좀 더 빠르고 쉽게 시술을 할 수 있다는 이점을 홍보하며 의사들의 명함을 받았다. 강연장에서는 미용 성형이나 관련 시술로 임상 경험을 축적하고 병원을 운영해 본 선배 의사들이 강사로 나서 미용 성형 기술뿐만 아니라 병원 마케팅, 병원 운영 전략 등을 소개하고 부작용과 사고를 예방하고 해결하는 비법을 전수했다. "진료 현장에 바로 적용할 수 있는 핵심적이고 각광받는 생생한 라이브 강의", "궁금증을 확실히 해결해 주는 수술 노하우 공개! 실전 동영상 강의", "병원에 확실한 도움이 되는 환자를 부르는 노화 방지 워크숍" 등이 주요 프로그램이었다.

한쪽에서는 보톡스나 필러처럼 주사를 이용한 시술을 직접 시연하는 자리가 열렸고, 수술 장면을 녹화한 동영상을 틀어 놓고 지방 흡입이나 유방 성형 사례를 발표하는 자리도 있었다. 강연자들은 으레 "더 자세한 내용은 본인의 병원에서 개설할 실습 교육hands-on course에서 알 수 있고 직접 실습해 볼 수도 있다"는 말로 발표를 끝맺었다. 이 실습 교육은 개인 의원에서 개설하는 교육 과정으로, 경험 있는 의사가 집도하는 수술실에 들어가 실제 수술을 참관하거나 때로 직접 수술을 해 볼 수 있는 프로그램이다. 경우에 따라 병원에서 실습용 환자를 준비해 주기도 하고 교육에 참여하는 의사 자신이 직접 수술할 사람을 데리고 가기도 한다. 학회 홈페이지의 연수 정보란에는 며칠 간격으로 개인 의원의 실습 교육을 홍보하는 게시물들이 올라온다. 1~2일 수술 참관으로 이루어지는 이 교육의 수업료는 1인당 30~40만 원에서부터 수백만 원에 이르기까지 다양하고, 병원의 주요한 수입원이기도 하다. 실습 교육을 담당하는 의사들은 '의사를 교육시키는 의사'라는 타이틀로 병원을 홍보할 수 있고, 실습 교육을 이수한 의사들도 성형외과 벽에 그럴 듯한 인증서를 걸어 놓을 수 있으니 누구에게도 밑지는 장사는 아니다.

초보 의사들은 개인 의원을 열기 전에 성형외과에서 페이 닥터(병원에 고용되어 월급을 받는 의사)로 일하면서 돈을 모으고 기술을 익히기도 한다. 비전문의뿐만 아니라 레지던트 과정을 막 끝낸 성형외과 전문의들도 개원에 적합한 미용 성형 기술을 배우기 위해 페이 닥터로 일하는 경우가 많다. 대학 졸업 후에 바로 개원을 하는 것은 재정적으로나 기술적으로 쉽지 않기 때문이다. 이처럼 대형 개인 병원들은 개원을 준비하는 의사들이 실질적인 미용 성형 트레이닝을 받는 주요한 장소가 된다. 일부 성형외과는 초보 의사들에게 교육과 훈련 기회를 제공한다는 명목하에 적은 임금으로 장시간 노동을 시키는 것으로 악명이 높다. 이들 병원에서는 자본을 가진 병원장들이 미용 성형을 박리다매의 상행위로 변질시키곤 한다.

서울로 가서 성형외과 가려고 간 게 아니라 수술방 구하는 데가 성형외과 밖에 없었어요. 저는 돈을 벌어야겠다, 큰돈을 벌어야겠다 해서 갔는데 교차로 같은 데 보면 다 성형외과 수술방, 성형외과 수술방 이런 거예요. 딱 갔는데 비전문의였던 거지. 난 몰랐죠. 그때만 해도 의사면 다 전문의들만 봐 왔었기 때문에 비전문의가 있는 것 자체도 몰랐었어요.

🔍 비전문의인지는 어떻게 알았어요?

의사가 얘기해 준 게 아니라 사람들이. 진~짜 비전문의들만 모아둔 거예요. 페이 닥터들만.(K, 간호사, A의원)

이십 대 후반인 K는 성형외과 수술실에서만 5년 정도 경력을 쌓았다. 지방 소도시에 위치한 준종합병원에서 2년여 근무한 후 서울로 일자리를 옮기려던 시기, 수술실 경력 간호사를 채용하는 병원은 성형외과뿐이었다고 한다. 건강이 악화되어 하혈을 할 정도로 노동 강도가 높았던 그 병원은 이른바 브로커들이 끊임없이 환자를 데려오는 곳이었다. 브로커들은 환자를 병원에 소개해 주고 수수료를 받았다. 병원은 입원실이 부족할 정도로 많은 환자를 받아 쉬지 않고 수술이 행해졌다. 수술실이나 입원실도 병원이라 말하기 어려울 정도로 환경이 열악했다. 그 지역에서는 공장 같은 성형외과로 유명했다고 한다. 그 성형외과에서 일하던 페이 닥터는 모두 비전문의였다.

인터뷰를 하면서 충격적이었던 것은 비의료인들이 병원에서 버젓이 수술을 하는 경우도 있다는 것이었다. 의사 자격은 없지만 오랫동안 병원에 고용되어 의사와 간호사를 도우며 기술을 익힌 사람들이 의사 면허를 빌려 개원을 하기도 하고, 개인 의원에 출장을 나가 의사들에게 기술을 전수해 주기도 한다고 했다.

'테크니셔'는 예전에는 병원에 의료 인력이 별로 없었잖아요. 그런데 특정한 의료 수술을 해야 되거나 특정한 시술을 해야 할 때 의사 아니면 원래 법에는 안 되게 되어 있잖아요. 그래서 그 분야를 오랫동안, 말하자면 시작을 그쪽에서 해서 오랫동안 그쪽에서 밥을 먹고 있었던 분들을 보통 테크니셔라고 얘기를 많이 하거든요. 그분들은 실제 자격이나 면허는 없는 분들인 경우가 굉장히 많아요. 자격증은 따로 없고 단지 그런 경력을 인정을 해서 고용을 하는 거죠. 실제 수술할 때 레코드(보고서) 기록하잖아요. 간호 기록지나 의사 기록지에는 못 들어가요. 법적으로는 그분이 아무리 능력이 뛰어나다고 할지라도 무면허죠. 그런 분들이 나중에 오랫동안 배워 가지고 나와서 쉽게 말하면 우리나라 사람들 야매 좋아하잖아요. 그런 거를 하는 경우들도 있죠.(N, 상담실장, D성형외과)

간호학과 출신인 N상담실장은 의사 자격이나 간호사 자격이 없음에도 실제 수술실에 들어와 일을 돕는, 하지만 수술 기록지나 다른 어떤 기록에도 남지 않는 이들을 '테크니셔'라고 불렀다. N상담실장은 흔히 야매라고 말하는 무면허 시술자 중에 이들 테크니셔가 많다고 하였다. 테크니셔의 출신에 대해서는 N상담실장과 K간호사의 의견이 달랐다.

실제 수술 경험이 없는 의사들이 초기에 수술을 하려면 당황하니까
실용적인 기술을 알려 주는 테크니셔라고, 경력이 오래된 간호사들
이 있어요. 병원 출장 가서 의사들 교육시켜요. 전문의한테도 가요.
제가 아는 테크니셔 분은 그 병원에서 안 거고, 간호사 사장이랑 친
분이 있어서 도와주러 온 거죠.(K, 간호사, A의원)

K간호사는 본인이 병원에서 만났던 테크니셔는 간호사 출신
으로, 개원의 수술실로 출장을 나가 의학 지식은 있지만 실질
적인 수술 경험이 없는 의사들에게 실용적인 수술 기술들을 가
르친다고 했다. 아예 병원을 개원하고 의사를 고용하여 기술
을 가르치는 간호사들도 있다. K는 그들을 '간호사 사장'이라고
불렀다. 이러한 간호사 출신 테크니셔의 존재는 '전문가 의사
와 보조자 간호사'의 관계를 '자본가 간호사와 노동자 의사'라
는 관계로 역전시키기도 한다. 미용 성형은 손쉽게 익힐 수 있
는 기술이고, 일단 익히고 나면 어느 정도 수익을 거둘 수 있다
는 기대가 형성돼 있기 때문에 시장은 급속도로 팽창했고, 실용
적인 기술을 훈련받으려는 의사들도 줄을 이었다. 이러한 상황
이 미용 시장에 테크니셔라는 새로운 의료 행위자를 등장시킨
배경이다.

한편으로 실용적인 기술만 배워 곧바로 개원하는 의사들, 말
하자면 '미용 의사'들이 증가하면서 미용 성형 시장의 규모는 더

거대해졌고, 이는 전문의와 비전문의 사이의 갈등을 심화시키는 결과를 낳았다. 대부분 대중매체에서 성형외과 비전문의는 의학적 전문성이 없고, 오로지 이윤만을 위해 전공을 바꾼 상업적 의사의 전형으로 묘사된다.

2006년 〈시사매거진 2580〉은 "의사들의 과외"라는 제목의 방송에서 비전문의들이 참여하는 학회나 실습 교육 내용을 보도하면서 이들의 의료 행위를 문제적으로 다뤘다.[3] 또한 2009년에는 〈뉴스 후〉에서 안정성이 검증되지 않은 페놀 함유 약물이 미용 성형에 이용되는 실태를 조사했는데, 정작 방송은 페놀 물질 자체보다 그 물질을 사용한 의사들이 성형외과 전문의로 위장한 비전문의라는 사실을 더 부각시켰다. 문제가 된 의사가 운영하는 병원 간판을 화면에 비추면서 '성형외과 전문의'라는 글자 옆에 사인펜으로 휘갈겨 쓴 듯한 '국제'라는 글자에 카메라의 초점을 맞추는 식이다. 국내에서는 인정받지 못하는 〈국제성형외과학회〉의 인증서를 가지고 마치 성형외과 전문의인 것처럼 위장하는 비전문의의 기만적인 행태를 고발하기 위한 것이었다. 해당 방송은 각각 〈대한미용성형외과학회〉와 〈국제미용성형학회〉로 대변되는 전문의와 비전문의를 구분함으로써 후자에 속한 의사들만을 문제적이며 위험한 집단으로 묘사했다.[4]

대중매체의 지배적 재현들은 전문의 집단의 이해를 효율적으로 보호하는 효과를 낳았다. 이에 대해 비전문의 집단은 의료법상 성형수술은 성형외과 고유의 영역이 아님을 주장하며 방송의 편파성을 지적하는 글을 홈페이지에 게시하기도 했다.[5] 사실 현재 한국의 의료법에는 "의료기관은 병원 또는 의원의 경우 25개 진료 과목 전부를 진료할 수 있다"고 규정되어 있고, 이를 병원 간판에 명기하기만 한다면 불법은 아니다. 즉 "○○ 성형외과"가 아니라 "○○의원 진료 과목 성형외과"라는 간판을 걸고, 자신이 성형외과 전문의가 아니라는 사실을 정직하게 고지하면 된다. 2002년 〈공정거래위원회〉 역시 미용을 목적으로 한 성형수술은 성형외과 고유 영역이 아니며 타과 전문의나 일반 의사의 시술이 성형외과 전문의보다 전문성이 떨어진다는 객관적인 근거가 없다고 판단 내린 바 있다.

이처럼 미용 성형 분야에서 비전문의가 등장하는 상황은 한국만의 일이 아니다.[6] 영국, 호주, 미국 등에는 성형외과 전문의와는 별도로 미용 외과의cosmetic surgeon라는 직함이 있으며 최소한의 의사 자격증만 있으면 미용 외과를 개업할 수 있다. 이들 국가에서도 의사의 전문성이나 자격의 적합성, 수술의 안정성 등을 둘러싸고 논쟁이 치열하다.[7] 이처럼 유독 미용 성형 분야에서 의사들의 전문성이 의심받는 이유는, 그만큼 비전문의들에게 문턱이 낮기 때문이다. 의료계 내부의 노동을 구획하는 전문의 제도는 시간의 흐름에 따라 변화할 수밖에 없다. 새로운 질병의 등장이나 의학적 혁신이 전문의 제도라는 인위적인 구획선을 따라 이루어지는 건 아니기 때문이다. 이 과정에서 의사들은 자신들이 속한 좁은 전문 분야 내부의 경쟁을 피해 모든 분야의 의사에게 접근 가능하고 현금이 지불되는 선택적 진료, 즉 미용 성형 같은 분야를 매력적으로 느낀다.[8]

한쪽에서 비전문의들이 미용 성형 시장에 진입하는 동안 성형외과에서도 의료다운 분야로 여겨지던 재건 성형 대신 미용 성형에 투신하는 성형외과 전문의들이 눈에 띄게 늘었다. 의학의 발달과 생활 습관 개선으로 선천적인 기형이 줄고, 후천적 기형 또한 얼굴 기형의 경우 이비인후과나 구강외과 쪽으로 이동하면서 재건 성형의 의료적 입지가 줄어든 탓이다. 결과적으로 미용 성형 분야 안에서의 경쟁은 더욱 치열해졌고, 전문의와 비전문의 사이의 갈등과 이해관계 또한 첨예해졌다. 문제는 이러한 갈등이 의료 시장화와 맥락을 함께하면서 미용 성형수술 혹은 시술의 위험성과 폐해가 증폭될 가능성도 그만큼 높아졌다는 것이다.

수술할 뿐, 책임지지 않는다.

1989년, 미국에서 비전문의들의 미용 성형수술이 증가하면서 "부적격 의사들에 의한 성형수술의 폐해Unqualified Doctors Performing Cosmetic Surgery"를 주제로 국회 청문회가 열렸다.[9] 성형외과 전문의들은 기괴한 형상으로 얼굴과 몸이 변형되고 신체 기능에 장애가 발생한 여성들의 이미지를 동원했다. 성형의 부작용이나 합병증을 유발하는 주범이 비전문의라는 점을 부각시키기 위해서였다. 하지만 청문회는 성형외과 전문의라고 해서 수술에 따르는 문제를 방지할 수는 없다고 결론 내렸다. 오히려 미용 성형 관련 학회지에 광고를 실을 기회나 교육받을 기회를 전문의 집단에만 한정하는 폐쇄적 운영 방식이 비판을 받았다. 결국 광고와 교육의 기회 모두 비전문의들에게까지 개방되었고, 관련 기술을 배운 의사라면 누구나 전공에 상관없이 미용 성형 분야에 진입할 수 있다는 자유로운 시장 분위기가 형성되었다. 청문회를 통해 미용 성형 분야에서 독점적 지위를 확보하려던 전문의들의 계획은 실패로 돌아갔다.

한편, 청문회에서는 성형외과의 과장 광고 및 허위 광고가 도마 위에 올랐다. 미국에서 의료 광고는 1980년대에 들어서야 허용되었는데, 그때만 하더라도 많은 의사들이 의료 행위를 광고하는 것은 적절하지 않다고 생각했었다. 1984년 〈미국의사협회〉 조사에 따르면 84퍼센트의 의사들이 텔레비전 등 매스미디어에 약품이나 의료 행위를 광고하는 것에 반대했다.[10] 하지만 이러한 분위기는 의료계도 '시장의 마술'에 의해 이익을 얻을 수 있다는 주장들이 힘을 얻으면서 변화한다. 의사들, 특히 미용 성형 전문의들이 환자들을 호객하는 데 앞장섰다. 길거리 광고판에 유방 확대 수술 광고가 등장했고 마술과도 같은 변신을 약속하는 비포/애프터 이미지들의 융단 폭격이 시작되었다.[11]

청문회가 열린 1989년에 이르면 광고를 통해 병원 홍보를 하는 것이 흔한 일이 되었다. 청문회에 참석한 국회의원들이 성형외과 전문의들에게 과장 광고가 횡행하면서 환자들이 실력 있는 의사를 선택하기 어려워졌다는 지적을 한 배경이 여기에 있다. 의원들의 질문에 전문의들은 광고를 보고 병원을 찾는 것은 소비자의 '선택'이라고 답했다. 수술이 위험하지 않느냐는 질문에는 모든 수술에는 위험과 부작용이 따르므로 환자는 "위험과 부작용에 관한 완벽한 지식을 가지고 현명한 선택informed choice을 해야 한다"고 답했다. 전문의들은 성형수술 부작용의 문제를 실력이 없는 일부 비전문의와 실력 없는 의사를 선택한 현명하지 못한 소비자 탓으로 돌렸다. 무지하거나 절제되지 않은 욕망을 가진 개인의 문제라는 것이었다. 미용 성형 시장의 상황은 의사의 전문성을 확신할 수 없는 방향으로 나아가고 있었지만 전문의들은 이 문제를 잠재적인 미용 성형 '환자'에게 신중하고 똑똑한 소비를 요구하는 것으로 해결하려고 했다. 전문의와 비전문의 사이의 논쟁을 예고한 이 청문회는 표면으로 내세운 미용 성형의 안전성보다는 오히려 환자에게 선택의 자유라는 이름으로 더 많은 책임을 지우는 쪽으로 결론이 났다.

미용 성형 '환자'를 자유로운 소비자로 상정하며 일차적인 책임을 지우는 경향은 2000년대 한국의 의사들에게는 하나의 신념처럼 자리 잡아 갔다. 한국에서도 전문의 자격, 수술 기술의 숙련도, 몸에 대한 해부학적인 이해를 둘러싼 의사 집단 내부의 논쟁은 의사들의 권위와 시장에서의 파이 분할을 둘러싸고 누가 우월한 위치를 선점할 것인지를 겨루는 세력 싸움이 되었다. 그 와중에 정작 '환자' 입장에서 중요한 문제인 성형의 필요성, 안전성, 그리고 효과에 대한 논의는 뒷전으로 밀려났다. 미용 성형 '환자'들은 시장 중심적인 사회에서 소비의 자유를 마음껏 향유하는 것처럼 보이지만, 그 자유에는 제한된 자원으로 최대의 효과를 얻을 수 있는 소비자의 능력이 책임처럼 따라붙는다.

쌍꺼풀 수술이 성형외과 전공이라고 한 번도 생각해 본 적이 없어
요. 성형외과 레지던트 시절에 손가락 끊어지면 혈관 잇고 그런 수
술을 메인으로 하고, 특히나 성형외과에서 수술 잘못하고 온 환자를
너무나 많이 수술했어요. 그게 또 그럼 성형외과 의사는 안과 의사
가 수술한 케이스를 안 만졌느냐, 그러지 않을 거고. 결국 환자가 초
이스를 하는 거죠. 내가 성형외과에 가서 잘못됐으면 다음에 안과 가
서 수술을 할 수도 있는 거고.(H, 개원의, L안과)

H원장은 안과 개원의로 쌍꺼풀 수술 경험이 많은 '비전문의'
이다. 그는 오히려 미용 성형에 있어 성형외과 전문의의 전문성
을 의심하고 있는데, 그의 발언에서도 우리는 성형의 부작용이
나 의료 사고 등에 대한 책임을 온전히 성형을 결정한 환자의 선
택 문제로 돌리려는 시도를 발견할 수 있다. 내가 만난 이십여
명의 의사들 가운데는 전문의도 있었고, 비전문의도 있었다. 전
문의이든 비전문의이든, 두 집단 모두 성형과 관련된 모든 선택은
환자가 내리는 것이고, 의사들은 그 선택을 따를 뿐이라는 수동적
입장을 고수했다. 전문의는 비전문의의 전문성을 의심하고, 비
전문의는 미용 성형에 있어서만큼은 전문의의 권위를 인정할 수
없다는 입장을 취하며 두 집단이 대립하고 있다는 점을 생각할
때, 이러한 의견 일치는 기이하게 느껴질 정도였다. 어떤 전문의
는 더 나아가 비전문의들이 난립하면서 오히려 시장의 규모가

커졌다고 만족해했다. 비전문의에게 수술을 받아 생긴 부작용을 전문의 병원에 와서 치료를 받거나 재수술 받는 사례가 늘었기 때문이다. 환자들에게 안전한 의료 환경을 제공해야 하는 의료인으로서의 책임감은 찾아볼 수 없었다.

언론의 태도도 이들 전문가 집단과 다를 바 없다. 각종 언론매체들은 성형수술 부작용 실태를 고발하면서 이들 전문가 집단의 소비자 책임론을 그대로 되풀이했다. 2009년 부산에서 성형수술을 받은 환자 두 명이 사망하고 한 명이 중태에 빠지는 사고가 발생했다. 사망의 원인은 세균 감염에 의한 패혈증 가능성이 크다고 분석되었는데, 이에 대해 각종 신문사와 방송사는 "성형 사고의 교훈……, 환자가 똑똑해져라"라는 식의 기사를 내보냈다.[12] 이들 기사는 환자들에게 성형수술 상담 시 반드시 병원의 청결 상태를 살펴보아야 한다고 권유하고 있는데, 병원을 방문한 환자가 과연 수술 기구나 수술복, 수술실을 둘러볼 위치에 있는지, 그리고 눈으로 보더라도 그 청결 여부를 판단할 수 있는지에 대한 질문은 하지 않는다.

한편 이 기사에서 흥미로운 점은 다른 데 있다. 기사는 몇몇 대형 성형외과 의사들의 코멘트와 함께 '무균 에어 시설'이라는 위생 시스템을 철저하게 갖춘 한 병원을 종합 성'형 전문 센터로 소개하고 있는데, 이는 성형 사고를 아예 새로운 상품으로 둔갑시키는 미용 성형 시장의 단면을 보여 준다. 앞서 전문의의 말처럼, 성형수술 부작용으로 고통을 겪는 '환자'들이 미용 성형 시장의 새로운 소비자군으로 등장한 것이다. 성형 부작용 치료라는 새로운 시장에서 우월한 위치를 선점한 것은 대형 자본을 보유한 거대 성형외과였다. 하지만 자본력을 앞세운 성형외과들의 등장은 의사들과 언론 매체가 입을 모아 외치는 소비자의 자유로운 선택을 제약하는 결과를 낳기도 한다. 이들 기업화된 병원의 출현으로 전문의 대 비전문의 사이의 대결 구도는 거대 자본 대 소자본의 대립 구도로 전환되어 갔다.

병원의 빈익빈 부익부

1990년대만 해도 성형외과 의사들은 확실한 명성과 부를 누릴 수 있었다. 그러나 해마다 100명 이상의 성형외과 전문의가 배출되고 타과 전문의나 일반의들도 미용 성형 시장에 뛰어들면서 시장은 포화 상태가 됐고, 그 틈바구니에서 살아남으려는 병원들 사이의 경쟁이 치열해졌다. 2013년 기준으로 전국 성형외과의 71퍼센트에 해당하는 1,646곳이 서울과 5대 광역도시에 위치한다. 그중에서도 서울에만 1,002개 성형외과(43퍼센트)가 모여 있으며, 서울 소재 성형외과 가운데 61퍼센트에 달하는 성형외과 613곳이 강남구에 밀집해 있는 것으로 조사되었다.[13] 게다가 미용 성형은 성형외과가 아닌 정형외과, 산부인과, 심지어 소아과에서도 이루어지고 있다. 타과 전문의 가운데 미용 성형에 종사하는 이들이 성형외과 전문의의 열 배에 이른다는 점을 감안하면, 전체 미용 성형 시장의 파이는 성형외과의 숫자로 단순하게 파악하기 어렵다는 것을 알 수 있다.

최근의 미용 성형 시장은 장사꾼처럼 보이는 개별 의사의 상술만으로 단정하기 어려운 방향으로 진화하고 있다. 의사들 사이에서 분화가 이루어지기 시작하면서부터이다. 자본이 없어 장사꾼조차 되지 못하는 페이 닥터들과 소규모 성형외과를 운영하는 자영업자 의사들, 그리고 기업화된 병원을 이끄는 의사들 사이에 자본의 유무와 병원의 크고 작음을 기준으로 한 위계가 생겨났다.

'사무장 병원'이라고 얘기를 해요. 의사가 아닌 사람이 자본을 대고 의사를 우리가, 등록이라고 하죠. 등록만 하게 되면 세무서에서 뭐……, 보건소에서 관할을 하는데 알 수 있는 방법이 없죠. 누가 투자를 했는지. 그런데 의사가 아닌 사람이 병원을 차리는 것은 현재로서는 불법이죠.(J, 개원의, V성형외과)

J원장은 사무장 병원이란 "병원을 소유할 자격이 없는, 의료인이 아닌 사무장이 의사를 명목상 사장으로 고용해 영업하는 의원"이라고 친절하게 설명을 덧붙이면서 "이는 명백한 의료법 위반이지만 일부 물정 모르는 의사들은 자기도 모르는 사이 불법의 공모자가 된다"고 말했다. 현행 의료법상에는 사무장 병원을 운영하는 데 따르는 법적 책임을 의사에게 묻고 있기 때문에 의사들은 자신이 페이 닥터로 일하는 곳이 사무장 병원이라는 사실을 뒤늦게 알아도 쉬쉬하는 상황이다. 더 큰 문제는 철저하게

진료 실적과 이윤을 따지는 이러한 사무장 병원의 등장이 '공장식 성형외과'를 낳았다는 것이다. 그곳에서 의사들은 공장을 끊임없이 돌아가게 하는 부속품에 지나지 않는다.

거기가 어떤 데였냐면 뭐라고 하지? 공장 같은 느낌이라고 해야 되나? 조그만 데 수술방 두 개가 풀로 돌아갔어요. 하루에도 열 시에 시작해서 여섯 시까지 쉬는 타임이 없었어요. 거기 유명했어요. 공장 같은 병원이라고. 간호사가 사장이고 페이 닥터를 둔 거죠. 저는 몰랐어요. 사장이 간호사니까 의사들은 풀로 돌아가고.(K, 간호사, A의원)

더 많은 환자를 수술해 수익을 만들어 내야 한다는 압박을 받는 곳은 사무장 병원뿐만이 아니다. 병원의 규모가 클수록 의사들은 극심한 매출 압박에 시달린다. 2014년 초 한 일간지 기사에서 서울 강남의 성형외과에서 일했던 의사는 이러한 병원 환경에 대한 적나라한 고백을 털어놓기도 했다. "일부 성형외과들이 돈 버는 데만 눈이 어두워 환자의 안전을 소홀히 한 채 공장에서 물건을 찍어 내는 식으로 수술을 하고 있다"는 것이다. 이 의사는 "하루에 많게는 15명까지 수술했다"면서 "수술실에 타이머까지 설치해 놓고 쌍꺼풀 수술은 30분, 눈 앞·뒤트임 수술은 1시간, 코 수술은 2시간 내에 수술을 마치도록 종용받았다"고 밝혔다.[14]

개원의라고 해도 매출 압박에서 자유로운 건 아니다. 최근의 미용 성형 경향은 의사의 손기술보다 기계에 의존하는 쪽으로 발전하고 있기 때문에, 이들 새로운 수요를 따라가기 위해서라도 개원의들은 돈을 버는 족족 고가의 장비에 재투자를 해야한다. 때로 한 대에 수천만 원을 호가하는 장비를 들여 놓기 위해 은행에서 무리한 대출을 받기도 한다. 하지만 애써 기계를 들여 놓았다 할지라도 본전을 뽑기도 전에 새로운 기계가 나오기도 하고 환자 유치에 실패하는 경우도 있어, 개원의들에게 장비 투자는 양날의 검이라 할 수 있다.

유명한 피부과 가면 피부 미용 관련 레이저가 10종 이상 됩니다. 기계들을 인터넷에다 전시를 합니다. 이렇게 많이 있다는 것을 보여 주기 위해서. (…) 초창기에는 [기계 값이] 1억 가까이 됐거든요. 요새는 3,4천 가까이 됐죠. 1억 뽑으려면 환자한테 뽑아야 하는데 그런 것을 할 수 있는 병원이 있고 아닌 병원이 있죠. 입지 조건이 좋고 유명세가 있는 병원은 이런 거 샀을 때 금방 돈 회수가 돼요. (…) 그런 측면에서 빈익빈 부익부라고 해서, 잘 되는 병원일수록 새로 나오면 무조건 도입을 해요. 환자들의 요구를 빨리, 새로운 수요를 창출하는 거예요.(G, 의사, B병원)

규모가 작은 병원들은 기기의 혁신 속도를 따라잡기 힘들다. 서울의 대형 피부과에서 근무하다가 지금은 지방 준종합병원 피부과 과장으로 있는 G는 새롭게 출시되는 의료 기기들이 그만큼의 값어치를 한다고 생각하지는 않지만 병원 홍보를 위해서라도 개원의들은 끊임없이 기계를 갈아 치울 수밖에 없다고 말한다. 결국 병원 수익의 상당 부분은 은행이나 의료 기계를 만드는 회사로 직행한다. 의사들은 이를 빤히 알면서도 투자를 하지 않으면 경쟁에서 도태될 수 있다는 불안감 때문에 울며 겨자 먹기로 기계를 사들인다. 그리고 이는 병원의 재정을 더욱 악화시키는 요인이 된다. 압구정동 피부과에서 상담실장으로 일하는 M은 자신의 병원 원장이 "은행 대출금, 부동산 임대료, 장비 리스 비용으로 고민이 많아 퇴근을 못한다"고도 했다.

개원의들은 힘들수록 더 공격적으로 투자를 하고 주말에도 쉬지 않고 병원을 운영하지만, 그럼에도 성공은커녕 살아남기에 급급하다. 좁은 지역에 워낙 많은 성형외과들이 밀집해 있어 경쟁이 치열하기도 하고, 대형 성형외과들이 등장하면서 개원의들의 불안감을 가중시키고 있기 때문이다. 성형외과 업계에도 '대형 마트-동네 슈퍼' 구도가 심화되고 있다. 이른바 기업화된 성형외과들은 2000년대 초반부터 생겨나기 시작했다. 대표적인 것이 '네트워크 병원'의 등장이다. 신문에는 네트워크 병원들이 병원 경영 지원 회사를 통해 주식시장 상장을 노린다거나 대형 성형외과 두 곳이 합병하여 연 매출 300억 원대의 초대형 성형외과가 탄생했다는 등의 기사들이 보도되었다.[15] 네트워크 병원이란 병원의 프랜차이즈화나 다름이 없다. 직영점, 가맹점, 체인점 등, 여러 가지 형태로 이루어져 있지만 같은 브랜드(병원 이름)를 내세워 환자를 유치한다는 점에서는 동일하다.

네트워크 병원의 등장은 성형외과에만 국한된 문제가 아니다. 의료가 상업화·산업화되기 시작한 국면에 등장한 것이 네트워크 병원이다. 네트워크 병원은 브랜드 가치를 경영의 중심으로 삼는 거대 의료 자본을 탄생시켰다. 개원하려는 의사들에게 네트워크 병원은 높은 브랜드 인지도를 활용해 홍보나 마케팅 비용을 따로 지출하지 않고도 환자를 유인할 수 있다는 점에서 솔깃한 대안으로 인식된다.[16] 대신 의사들은 브랜드를 사용하는 대가로 수천만 원 이상의 가입비와 월 수수료(로열티)를 네트워크 병원 중앙 본부에 내야 한다. 효율적인 경영 기법이라고 일컬어지는 네트워크 병원은 경쟁에 내몰린 기업가 의사들의 불안과 브랜드 인지도를 의료 서비스의 질과 동일시하는 환자들의 무지를 자양분 삼아 그 효율성을 유지한다. 네트워크 병원은 점점 더 몸집을 불려 기업화되어 갔다. 한 일간지는 "병원 간 경쟁은 이제까지 신사끼리의 경쟁에서 메가 컴피티션, 즉 죽기 살기의 차원으로 바뀌고 있다"고 전하며 네트워크 병원의 등장으로 한층 더 경쟁이 치열해진 의료 시장의 모습을 평가했다.[17] 의사들은 이제 더 이상 환자를 통해 영리를 추구하는 상업화된 의사처럼 보이지 않기 위해 애쓸 필요가 없었다. 오히려 사회 분위기는 의사들에게 병원을 경영하는 기업가로서의 수완을 갖출 것을 요구하는 방향으로 나아가고 있었다.

'성형 강국'이라는 말이 나오기 시작한 것도 이즈음이다. 의료 관광객 유치의 선봉에 선 성형외과 의사들은 성형 강국을 이끌어 갈 주역이었다. 대형 성형외과 두 곳을 합병하여 중소기업급 '슈퍼 성형외과'를 탄생시킨 의사들이 전형적인 사례이다. 해당 성형외과는 성형외과 전문의만 15명에 피부과·마취과·가정

의학과 전문의와 간호사 등 전체 직원이 120여명에 달하고, 서울 5곳, 중국 3곳에 성형외과, 피부 관리 센터 등을 운영한다고 한다.[18] 애초에 이 병원은 국내 성형 시장이 포화 상태라고 판단해 중국 진출을 가속화하기 위한 전략으로 시도된 것이었다.[19] 이 병원은 또한 보톡스와 필러 등 미용 성형 전문 의약품 제조업체를 세워 코스닥 상장을 앞두고 있기도 하다.

'슈퍼 성형외과'를 만든 의사들의 진단은 정확했다. 한국 성형 시장은 이미 포화 상태였고, 기존의 대형 병원들은 자신들의 몸집을 유지하기 위해 해외 환자들에게 눈을 돌릴 필요가 있었다. 내가 2년 전에 만났던 강남의 J원장도 최근 병원 이름을 중국인들에게 친숙한 이름으로 바꾸고 대대적으로 중국 환자 유치에 나서고 있다. 아예 주말마다 중국이나 동남아시아 등으로 넘어가 원정 진료를 하고 돌아오는 의사들도 있다. 의사들은 이러한 원정 진료를 통해 주말 이틀 동안 600만 원~700만 원 정도를 버는데, 최근 기사에 따르면 의사들에게 중국 현지 병원에서 가슴 성형 등의 비싼 수술을 할 수 있도록 주선해 주는 전문 브로커까지 등장했다고 한다. 일부 의사들은 브로커 비용을 줄이려고 현지 병원의 인맥을 동원해 환자를 직접 소개받기도 한다.[20] 한류 열풍과 더불어 한국 성형에 대한 해외의 수요가 느는 것이 이러한 원정 진료에 한 몫을 하고 있다.

네트워크 병원, 대형 병원의 합병, 원정 진료 등에서도 알 수 있듯, 한국의 미용 성형은 거대 자본을 바탕으로 한 시장 시스템에 완전히 포획되었다. 시장의 원리에 따라 중소 자본을 갖춘 개원의들에게는 병원을 유지할 정도로 안정된 수익을 올리는 일이 갈수록 어려워지고 있다. 반면 대형 성형외과들은 최근 증가하고 있는 성형수술로 인한 의료 사고를 병원을 홍보할 '호재'로 능숙하게 활용하기까지 한다. 이들 병원은 병원의 영세성과 열악한 시설 때문에 사고가 발생한다고 강조하며, 무균 에어 샤워 소독 시스템, 제세동기, 이산화탄소 특정 시스템, 압력 감지 마취기 등, 대학병원 응급실에 버금가는 병원 시설을 홍보한다. 문제는 이러한 대형 병원의 선전이 각종 언론 매체의 일반적인 보도 기사에 그대로 활용되고 있다는 것이다.[21] 전신 마취 성형수술이 증가하는 상황에서 긴급 수혈팩을 갖추고 마취과 의사가 상주해야 한다는 주장은 설득력이 있지만, 대형 병원의 과도한 영리 추구 행위가 환자들의 안전을 위협하는 원인이기도 하다는 성찰은 어디에서도 엿볼 수가 없다. 이들 기사는 대형 성형외과가 개인 성형외과보다 우월하다는 점만을 강조하면서 환자의 안전을 또 다른 상품으로 변모시키고 있다.

주목되는 점은 이들 대형 성형외과 역시 투자와 재투자를 반복하며, 또 그 회수를 염려하며 잠을 못 이루는 상황에 있다는 것이다. 2014년 2월 한 의료 전문지 기사는 메머드급 성형외과가 대형 성형 빌딩을 세우며 규모의 경쟁을 펼치고 있고, 그것이 극으로 치달으며 위험성이 커지고 있다고 지적한다.[22] 강남 일대에 성형외과를 개원한 것만으로 경쟁력을 가질 수 있는 시기는 지났다. "특히 중국 등 해외 환자들은 규모를 보고 병원의 신뢰도를 판단하기 때문에 해외 환자 유치를 위해 대형화는 필수 요건"이 되었기 때문이다. 무리하게 은행 대출을 받아 성형 빌딩을 세운 대형 병원들은 "해외 환자가 줄거나 국내 경기 악화로 환자가 조금만 줄어도" 밤잠을 이루지 못하는 상황이다.

대형화된 성형외과 의사들은 마치 도박판에 배팅을 하듯 투자를 한다. 한편 이 대열에 합류하지 못하는 개원의들은 적자 운영이나 폐업을 선택해야 하는 상황에까지 내몰린다. 2013년 〈건강보험심사평가원〉이 조사한 의원 개·폐업 현황을 보면 지난해 90개 성형외과가 신규 개업했지만 61개 의원이 폐업을 했다.[23] 개원의가 다시 대형 성형외과의 페이 닥터로 취업하는 경우도 있다. 규모의 경제에 돌입한 미용 성형 시장에서 한 달에 수억 원씩 마케팅 비용을 지출하는 대형 병원과 개인 의원은 경쟁 자체가 불가능하다.

광고업계의 블루칩이 되다!

미용 성형은 대표적인 비보험 진료이다. 국가(건강보험)의 중재 없이 의사와 환자 사이에 직접적인 거래가 이루어지는 의료 상품으로, 의사는 광고를 통해 자기 자신과 병원을 알려 수요를 창출하고자 하며, 사람들 역시 광고를 통해 얻은 정보에 기반해 의사를 찾는다. 시장 내부의 경쟁이 과열되는 상황에서 어떤 성형외과가 미용 성형 소비자를 설득하고 유인하는 정보 유통을 선점하는가가 중요해졌다. 즉, 마케팅이 의사들 사이에 화두가 되었고, 그 방식과 규모 역시 다변화되고 있다.

성형외과와 환자를 연결해 주는 개별 브로커를 활용하는 마케팅 방식은 고전적이기는 하지만 여전히 주요하게 활용된다. 성형외과는 상담실장을 고용하여 고객을 관리하고 매출을 증진시키는 업무를 맡긴다. 이와 별개로 '외부 상담실장', 혹은 '로드 매니저'라고 지칭되는 소위 브로커들을 고용하여 환자를 유인하기도 한다. 압구정동에 위치한 성형외과 상담실장 S는 외부 상담실장의 활동을 다음과 같이 설명한다.

> 아시겠지만 외부 상담실장 있다. 술집이나 성매매 업소 같은 데에서 작업한다고 들었다. 아니면 『보그』 같은 데 명함 끼워서 돌리시는 분도 있고. 한 3년 되면 권태기 온다고 하더라. 외부 실장 한 사람이 여러 병원을 끼고 있는 경우도 있는데 병원 하나만 끼고 해야 책임감도 생긴다. 환자 컴플레인까지 커버해 주는 분이 좋다. 간호사 출신인 분도 있고, 화장품 외판원 하시던 분도 있고, 50대 여성, 남성도 있다.(S, 상담실장, V성형외과)

간호사 K도 본인이 서울에서 근무했던 경험을 이야기하면서 "브로커가 환자를 데리고 오는데, 말이 브로커지 1~2년 동안 '작업'을 해서 가까운 지인처럼 된 상태에서 데리고 오고, (…) 병원에서 좋은 이유는 환자의 컴플레인까지 본인이 다 알아서 책임져 주기 때문"이라고 했다. 강남구 신사동 E성형외과 상담실장 N는 "압구정동의 아는 의사는 우리는 '로드 매니저'가 있으니 환자 걱정은 없다"고 한다고 했다. 예전에 병원 사무장을 시켜 시골을 돌면서 안과 수술이 필요한 노인들에게 단체로 교통편을 제공해 병원에서 수술을 받게 했다는 안과 개원의를 만난 적이 있다. 미용 성형 분야도 이와 유사한 방식으로 환자를 모집한다. 사무장들이 시골을 다니면서 성형을 원하는 중년 여성들을 모집하여 도심의 성형외과에 데려다 주고, 수술 후 돌아오는 길에는 관광까지 시켜 준다. 의사들은 관광버스를 타고 오는 많은 환자들을 일렬로 세워 놓고 기계적으로 수술을 해야 하는 상황에 놓인다. 하지만 의사들 사이에 환자 동원력이 뛰어난 사무장을 '실력 있다'고 운운하는 것을 보면, 컨베이어 벨트 앞에 선 노동자처럼 기계적으로 수술을 반복하는 자신의 모습에 의구심을 갖지는 않는 것 같다.

최근에는 개별 브로커를 활용하는 방식 이외에 전문 마케팅 업체에 병원 홍보를 의뢰하거나 성형외과 내부에 마케팅 전담 부서를 두는 경우가 늘고 있다. 소규모 성형외과는 마케팅 전문 업체에 병원 홍보를 의뢰한다. 관광업체와 연계하여 중국, 일본 등 해외에서 환자를 유치하기도 하고, 지하철이나 버스, 잡지, 인터넷 등에 병원 광고를 직·간접적으로 게시한다. 이들 업체에는 의사를 대신하여 전문적으로 기사를 작성하는 인력도 존재한다. 대규모 자본을 보유한 기업화된 성형외과는 경영 이사, 경영 지원부 등 마케팅 전담 직원과 부서를 따로 두고 있다.

한 성형외과 마케팅 업체는 새로운 수술 방식이나 상대적으로 저렴한 비용뿐 아니라 병원의 평판도 주요한 마케팅 포인트라고 지적한다. 그러면서 병원의 평판을 유지할 수 있는 방안을 여러 가지로 제시하는데, 그중 하나가 광고성 기사이다. "턱 수술을 해야만 예뻐진다는 편견을 버려라", "이미지 컨설팅을 받아 보니 돌출입 때문에 취업이 안 된다 하네", "연예인들의 치아 성형, 시술 후 달라지는 것은", "코 성형 재수술만큼은 신중히!" 등, 이 업체는 일간지나 잡지, 인터넷 포털 사이트 등에 게재된 기사들을 홍보 사례로 든다. 이 광고성 기사들은 성형의 대상, 필요성, 의미를 생산할 뿐만 아니라 해당 기사를 병원의 홈페이지와 바로 연결함으로써 미용 성형을 원하는 이들을 의료 시장으로 안내한다. 성형외과 광고는 병원 홈페이지 제작 및 관리나 직접적인 광고를 넘어서 진화를 거듭하고 있다.

바이럴 마케팅 Viral Marketing은 UCC, 지식 검색, 커뮤니티 공간을 활용하여 온라인상에서 '입소문'을 만들어 내는 방식이다. 인터넷의 다양한 커뮤니티 역시 이들 마케팅 업체의 영향에서 자유롭지 않다. 회원 수 20만 명이 넘는 한 미용 성형 카페는 병원 관계자나 브로커들이 올렸을 법한 게시물을 모니터링을 통해 지속적으로 차단하는 등 상업화 반대를 표방하였으나, 운영진 일부가 성형외과 마케팅 업체를 만들고 회원들을 특정 성형외과로 유인하였다는 사실이 드러나면서 카페가 폐쇄되기도 했다.

압구정동에 위치한 피부과 상담실장 M은 자신의 병원 역시 전문 마케팅 업체에 병원 홍보를 의뢰하고 있다고 말했다. M의 병원 마케팅을 담당하는 업체 직원은 압구정 일대 여러 성형외과와 피부과를 고객으로 두고 있다. 그들은 병원을 직접 방문하거나 전화를 통해 마케팅 방향과 방법, 구체적인 문구들을 결정한다고 했다. M에 따르면 월 광고비로 몇 천만 원씩 쓰는 병원이 부지기수이며, 월 1억 원 넘는 비용을 지출하는 성형외과도 있다고 한다. 한 병원당 검색어가 2,3천 개 혹은 1만 개에 달하는 곳도 있으니, 키워드 광고* 비용만 해도 월 7,8천만 원에서 1억 원이 훌쩍 넘는다.[24]

기업화된 대형 성형외과에서는 자체 마케팅팀을 운영한다. 무료 시술 쿠폰을 제작 배포하고 뉴스레터를 발송하는 등, 직접적인 마케팅을 펼치기도 하고, 잠재적인 환자 유치를 목적으로 노년층 대상 포털 사이트나 잡지사와 사업 제휴 양해 각서(MOU)를 체결하기도 한다. 대형 병원 의사들은 "올바른 진단에 의한 성형수술" 같은 제목으로 수능시험이 끝난 고등학생이나 대학생을 대상으로 대중 강연을 열기도 한다. 교육은 국내 남녀 연예인의 사진이나 실제 수술한 환자의 얼굴을 보여 주며 진행되는데 병원에서 이루어지는 상담과 유사한 방식을 따른다는 점에서 집단 상담에 가깝다.[25]

많은 성형외과들이 실제 의료 서비스의 질보다는 좋은 위치에 부동산을 확보하고 고급스러운 인테리어를 갖추고 공격적인 마케팅을 펼치는 데 주력하는 것이 현실이다. 마케팅 업체들도 그런 성형외과를 부추겨 각종 미용 성형 리얼리티 프로그램에 후

■ 인터넷 검색 사이트에 특정 검색어(키워드)를 입력했을 때 검색 결과에 관련 업체 정보가 표시되는 방식의 광고를 말한다. 불특정 다수가 아니라 관련 상품을 구입할 가능성이 높은 이들에게 노출되기 때문에 타깃 마케팅의 효과가 높다.

원을 하거나, 무료 성형수술 이벤트를 열거나, 성형수술 모델을 선발하거나, 해외에서 성형수술 환자를 모객하는 등의 좀 더 공격적인 마케팅을 펼치게 한다. 병원 간 경쟁이 치열해지면서 성형외과의 마케팅이 과열되는 것은 어쩌면 당연한 수순이다. 결과적으로 피해를 입는 것은 환자들이다. 선택에 따른 책임은 온전히 짊어지면서도 그 선택을 위해 취합하는 정보들이 마케팅의 부산물인 경우가 대부분이기 때문이다.

6장

마법에서 깨어난 성형

비포/애프터 이미지는 오랫동안 미용 성형의 지배적 광고물이자 상징이었다. 말 그대로 성형 전과 후 외모가 얼마나 획기적으로 변화했는지를 보여 주는 비포/애프터 이미지는 비포와 애프터 사이 치유에 소요되는 시간을 과감하게 생략하는 방식으로 환자들을 유혹했다. 일각에서는 이런 식의 홍보가 수술 후에 찾아올 고통이나 부작용의 가능성을 의도적으로 축소하고 오로지 극적인 변화에만 초점을 맞춤으로써 사람들에게 미용 성형에 대한 과도한 환상과 기대를 품게 한다는 비판도 있었다. 이러한 비판을 의식한 결과인지는 모르겠으나 비포/애프터 모델에도 변화가 일었다. 수술 이후 치유 과정을 담은 사진들이 등장하기 시작한 것이다. 이는 미용 성형을 비포에서 애프터로의 마법적인 변신이 아니라 몸 변형의 부위와 단계별로 다양한 전문가와 기술 들이 개입하는 일련의 과정으로 인식하게 했다. 또한 성형을 통해 내가 원하는 나의 모습을 갖기까지 감내해야 하는 고통과 인내의 시간에 초점을 맞춤으로써, 단순한 허영과 사치의 소산이 아니라 도전과 목표 달성이라는 자기계발 서사 안에 성형을 위치시켰다.

리얼리티 쇼는 정말 '리얼'한가?

무심코 케이블 채널을 틀었다. 30대 여성을 주 시청자 층으로 삼는다는 그 채널에선 마침 성형 리얼리티 프로그램이 방영 중이었다. 수술용 안경을 쓴 의사의 얼굴이 클로즈업되고, 수술을 보조하는 간호사들로 분주한 수술실 장면이 화면을 가득 채우고 있었다. 방송에서 "갑자기 중단된 수술!, 문제가 발생했다!"와 같은 자막이 뜨면서 마치 미국 의학 드라마를 보는 것 같은 긴박감과 긴장감이 흘렀다. "긴장감 속에 재개된 수술! 쉽지 않은 여정이 예상되는데……"라는 성우의 내레이션이 흐르고, 자막은 수술 후 8시간이 경과되었음을 알린다. 그리고 화면이 전환되면 퉁퉁 부은 눈과 압박 붕대, 밴드를 붙인 출연자의 얼굴이 클로즈업된다. 얼굴에는 수술 지시선과 노란색 소독약의 흔적이 남아 있다. 출연자가 부은 눈을 떴다 감았다 한다. 비스듬한 각도로 세워진 침대에 누워 어딘가를 응시하는 환자의 얼굴 아래쪽에는 파란 천이 씌워져 있다. 주사 선과 신체 상태를 측정할 수 있는 각종 의료 기기에 연결된 환자의 몸 위로 "외모로 고통 받던 30년간의 세월, 그녀에게도 환하게 웃을 수 있는 날이 올까?"라는 자막이 덧씌워진다.

이러한 성형 리얼리티 프로그램이 잡지 속 성형 광고와 다른 점이 있다면 수술 전과 후를 단순하게 대조하는 것이 아니라 성형을 출연자 본인과 다양한 전문가들이 참여하는 일련의 '과정'으로 인식하게 한다는 것이다. 이 새로운 볼거리에서 성형은 신비화되지 않는다. 성형수술에 따르는 고통이나 위험, 회복기에 견뎌야 하는 여러 가지 어려움들은 은폐되지 않고, 오히려 적나라하게 드러난다. '리얼 메이크오버 쇼real makeover show'를 표방하는 이 방송은 그에 걸맞게 시청자들에게 성형 과정을 최대한 '리얼real'하게 보여 준다. 비포/애프터 모델에 갇혀 신비화되던 성형이 마법에서 깨어났다.

여성주의자들을 비롯해 미용 성형에 반대하는 이들은 비포/애프터 모델을 강력하게 비판해 왔다.[1] 비포와 애프터를 대조하는 사진에서 성형수술은 왼쪽에서 오른쪽으로의 순간 이동 마법처럼 보인다. 애프터 사진에는 수술 과정과 회복기, 그리고 그 과정을 견뎌야 하는 환자의 경험이 보이지 않는다. 적절한 조명과 각도에서 촬영된 애프터 사진은 쾌적하고 고급스러운 병원 인테리어와 전문가 분위기를 내뿜는 의사의 사진, 첨단을 강조하는 현란한 의료 기기 이미지가 덧붙여져 성형의 환상을 완성

한다. 비포/애프터 모델이 성형을 손쉬운 변신처럼 조작해 사람들을 성형 세계로 유인한다는 비판이 일견 타당한 이유이다.

그런데 이러한 비판이 무색할 정도로 최근의 미용 성형 광고는 비포와 애프터 사이의 시공간을 좀 더 세밀하게 일반 대중에게 공개한다. 위와 같은 방송 프로그램이 대표적이다. 일반인을 공개 모집하여 선정한 후 성형수술을 시켜 주고 그 과정 전반을 보여 주는 쇼가 방송되기 시작했다. 방송이 표방하는 리얼리티reality는 출연자들이 배우가 아니라 일반인이며, 연기가 아니라 실제 성형수술을 경험하는 데서 나온다. 하지만 시청자들이 있는 그대로를 보고 있다고 생각하는 타인의 성형수술 경험은 사실상 방송사가 정한 프로그램의 설정 안에서 구성된 것이다.

성형 리얼리티 쇼가 한국에 방송되기 시작한 것은 2003년 무렵이다. 〈동아TV〉나 〈온스타일〉 등의 케이블 채널들이 미국 〈폭스TV〉의 "미운 오리 백조 되기The Swan"라는 프로그램을 수입해 국내에 방영한 것이 시초이다. 이 프로그램은 미국에서도 왜곡된 외모 지상주의를 강화한다고 거센 비판을 받았고 『USA투데이』는 '최악의 TV 쇼프로그램'으로 선정한 바 있다.[2] 그럼에도 한국의 케이블 방송사들은 이 프로그램을 경쟁적으로 내보냈다. 뿐만 아니라 〈동아TV〉는 2003년 12월부터 "미운 오리 백조 되기" 포맷을 그대로 가져와 "도전! 신데렐라"라는 프로그램을 제작하여 방영하기 시작했다. 이 프로그램은 "뉴 도전 신데렐라"라는 제목으로 현재까지 이어지고 있다. 〈동아TV〉와 동일하게 20대, 30대 여성 시청자를 주 타깃으로 삼는 〈스타일온〉도 성형 리얼리티 쇼 제작에 뛰어들어 "렛미인"이라는 이름으로 2011년부터 방송을 시작했다.

"도전! 신데렐라"가 방송되던 초기, 〈한국여성민우회〉를 비롯한 여성 단체들은 방송사가 외모 지상주의에 영합해 성형수술을 부추긴다는 점을 맹렬하게 비판했다. 방송이 상업화된 의료의 광고 수단으로 전락했으며, 사실상 위험성이 수반되는 외과적인 수술임에도 성형을 마치 간단하고 쉬운 것으로 인식하게 만든다는 우려에서였다. 실제 프로그램 게시판에는 의료진 소개란이 있어 참여 의사들의 약력과 병원 정보를 알 수 있었고, 의사들이 속한 병원의 홈페이지에서도 방영된 프로그램을 볼 수 있었다. 의사와 병원 입장에서 방송 출연은 다른 어떤 광고보다 높은 효과를 얻을 수 있는 통로였다. 또한 카메라가 몸의 부위를 샅샅이 훑으면 그에 따라 의사와 전문가 들이 해결책을 제시하는 프로그램의 서사는 여성의 몸에 대한 기준을 더 세밀하고 구체적으로 제시했다. 그리고 이에 도달하기 위한 의료적인 방법들이 광범위한 시청자층에 전달됨으로써, 성형의 가능성을 과장하는 효과를 낳기도 했다.

무엇보다 이들 쇼가 획기적인 점은 (그리고 아마도 더 문제적인 지점은) 성형 '과정들'을 세심하게 따라가는 프로그램 구성에 있다. 카메라는 출연자로 선정된 이들이 의사를 만나 상담을 하고, 실제로 수술을 받고, 지난한 회복기를 거치는 과정을 따라간다. 시청자가 '다시 태어난' 출연자의 모습을 보고 진정한 카타르시스를 느끼기 위해서라도 상담과 수술, 회복의 과정을 곁에서 지켜보는 것이 필수적이다.

그렇다고 방송에서 성형의 전 과정이 투명하게 드러나는 것은 아니다. 그 과정은 적절한 편집을 거치는데, 먼저 상담에서부터 수술, 회복에 걸리는 시간(보통 3개월)이 25분 내외로 굉장히 압축적으로 제시된다. 이는 전파라는 한정된 자원을 활용해야 하는 텔레비전 프로그램으로서는 당연한 편집이지만, 의도했든 의도하지 않았든 이처럼 압축된 시간은 수술 전의 고민과 수술 후의 인내를 충분히 성찰할 만큼의 여유를 시청자들에게 주지 않는다. 모든 장면은 마치 긴 광고를 보는 것처럼 매우 감각적으로 제시된다. 수술실 장면, 주사 요법이나 의료 장비를 이용한 비만 치료와 피부 치료, 러닝머신을 타는 출연자, 그리고 부기가 가라앉지 않은 얼굴 등이 몇 초 단위의 영상으로 지나가는데, 각 장면은 매번 해당 출연자에게 적용되는 수술이 어떤 것인지, 그 수술을 통해 몸 부위별로 각각 어떤 효과를 얻을 수 있을지에 관한 친절한 설명과 교차 편집된다. 이 지점에서 프로그램의 주인공은 출연자에서 '기적'을 일으키는 성형 의료 기술과 이를 집도하는 의사들로 뒤바뀐다.

텔레비전을 보는 시청자들은 '비정상적으로 돌출된 하관'이나 '턱뼈에 근접한 신경선'을 빨간 색으로 보여주는 CT 촬영 사진 등 의료적인 맥락에서 유통되는 언어와 이미지들을 접하게 된다. 이와 더불어 "문제가 발생했다!", "긴장감 속에 재개된 고난이도의 수술" 등 호들갑스러운 자막은 '비정상'의 정도가 심해 수술이 어려움에도 불구하고 이를 완벽하게 끝내기 위해 고군분

투하는 의사를 프로그램의 전면에 내세운다. 수술이 얼마나 큰 긴장과 어려움 속에서 이루어졌는지를 잘 알기에 시청자들은 휠체어를 타고 회복실에 도착한 출연자가 퉁퉁 부은 얼굴에 압박 붕대를 두르고 입안의 피를 빼내는 선들에 연결된 모습이어도 그것을 충격적이거나 기괴하다고 받아들이지 않는다. 시청자들에게 성형은 감쪽 같은 변신이라기보다 성형외과, 피부과, 비만 클리닉, 한의원, 정신과 의사들이 동원되고, 방송 산업, 연예 산업, 패션과 미용과 뷰티 산업, 그리고 피트니스 산업이 동원되는 거대한 스펙타클의 일부로 비춰진다.

쇼는 성형수술을 하고 나서 의상과 헤어, 메이크업으로 완벽하게 스타일링 된 출연자의 모습을 의료진과 가족, 친구들에게 공개하고 출연자가 모두로부터 찬사를 받는 데서 정점에 이른다. 경쾌한 음악과 화려한 조명 아래 성형수술 이후의 모습이 공개되면서 '마법으로서의 성형수술'은 다시 귀환한다. 수술에 대한 고민과 그 과정에서 겪게 되는 고통이나 인내 모두 획기적으로 바뀐 몸에 대한 환상으로 전환되는 시점이다. 출연자가 변화된 모습으로 무대를 걸어 나올 때 진행자와 패널 들은 출연자의 변신에 놀라움을 표하고 그녀가 얼마나 사랑스러워졌는지 입을 모아 칭송한다. "She's Lovely(그녀는 사랑스러워요)" 같은 배경음악이 출연자의 변신 효과를 증폭시킨다. 그 와중에도 방송은 '언빌리버블', '넋이 나갈 정도의 뒷태', '기적'을 가능하게 한 수술 기법을 부각시키는 걸 잊지 않는다. 출연자의 변신 과정을 지켜본 시청자가 궁금해하는 것도 이 부분이다. 그래서 진행자는 으레 "선생님, 어떻게 ○○ 씨의 변신이 가능해졌나요?"라는 질문을 던져 상세한 설명을 유도한다.

이들 프로그램에서 출연자들은 성형수술 결과에 만족하고 자신감이 생겼다는 말로 저마다의 신데렐라 스토리를 완성한다. 성형 리얼리티 쇼가 만들어 낸 신데렐라는 동화 속 왕자가 아니라 전문가 의사의 의술을 통해서 구원받는다. '고난이도'의 수술은 반드시 성공하며, 출연자는 어김없이 외모뿐만 아니라 삶에 대한 자신감 또한 회복한다. 이 변신 과정에 예외는 없다. 성형은 이제 마법이 아니라 의료적인 치료처럼 일련의 과정을 통해 외모 변신과 자존감까지 높여 주는 힐링 프로세스healing process로 의미화된다. 이 점이 바로 이들 프로그램이 '리얼리티'가 아니라 '쇼show'인 이유이다.

성형이 필요한 몸을 위한 병리학

프로그램 참여자들을 모집하면서 평범한 외모를 가지고 있다는 것만으로 얼마나 큰 축복인지를 깨닫게 됐어요. 극도의 비만으로 취업도 연애도 할 수 없었던 여자들은 '신에게 버림받았다'거나 '자살을 늘 꿈꿨다'고 이야기해요. 절망 속에 빠져있던 이들이 "도전 신데렐라"에 참여해 새로운 생활을 시작하는 모습을 보면 가슴이 뭉클해져요.[3]

"도전! 신데렐라"를 연출한 프로듀서의 인터뷰 중 한 대목이다. 이 인터뷰는 성형이 외모 지상주의 현실을 강화한다는 여성 단체의 지적에 대한 반론이었지만, 역으로 외모 지상주의가 얼마나 우리 현실에 뿌리박힌 것인지를 보여 주고 있다. 그는 "심각한 외모 콤플렉스로 몸과 마음이 병들어 있는 여성들"에게 성형은 최선의 길은 아니지만 여러 가지 대안 중 하나가 될 수 있다고 말했다. "렛미인"의 연출자 역시 외모 때문에 고통 받는 이들에게 평범한 외모를 선물해 남들과 같은 삶을 살 수 있도록 지원하는 것이 제작 의도라고 밝혔다.[4]

그러나 이들 제작자들은 외모 콤플렉스를 극복하게 한다는 선한 의도를 부각시키는 과정이 프로그램을 더욱 위험에 빠뜨린다는 점을 간과한다. 프로그램은 출연자가 외모 콤플렉스로 괴로워한다는 사실을 강조하기 위해 외모 차별적인 상황을 노골적으로 극대화하여 연출하는데, 이 차별적인 상황에서 출연자는 자신이 정신적인 병리가 의심될 정도로 취약한 상태에 있음을 드러내야 한다. 이 모든 설정은 성형수술을 '해결사'로 등장시키기 위해 마련된 것이다.

일례로 출연자들은 무료로 수술 받을 수 있는 기회를 얻기 위해 외모로 인한 심적 고통이 얼마나 큰지를 두고 다른 지원자들과 경쟁해야 한다. 방송은 누가 더 비참하고 괴로운지를 겨루는 기묘한 경쟁의 장에서부터 시작한다. 진행자가 프로그램에 지원하게 된 동기를 물으면 어두운 스튜디오의 뒤쪽에서 출연자는 수치심을 무릅쓰고 진행자와 패널 앞에 자신의 치부를 드러낸다. 스튜디오의 정적을 깨고 출연자의 음성이 들려오면, 패널

들은 저마다 진지하거나 충격적인 표정을 지으며 그의 고백에 귀를 기울인다. 그리고 심각한 어조의 내레이션과 음향 효과, 자막의 인도를 받은 카메라는 고통의 실체를 찾아 나선다.

카메라는 출연자의 직장이나 지인들을 찾아다니며 출연자가 외모 때문에 심각할 정도의 정신적 문제를 갖고 있으며, 사람들의 비난 때문에 사회생활이 어려울 지경이라는 점 등을 집요하게 드러낸다. 유방암 수술로 한쪽 가슴을 절제한 싱글맘에게 "반쪽 가슴 미혼모"라는 별칭을 붙이고 "여자가 아닌 흉측한 괴물"이라고 고백하는 장면을 내보내거나, "의부증 비만 아내"는 출산 후 불어난 체중 때문에 의부증이 발병했다는 점을 부각시키는 식이다.

출연자의 적나라한 자기 고백이 끝나면 이제는 진행자와 패널 들의 차례이다. 출연자를 이해할 수 없다는 반응이 쏟아지며, "눈에 초점도 너무 무기력해 보이고, 저 표정이 마지못해 않아 있고, 걸음걸이도 그렇고……"라는 식으로 출연자의 병리적 행동 특성을 자세히 묘사한다. 이러한 추임새와 더불어 "그녀의 비밀은 과연 무엇인가?", "그녀의 문제는 과연 무엇인가?" 따위의 호들갑스러운 자막과 쿵쾅거리는 음향은 시청자의 공감을 유도하고 더 극대화하기 위해 동원되는 효과적인 장치이다.

방송은 스튜디오 바깥으로 카메라를 돌려 출연자의 병리적 행동의 원인을 찾아 나선다. 출연자의 일상을 담은 이 장면은 외모를 차별하는 사회 분위기를 극화해 시청자들에게 성형의 당위성을 납득시키려는 의도로 제공되는 것이다. 이를테면 미용사인 출연자에게 손님이 "제 머리 만지니까 기분 나빠요? 계속 인상 쓰니까 기분 나빠 가지고"라며 컴플레인을 하는 장면이나 시무룩해 있는 출연자에게 상사가 "솔직히 짜증 나"라고 다그치는 장면을 여과없이 내보내는 식이다. 출연자에게 쏟아지는 비난이 거세고 노골적일수록, 성형의 당위성은 더 커진다. 이때 내레이션은 출연자 본인인 듯 1인칭 시점으로 바뀌어 우울하고 풀이 죽은 아이의 어조로 "속상해도 제 잘못이지요"라는 말만 되풀이한다. 성형 리얼리티 프로그램은 이처럼 외모 차별적인 사회의 실상을 최대한 부각시켜 출연자를 정신 병리가 의심될 정도로 취약한 위치에 둠으로써 '성형을 통한 구원'의 서사 초반부를 성공적으로 마무리한다.

영국이나 네덜란드의 경우, 재건 성형은 의료보험 체계 안에서 수술비를 지원한다. 흥미로운 점은 수술비를 지원받기 위해 자신에게 재건 성형이 필요하다고 주장하는 환자들의 서사가 성형 리얼리티 프로그램 출연자들의 서사와 크게 다르지 않다는 것이다. 영국 의료 서비스(National Health Service, NHS)는 외모 때문에 신체적·심리적으로 극심한 고통을 겪고 있다는 점이 증명되면 무료로 성형수술을 해 준다. 〈임상 위원회(Clinical Commissioning Group, CCG)〉는 신청자들이 정말 건강상의 이유로 성형이 필요한 사람들인지를 심사하는 기관이다.[5] 최근 NHS에는 의사들에게 외모로 인한 불행을 호소하며 성형수술이 필요하다는 점을 설득하는 환자들이 늘고 있다고 한다.[6] 정신적인 문제가 있다고 주장하는 것이 성형 비용을 지원받기 위한 전략으로 활용되고 있는 것이다. 이 전략은 스스로를 병리화하면서 자기 자신을 규정하는 진실을 포기해야 한다는 점에서 문제적이다. 본인의 몸을 비정상이라고 표현하고 그로 인한 정신적인 고통을 호소하는 과정에서 정작 자신이 생각하는 '나'를 표현할 언어는 잃어버리고 만다.[7]

성형 리얼리티 프로그램은 여성들 스스로 내면화한 이러한 전략을 효과적으로 활용한다. 정상이 아닌 몸, 고통만 줄 뿐인 몸이라는 수사를 통해 외모 차별적인 사회를 비판만 하는 것은 아무런 해결책이 되지 못한다고 에둘러 말하고 있는 것이다. "렛미인"에 의료 자문을 제공하는 한 정신과 의사는 "미의 기준이 불공평하거나 틀렸다고 말하는 것은 쉽다. 하지만 출연자들의 입장이 돼서 외모 때문에 정상적인 삶을 살아보지 못한 사람들을 함부로 판단하고 재단을 해서는 안 된다"고 말한다.[8] 타인의 입장이 되어 보라는 이 말은 우리의 고개를 끄덕이게 한다. 하지만 미용 성형을 외모 콤플렉스의 유일한 해결책인 양 제시하는 것에 대해서는 의구심을 품지 않을 수 없다. 성형 리얼리티 프로그램은 성형으로 가는 일방통행로를 너무도 당연하게 전제한다.

올리비에 라작Olivier Razac[9]의 통찰을 빌려 보면 메이크오버 리얼리티 쇼는 배우가 아닌 '진짜 사람들'을 출연시켜 리얼임을 가장하고 있지만 사실 프로그램의 모든 것은 이미 짜여져 있다고 볼 수 있다. 이는 이들 프로그램이 조작되었다는 뜻이라기보다는 프로그램의 핵심을 이루는 독특한 유형화와 관련이 있다. 출연자는 정신적 문제를 일으킬 만큼 외모로 인한 심리적 고통이

2부 ● 성형의 심리학, 성형의 산업화 ●

크고, 지원자들은 그 고통의 정도에 따라 무료로 수술을 받을 수 있는 기회를 얻게 되며, 그들에게 기술을 제공하고 제안하는 전문가 그룹이 있고, 그 안에서 성형수술이 유일한 해결책이라는 유형화는 변하지 않는 것이다.

이 프로그램에서 출연자는 자신의 불행한 서사를 팔아 무료로 성형수술을 받을 수 있는 자격을 얻게 된다. 즉, 개인의 불행이 상품이 된다. 그리고 지원자들은 자신의 외모가 얼마나 비정상적인지, 그로 인한 정신적 고통이 얼마나 큰지를 두고 경쟁하며, 그 가운데 몸과 정신을 병리적인 상태로 재현하기에 가장 효과적인 불행이 선택된다. 수술 비용은 외모와 관련된 개인의 결점과 수치심을 방송에서 드러내고, 수술 과정과 결과를 공개한다는 조건과 교환이 된다.

성형할 자격과 자기계발로서의 성형

성형 리얼리티 프로그램에 출현할 자격을 얻으려면 외모로 인해 겪는 고통을 드러내는 것만으로는 충분하지 않다. 출연자들은 자신에게 열악한 상황을 극복할 수 있는 의지가 있다는 것을 보여 주어야 한다. 프로그램은 오직 노력하는 자에게만 무료 수술의 기회가 주어진다는 점을 출연자와 시청자 들에게 인지시킨다.

가난한 가정 형편 때문에 학교를 그만두어야 했던 Y씨는 좌절하지 않고 새로운 분야의 일(서비스 직종)에 도전했다. 하지만 돌출된 턱은 꿈을 이루는 데 걸림돌이다. 손님들에게 우울한 인상을 주고 발음도 부정확하기 때문이다. Y씨는 매일 거울을 보면서 웃는 인상을 만들고 정확한 발음을 내기 위해 부단히 노력한다. 늦은 밤 홀로 거울 앞에서 웃으며 인사하는 것을 연습하는 장면은 힘든 상황에도 굴하지 않는 Y씨의 삶의 의지를 집약해 보여 준다. 그러나 자신의 의지로 고칠 수 없는 돌출 턱은 번번이 그런 Y씨의 발목을 잡는다. 바로 여기에서 의사들의 도움이 필요해진다.

화면은 심사위원인 의사들이 둥글게 둘러앉은 하얀 색 스튜디오로 바뀐다. 의사들은 이 출연자를 수술 대상으로 선정할 것인지 여부를 두고 진지하게 토론을 벌인다.

성형외과 의사: 돌출된 하관 때문에 표정이 화난 인상이고 입꼬리가 처졌어요. 수술을 통해 매력적인 스마일 라인을 만들 수 있을 겁니다.

바디 클리닉 의사: 삶을 개척하려는 의지가 높았던 만큼 선정이 도움을 줄 수 있을 거예요.

정신과 의사: 부모로부터 정서적으로 버림받은 아이의 전형적인 유형이에요. 누군가로부터 도움을 받는 경험을 주는 것 자체가 Y씨 인생에 도움이 되지 않을까…….

'외모적 결함'과 '정신적 고통', '도전 의식' 이 세 가지는 프로그램의 연출자와 작가, 그리고 의사가 중심이 된 전문가 집단이 바라는 서사 전략이며, 현명한 출연자들일수록 프로그램이 요구하는 서사 전략에 자기 자신의 몸과 관련된 내러티브를 완벽하게 일치시킨다. Y씨는 심사위원들의 심사를 통과했고, 수술을 받을 수 있는 자격을 얻었다.

성형 리얼리티 프로그램의 무대 장치는 성형을 선택하는 것, 정확하게는 수술 대상으로 의료인의 선택을 받게 되는 것이 즐겁고 축하 받을 일이라는 의미를 전달하기에 손색이 없도록 밝고 화려하게 설계되어 있다. 선정이 확정되면, 불행을 겨루는 이 오디션의 승자에게 의사들에게로 가는 거대한 문이 열린다. 어두운 스튜디오에 있던 출연자는 화이트 톤으로 장식된 의사들의 공간으로 입장하고 의사들의 기립 박수를 받는다. 미용 성형은 더 나은 삶을 위해 변화를 두려워하지 않는 용기이자 도전이므로, 출연자에겐 축하 받고 격려 받을 자격이 있다.

프로그램은 수술 후 합숙 과정을 공개하면서 성형이 더 나은 자아를 만드는 기술이라는 점을 더욱 공고히 한다. 합숙 과정에서 카메라는 전문 트레이너의 안내를 따라 엄격한 식이조절과 철저한 운동으로 자신을 단련하는 출연자의 모습을 비춘다. 트레이닝과 부가적인 몸매 관리 프로세스는 새로운 삶을 살겠다는 각오를 다진 출연자가 그 방법을 익혀 나가는 과정이며, 프로그램의 서사를 구성하는 핵심 요소이기도 하다. 합숙을 통해 의사의 '구원'을 받은 수동적인 환자에서 자신을 적극적으로 돌보는 능동적이고 긍정적인 개인으로 거듭나는 것이다. "꾸준한 운동으로 탄탄

한 몸매를 가꾸는 ○○○", "운동이 끝난 후에도 철저한 자기 관리", "자신을 사랑하는 법을 조금씩 알아가는 ○○○"와 같은 자막과 내레이션의 언어는 미용 성형이 그저 외모가 아니라 자아 자체를 변화시키는 기술임을 부각시킨다.

3개월의 회복 기간이 끝나고 출연자는 스튜디오에 선다. 그리고 프로그램은 변신 이전의 지원자와 변신 이후의 지원자가 나란히 무대 위로 걸어 나오는 모습을 컴퓨터 그래픽으로 합성해 보여 준다. 비포에서 애프터로의 마법과 같은 변신을 두 눈으로 확인하게 되는 순간이다. 방송 화면 아래에는 이러한 변신을 가능하게 한 미용 성형 기술을 홍보하기라도 하듯, "축 처진 입꼬리, 칙칙하고 우울한 인상"에서 "매력적인 스마일라인, 세련된 여인으로!"라는 자막이 따라붙는다.

그러나 이 장면은 시청자들에게 단순히 외모의 변화를 보여 주는 데서 그치지 않고 성형이 새로운 나를 만드는 기술이라는 메시지를 함께 던진다. 변신 전의 출연자와 변신 후의 출연자가 인사를 나누는 장면이 이를 집약해 보여 준다. 두 명의 '나'는 서로를 마주 보고 머리에서 발끝까지 한 번 훑어본 후 다시 정면을 바라본다. 변신 전의 출연자는 그저 가만히 서 있지만, 변신 후의 출연자는 양팔을 허리에 올리며 당당한 포즈를 연출한다. 이 장면은 과거의 나에게 작별을 고하고 새로운 나, 당당해진 나에게 앞으로의 삶을 맡기는 의례와 같다. 고통스러운 현실에도 불구하고 긍정적인 마음을 잃지 않고 자기 삶을 개척해 가는 개인이 결국 콤플렉스를 극복하고 행복을 쟁취한다는 자기계발의 서사는, 성형 리얼리티 프로그램의 서사와 정확히 일치한다.

자기계발 서사는 변화의 필요성을 강조한다. 변화의 대상은 바로 자기 자신이다. 개인은 자기 자신의 경영자로서 변화의 주체이자 객체(대상)가 된다. 자기계발의 내용은 어학 능력의 향상이나 전문 지식의 습득에 한정되지 않는다. 그 범주는 기술을 넘어 새로운 태도와 품성을 기르는 데까지 나아간다. 현실에 대한 긍정적인 사고를 기르는 것, 이것이 바로 자기계발을 통한 태도 변화 가운데 핵심적인 것이다. "문젯거리가 되지 말고 해결사가 되라"라는 스티븐 코비의 주장은 이러한 긍정적인 사고의 대표적인 예이다.[10]

긍정적인 사고란 현재의 상황에 만족하고 그것을 있는 그대로 받아들이는 자세라기보다는, 상황을 극복하기 위해 목표를 설정하고, 그 목표를 달성하기 위해 최선을 다하는 태도로 나타난다. 따라서 긍정적인 사고를 핵심적인 구성 요소로 삼는 자기계발 프로젝트에서는 나 자신에게 부착된 부정적인 것들을 제거하는 것이 그 프로젝트의 성패를 좌우한다. 지금, 여기보다 더 나은 미래가 있다고 믿는다는 점에서 긍정적인 인간에게는 과거보다는 현재가, 나아가 미래가 더욱 중요한 가치를 지닌다. 따라서 긍정적인 인간에게는 부정적인 과거의 나와 단절하는 것이 필수적이다.

성형 리얼리티 프로그램이 전달하려는 메시지도 이와 다르지 않다. "자신의 문제를 해결하기 위해 과감히 변화를 택하라", "긍정적인 사고로 삶을 살아가라"라는 메시지는 성형을 통해 고통스러운 과거와 단절하고 완전히 새롭게 태어난 몸으로 자신감과 당당함을 뽐내는 출연자의 모습에서 더욱 힘을 발한다. "렛미인" 은 성형을 "남들과 다른 외모와 성격 때문에 상처받아 온 일반인 여성들이 새로운 인생을 살기 위해 선택한 절실한 도전"으로 묘사하며, "도전! 신데렐라"는 출연자들로 하여금 "도전!"을 외치며 "최선을 다해 열심히 하겠다"고 각오를 다지게 한다. 마치 마법의 주문처럼 "도전!"을 반복해서 외치는 출연자들은 이를 통해 자기 몸을 과감하게 변형하고자 하는 용기와 노력을 주입받음으로써 '긍정적인 인간', '자기계발하는 주체'로 다시 태어난다. 그리고 성형은 자신의 문제를 해결하고 삶을 더 나아지게 하는 미래 지향적이고 긍정적인 기술로 자리매김한다.

다시 말하지만 성형 리얼리티 프로그램은 '리얼'이라기보다는 철저한 각본 속에 진행되는 '쇼'에 가깝다. 시청자들은 상담에서 수술, 이후 회복에 이르는 전 과정을 지켜보고 있다고 생각하지만, 그들이 보는 것은 프로그램 제작자들이 조합한 장면일 뿐이다. 화려하게 등장하는 변신의 이미지들 속에 시청자들은 성형수술을 일상에서 언제든 접근할 수 있는 기술로 친근하게 받아들인다. 시청자들은 방송을 통해 실력 있는 의사들에 대한 정보뿐 아니라 어떠한 수술 기술들이 있는지, 그리고 이로 인해 가능해지는 몸 변형의 가능성은 어디까지 확장될 수 있는지를 자연스럽게 학습한다. 성형수술은 일련의 회복 과정이라는 것, 그기술은 기적에 가까울 정도의 변신을 가능하게 한다는 것, 그리고 비용을 지불할 능력만 있다면 얼마든지 아름다워질 수 있다는 것을 확인하게 되는 것이다. 이상적인 아름다움을 구입할 수 있는 상품으로, 도달 가능한 대상으로 인식하는 것에서 이러한 학습은 끝을 맺는다.

또한 이들 프로그램은 사회적 낙인으로부터 자유롭지 못한 미용 성형에 새롭고 긍정적인 문화적 의미를 선사해 주는 효과도 있다. 수술로 인한 극단적인 변신에 일부 시청자들은 거부감을 갖기도 하지만, 적어도 이러한 극단성에는 이유가 있다는 공감을 한다. 외모에 문제가 있는데 어떻게 당당하게 살아갈 수 있겠느냐고 울음을 터트리는 출연자 앞에서 외모를 차별하는 사회에 대한 비판은 쉽지만 이러한 비판이 고통을 당하는 이들에게 해결책은 되지 못한다는 정신과 의사의 진지한 자문은 공감을 유도하는 장치가 된다. 적어도 성형은 이제 허영이나 사치를 부추긴다거나 혹은 의사의 상술에 영합한다는 비난에서 벗어나 고통받는 개인을 구제하며 긍정적인 인간으로 살아갈 수 있도록 자신감을 불어넣어 주는 호혜적인 의료 기술이 된다. 문제는 이들 프로그램의 각본이 기존의 외모 위계를 바꾸기는커녕 그것을 오히려 하나의 상식으로 전환시킨다는 것이다. 변화의 효과를 극적으로 드러내기 위해 평범하지 않은 신체적 특징을 비하하는 온갖 편견과 성별 고정관념이 동원되며, 이를 지지하기라도 하듯 호들갑스러운 자막과 내레이션이 뒤따른다.

성형 리얼리티 프로그램은 하나같이 '평범한 외모'를 추구한다고 하지만 변신 후의 모습은 평범함을 넘어선다. 프로그램에서는 결함이 있다고 지적된 부위보다 더 넓은 범위에 걸쳐 수술이 이루어지며, 머리부터 발끝까지가 관리의 대상이다. 그리고 바로 이 점이 성형 리얼리티 프로그램의 상품 가치가 된다. 시청자들은 평범함을 넘어선 외모로 변신한 출연자를 보며 자신들의 욕망을 새롭게 발견한다. 성형 리얼리티 프로그램은 제작진들이 말하는 것처럼 평범하지 못하거나 비정상적인 외모를 가진 출연자들을 위한 프로그램이라기보다는 "평범한 외모가 싫다"고 말하는 시청자들을 위한 것이다. 그리고 이들, 성형 리얼리티 프로그램을 통해 학습을 한 시청자들은 미용 성형과 관련된 지식과 정보를 갖춘, 더 나아가 변신에 적합한 심성을 갖춘 소비자-환자 주체가 되어 간다.

3부

성형,
끝없는 자기완성의
프로젝트

7장

자기 주도적 학습
: 공부하는 소비자-환자 주체들

미용 성형은 '미용을 목적으로 한 선택적 의료 행위'로 소비 행위와 의료 행위가 결합한 독특한 성격을 지닌다. 따라서 여성 주체가 미용 성형 의료와 관계 맺는 양상은 전통적 의미의 의료-환자 모델과는 다를 수밖에 없다. 여성들은 미용 성형의 '소비자'가 됨으로써 미용 성형 의료 체계의 '환자'가 된다. 여기에서 '환자'는 진단과 치료가 아니라 미용을 목적으로 의사를 찾는다는 점에서 기존 의료 체계에서 가정되는 환자와는 다른 지점에 서 있다.

미용 성형을 주제로 글을 쓰면서 소비자이자 환자인 이들을 어떻게 명명해야 할지 고민이 됐다. 일각에서는 오늘날의 산업화된 미용 성형 의료 영역은 사실상 자유 경쟁 시장이나 다를 바 없으므로 미용 성형을 받는 이들 역시 소비자에 불과하다고 단언하기도 한다. 하지만 성형을 고민하고 있거나, 곧 성형을 받을 예정이거나, 이미 성형을 한 많은 여성들을 만나며 나는 이들에게 단순히 소비자 정체성으로 묶을 수 없는 경험과 실천들이 있다는 것을 알게 되었다. 특히 성형 후 부작용과 실패를 겪으면서 소비자 주체는 똑같은 미용 성형 의료 영역에 의해 '환자'로 소환된다. 이러한 미용 성형 의료의 특수성을 반영하여 이 책에서는 미용 성형 시장에 참여하는 여성 주체를 '소비자-환자 주체'로 부르기로 했다.

최근 소비자-환자 주체의 양상에서 독특한 점은 이들이 미용 성형에 관한 지식과 정보를 자기 주도적으로 학습하면서 시장에 참여하고 있다는 점이다. 성형에 대한 거부감이 줄고 성형이 자기 관리를 위한 주체적인 선택이자 필요로 인식되는 분위기에서 중요한 것은 성형 그 자체보다 '어떻게 성형을 해야 하는지'가 된다. 이들 소비자-환자 주체들은 미용 성형의 가능성뿐 아니라 실패와 위험 등에 대해서도 잘 알고 있기 때문에 미용 성형 의료 체계에서 전달하는 지식이나 정보를 일방적으로 수용하기보다는 계산적이고 회의적인 태도를 취하는 신중한 소비자로 행위한다.

이들에게 인터넷 공간은 미용 성형에 관한 지식과 정보를 공유하고 학습하는 주된 장소이다. 대부분 포털 사이트의 카페에 자리한 이러한 사이버 공간에서는 '성형 자조 모임'이라 부를 수 있을 정도로 구체적이고 생생한 성형 경험들이 오간다. 여성들은 이곳에서만큼은 몸에 대한 사회적 통제나 성형에 대한 윤리적 낙인에 구애받지 않고 비슷한 관심사를 공유하는 이들과 정서적 지지를 교환한다. 그리고 미용 성형의 가능성에 자신의 몸을 연결시키는 것으로 즐거움을 얻는다.

공부하는 방법도 가지가지

"보톡스는 다시 맞을 때가 되면 얼굴이 더 쭈글쭈글해지는 느낌이야. 난 그 느낌이 들까 봐 보톡스 맞기 싫더라."

보톡스를 맞고 이마와 미간이 팽팽해졌다는 A의 얘기를 듣고 B가 한 말이었다. 그날 나와 친구들은 결혼식에 참석하느라 오랜만에 만났고 식이 끝난 후 C의 집 거실 바닥에 편한 자세로 누워 한참 수다를 떨고 있던 중이었다. 각자 다른 도시에서 다른 일을 하며 살다가 오랜만에 만난 친구들이었다. 우리의 이야기는 곧 성형한 것으로 짐작되는 연예인들이나 지인들에 관한 수다로 흘러갔다. 지금 우리에게 필요한 시술법이 무언인지에 관한 사소한 팁들이 공유되기도 했다. 흥미롭게도 B는 한 번도 보톡스 시술을 받아본 적이 없었는데, A의 말처럼 B는 "왜 있잖아. 한 번도 안 해 봤는데 아는 것은 많은 사람"이었다.

여성들은 적극적으로 병원이나 성형수술에 관한 정보를 찾지 않더라도 일상에서 자연스럽게, 다양한 경로로 미용 성형을 '학습'한다. 거리 곳곳을 장식하는 성형외과 광고들을 비롯하여 지하철, 버스, 택시 내·외부에 부착된 성형 전후 사진들, 인터넷의 배너들, 방송에 출연하여 성형 사실을 고백하는 연예인들, 그에 관한 주변 지인들과의 대화, 그리고 직접적인 병원 방문에 이르기까지, 성형 정보는 넘쳐 흐른다. 이러한 환경에서 우리는 본인의 의도나 성형 경험과 상관없이 미용 성형을 목격하고, 지식을 습득하게 되는 것이다.

하지만 미용 성형이 일단 자신에게 일어날 법한 실천으로 인식되면, 이제는 외부에서 무차별적으로 제공되는 정보를 그저 흥미롭게 바라보거나 수동적으로 받아들이는 차원을 넘어, 좀더 적극적으로 관련 정보와 지식을 수집한다. 이때 온라인상의 미용 성형 커뮤니티가 중요한 학습 공간으로 떠오른다. 삼십 대 전업주부인 M의 이야기는 미용 성형에 관한 정보를 얻는 과정에서 여성들이 인터넷 공간을 어떻게 활용하는지를 전형적으로 보여 준다. M과 나는 M의 엄마 소개로 만났다. 그날 인터뷰는 한 살짜리 아이를 돌보느라 외출이 쉽지 않은 M을 배려해 그녀의 집에서 이루어졌다.

M은 결혼 전에 쌍꺼풀 수술을 했는데 이미 이십 대에 쌍꺼풀 수술을 한 친구들에 비해 자신은 상당히 늦게 한 것이라고 했다. 성형을 하고 예뻐진 친구들을 보고 자신도 해 볼까 고민을 하긴 했지만 겁도 나고 엄마와 여동생 모두 성형에 대한 두려움과 거부감이 커서 엄두를 내지 못했었다. 그러던 M이 성형수술을 결심한 것은 "몸에 칼을 대는 게 앞으로의 인생에 좋다", "성형수술

도 괜찮다"는 점쟁이의 말을 듣고 나서였다. 그 당시 M은 결혼하기로 약속했던 남자와 헤어지고 회사도 그만둔 상태로 한동안 우울한 시기를 보내고 있었다. 사실 점쟁이는 "몸에 칼을 대는 게 좋다"고까지만 말했지만 M과 함께 방문한 엄마가 "성형수술도 몸에 칼을 대는 것에 속하는지" 묻고 얻어 낸 답이었다. M도 한때 쌍꺼풀 수술을 하고 싶었던지라, 그 참에 "그렇다면 한 번 해 보자"고 용기를 냈다. 성형수술이 막연하게만 생각했던 남의 일이 아니라 충분히 시도할 수 있는 가능성이 되면서 인터넷 공간과 좀 더 적극적으로 관계를 맺게 되었다.

🔍 인터넷은 어떻게 사용했어요?

지식인에도 올리고 제 눈을, 사진을 찍어서 "이런 눈인데" 하면 성형외과 의사들이 답변을 달아 놔요. 이빨도 올린 적 있어요. 교정이 어떻게 들어가나 물어보고. 카페(인터넷 성형 커뮤니티)도 들어가서 한 애들 보니까 진짜 다 잘된 거예요.

🔍 인터넷은 계속 자주 들어갔어요? 아님 집중적으로 들어갔어요?

그때 집중적으로 들어갔던 것 같아요. 그 전에는 그냥 내 일 아니니까…… 하겠다고 결심을 한 뒤로 막 들어간 거죠.

🔍 질문은 어떻게 올렸어요?

이게 제 눈인데 매몰법으로 가능할까요? 퀵 쌍꺼풀로도 될까요? 하면 예뻐질까요? 하면 이 눈은 여기가 좁고 처져서 전체적인 얼굴은 안 올려서 잘 모르겠지만 뭐……. 의사들이 이 눈은 절개를 해야 한다, 매몰로는 안 된다, 끝이 처져서 잘라내야 한다, 앞트임도 해야 한다, 너무 답답하다고. (웃음) 이 눈은 앞트임과 절개법을 하든지 부분 절개로 가야한다. (…) 카페(인터넷 성형 커뮤니티)도 들어가서 한 애들 보니까 진짜 다 잘된 거예요. 다 훨씬 예뻐. 화장을 해서 그런지. 카페 이름은 잘 모르는데. 아니면 성형외과 후기! 가입을 해야 보이더라고요.(M, 30대 초반, 전업주부)

M이 질문을 올릴 때 이미 매몰법이니, 퀵 쌍꺼풀이니 하는 수술법을 거론한 것을 보면, 사전에 어느 정도의 학습이 이루어졌다는 것을 알 수 있다. 그때만 해도 성형에 대한 두려움을 가지고 있었던 M은 "기술이 발전했고, 새로운 수술법들로 쌍꺼풀 정도는 쉽고 간단하게 할 수 있다"는 전문가들의 말에 결심을 굳혔다고 한다. 그 다음으로는 인터넷 성형 커뮤니티나 자신이 거주하는 도시에 위치한 성형외과 홈페이지에 접속하여 성형 전후 사진과 경험자들의 수술 후기를 찾아 읽었다. M의 경우처럼 내가 만난 대부분의 여성들은 일단 성형을 결심한 후 구체적인 성형 시기를 결정하거나 비용이 마련되기 전까지 인터넷 커뮤니티 등에서 집중적으로 정보를 탐색하는 시간을 가졌다. 자신이 원하는 신체 부위를 변형할 수 있는 기술들로는 어떤 것들이 있는지, 어떻게 수술이 이루어지는지, 실제 성형을 한 이들은 어떤 결과를 얻었는지, 그리고 최종적으로 어떤 병원을 택할 것인지를 조사하면서 최선의 선택을 하고자 하는 것이다.

M과 만난 이후, 나 역시 M처럼 인터넷으로 성형수술 정보를 찾아보았다. 인터넷으로 성형수술 정보를 얻을 수 있는 방법은

크게 세 가지이다. 첫 번째는 단순한 지식 검색이다. 누구나 시도할 수 있고, 특별한 인증이 필요한 것도 아니다. 포털 사이트에 궁금한 수술 부위나 수술명만 입력하면 된다. 단어를 미처 완성하지 않아도 검색어 자동 완성 기능이나 관련 검색어 기능이 검색자에게 필요한 단어나 질문을 친절하게 찾아 준다. 이를 테면 '안면 윤'까지만 입력해도 '안면 윤곽', '안면 윤곽 수술 후기', '안면 윤곽 주사', '안면 윤곽 비용', '안면 윤곽 잘 하는 병원', '안면 윤곽 수술 후 일상생활은 언제쯤 가능한가요?' 등의 검색어가 선택지로 제시된다. 그 가운데 하나를 선택하기만 하면 해당 단어를 검색어로 등록해 놓은 특정 병원들의 홈페이지 주소가 상단에 뜬다. 이들 병원은 적게는 수천만 원에서 많게는 억대의 돈(포털 회사의 프리미엄 링크나 파워 링크 같은 경우 클릭 횟수에 따라 광고 비용이 달라진다)을 마케팅 비용으로 지불하는 곳이다.

인터넷상에서 성형 정보를 찾는 두 번째 방법은 성형외과 홈페이지를 방문하는 것이다. 성형외과 홈페이지에서는 기본적으로 어떤 병원에 어떤 의사들이 있는지, 어떤 수술을 전문으로 하는지 등에 관한 정보를 얻을 수 있다. 그 밖에도 온라인 상담실을 운영하거나 해당 병원에서 수술을 받은 환자들의 후기를 게시하기도 하는데, 이러한 서비스나 정보는 홈페이지에 회원 가입을 하고 개인정보를 제공한 이들에게만 접근이 허용된다. 그럼에도 해당 병원 의사의 수술 스타일이나 그 효과를 한눈에 파악할 수 있다는 점, 다른 여성들의 사례로부터 경험적 지식을 얻을 수 있다는 점 때문에 병원 홈페이지는 성형을 하려는 여성들에게 좋은 참고 자료가 된다. 무엇보다 성형을 결심한 이들이 관심을 갖는 것은 수술이 실제 광고만큼 외모를 변화시켜 주느냐 여부이기 때문에 성형수술 후기는 병원 홈페이지 안에서도 톡톡히 광고 효과를 발휘한다.

세 번째는 인터넷 카페와 같은 온라인 커뮤니티에 가입하는 것이다. 이곳에서는 각종 성형 관련 정보가 빠르게 오갈 뿐만 아니라, 성형수술 공동 구매나 무료 성형 체험 이벤트가 열리기도 한다. 수술에 드는 비용은 물론이고 괜찮은 병원이나 의사를 소개하는 글부터 부위별 수술 방법에 이르기까지 각종 정보가 망라되어 있다. 이들 커뮤니티는 여성들의 외모 관리 욕망"을 부추기는 소비 자본주의의 상업적 흐름과 무관하지 않은 공간이다. 하지만 동시에 여성들에게는 같은 관심사를 공유하는 이들과 대화를 나누고 성형에 관한 '진실한' 경험을 공유할 수 있는 곳이기도 하다.'

인터넷 포털 사이트에는 미용 성형과 관련된 커뮤니티가 적지 않고, 회원 수가 몇 만 명에 이르는 대형 커뮤니티도 존재한다.""
"똑똑하게 예뻐지는 ○○ 카페", "○○ 카페에서 스마트하게 예뻐져요" 등 커뮤니티의 선전 문구처럼 여성들은 '똑똑하게' 성형수술을 하고자 한다. 성형외과의 상술이나 의사들의 장삿속, 그

▪ 이들 인터넷 커뮤니티는 포털 사이트 커뮤니티 카테고리상에 아예 처음부터 '여성'으로 분류되어 있거나 아예 여성에게만 가입을 허용한다.

▪▪ 인터넷 포털 사이트 〈네이버〉에 등록된 성형 관련 커뮤니티는 8,044곳이며 랭킹 1위인 커뮤니티의 회원 수는 784,050명이다.(2014년 11월 기준)

리고 실패나 부작용을 조심하라는 메시지가 강력한 탓일 수도 있지만, 무엇보다 외과적인 수술을 자기 스스로 선택해야 한다는 데서 오는 부담감이 크기 때문일 것이다. 그래서 여성들은 과거처럼 여성 잡지의 광고나 기사를 보고 무턱대고 소문난 의사를 찾아가지 않는다. 미디어나 인터넷에서 수술 방법이나 기법, 사용하는 물질, 기계 등에 관한 대중적인 의료 지식을 열심히 학습하고, 이에 더하여 실제 성형을 경험한 여성들이 쓴 수술 후기를 탐독한 뒤, 결과를 어느 정도 예측할 수 있을 때라야 비로소 결정을 내리는 것이다. 이처럼 여성들은 최종적인 결정을 내리기 전에 미용 성형에 관한 지식, 정보들을 학습하면서 성형을 준비하고, 몸 변형의 가능성을 타진해 본다. 어떻게 성형을 해야 하는가를 스스로 묻고 답하면서 능동적이면서 현명한 소비자-환자 주체가 되어 가는 것이다.

생생한 후기를 통해 힘을 얻는다

G와 나는 온라인 성형 커뮤니티인 A카페에서 만났다. 당시 A카페에서는 전신 성형 이벤트 당첨자가 올리는 수술 후기가 화제가 되고 있었다. 수술 후기에 대한 생각들이 궁금했던 나는 후기에 댓글을 단 회원들에게 인터뷰를 요청하는 쪽지를 보냈다. G는 응답을 해 온 두 명 중 한 명이었다. G가 온라인 인터뷰를 원했기에 우리는 늦은 밤 시간을 정해 채팅 방에서 만났다. "A카

페는 어떻게 가입하게 된 건가요?" 나의 질문에 인터넷 채팅 창 속 G가 말했다.

> 후기는 아무래도 직접 수술한 사람들이 사진 찍어서 올리는 거고 하다 보니 아무래도 가장 믿음직스러웠고, 무엇보다 성형의 목적은 결국 그걸 하는 것 자체보다 그 후에 예뻐지는 어떤 결과가 목적인 거잖아요. 그러다 보니 먼저 했던 선배들의 결과가 궁금했죠. 어떻 게 변화해 가는지.(G, 20대, 대학생)

G는 성형을 하고 나서 사람들이 "어떻게 변화해 가는지"가 궁금해 카페에 가입했다고 했다. G가 A카페에 가입한 것은 수술 시기를 정하고 난 다음이었다. 서울의 한 대학에서 마케팅을 전공하는 G는 인터뷰 당시 4학년이었다. G는 어려서부터 쌍꺼풀과 코 성형을 하고 싶었다고 한다. 무남독녀로 가족들의 사랑을 독차지했지만 G는 "왜 알잖아요. 내가 그렇게 예쁘지는 않다는 거요"라고 말했다. 차일피일 미루다가 엄마와 상의하여 어학연수를 떠나기 전으로 수술 시기를 정했다. 회복 과정을 주변 사람들에게 보여 주지 않아도 되는 적절한 기회였다. G의 엄마는 성형을 잘 한다는 병원을 물색했고 G는 그와는 별도로 성형수술에 대해 공부하기 시작했다. 그러다가 가입한 곳이 A카페였다.

A카페는 지방 흡입, 눈, 보톡스 중심의 성형 정보 커뮤니티를 표방하는 곳으로 회원 수가 6만 명이 넘는 대형 카페이다. 성형 정보 안내 이외에 성형외과의 후원을 받아 무료로 성형수술을

해 주는 이벤트를 진행한다. 무료 이벤트는 회원이면 누구나 신청할 수 있지만 심사 과정은 까다롭다. 수술 및 시술 범위는 성형외과, 피부과, 치과, 안과, 한의원을 망라한다. G와 내가 관심을 가지고 접속했던 시기에는 회원 한 명을 선정하여 전신 성형을 해 주는 이벤트가 진행되고 있었다. 당첨자는 몇 개월에 걸쳐 안면 윤곽 수술, 코 성형, 유방 성형, 지방 흡입, 치아 성형 등 얼굴과 몸 전체를 전면 개조하고 그 후기를 지속적으로 업로드하고 있었다. 후기는 비포에서 애프터에 이르는 시간 순서대로 게시되었고, 몸의 부위별로 어떤 수술이 이루어졌는지 뿐만 아니라 수술 이후 통증과 붓기 정도, 힘든 점, 집에서 소독하는 법, 오일을 사용한 팁, 머리 감는 방법에 이르기까지 매우 상세한 내용을 담고 있다. 성형수술의 종목이나 효과뿐만 아니라 수술 후 자신을 돌보는 일상적이고 경험적인 지식까지 공유하는 것이다. 전문적인 의학의 개입은 수술로 끝이 나고 이후의 회복과 치유는 온전히 수술을 받은 이의 몫이 되는 상황에서, 이러한 수술 후기는 여성들이 수술 이후의 일상적 돌봄에 관한 자신들만의 경험적 지식을 만들고 쌓는 역할을 한다.

무엇보다 이들 후기에서 핵심은 수술 이후 몸의 변화를 보여 주는 사진과 설명이다. 경과별로 찍은 사진이나 정면과 측면 사진을 비교하고 그에 대한 자신의 느낌을 쓴 뒤 회원들의 반응을 묻는 식이다. 비포와 애프터 사이의 변화는 매우 구체적인 어휘로 설명된다. 코는 정면과 측면으로 나뉘고 각각의 위치에서 다시 콧대와 콧망울, 코끝을 분할하여 관찰할 수 있게 돕는다. 그렇게 짧고 뭉뚝하고 밋밋했던 코는 섬세한 콧망울과 오똑한 코로 변신한다. 매 후기에는 "와우 대박이네요. 완전 예뻐지실 듯", "이야~ 예뻐요! 나도 하고 싶다", "뭔가 귀여워진 인상! 붓기만 빠지면 정말 예뻐지시겠어요" 등 당첨자의 변화에 놀라움과 부러움을 표하며 앞으로 더 나아질 것이라는 응원을 담은 댓글들이 수십 건씩 달린다. 이들의 반응은 맹목적인 지지라기보다 서로의 정서를 돌보며 긍정적인 피드백을 주고받는 온라인 특유의 대화법이다. 이곳에서는 오프라인 세상에서 만나는 불특정 다수들이 던지는 모호한 눈빛이나 간접적인 비난에 전전긍긍할 필요가 없다.

G는 주변 친구들이 성형에 별 관심이 없어 성형에 대한 이야기는 거의 나누지 않는다고 했다. 또 단지 성형을 했다는 이유로 "심하게 구는 사람"을 만나면서 자신의 수술이 약점이 될 수도 있겠다는 생각을 했다.

> 그런 남자 은근 많거든요, 요즘에도. 내가 그 사람을 좋아하지 않는다고 해도 들으면 씁쓸하죠. (…) 전 별로 (수술한) 티가 안 나거든요. 말 안 하면 모를 정도로요. 그런데 굳이 나 (수술)했다고 말하기가 그렇잖아요. 그거 분명 선입견 생겨요.(G, 20대, 대학생)

여전히 편견이나 부정적인 시선으로 성형을 바라보는 이들이 많은 오프라인과 달리, 인터넷 카페는 성형에 대해 거리낌 없이 말할 수 있는 안전하고 편안한 분위기가 형성되어 있다. 이곳에서는 오히려 성형에 대해 의구심을 갖거나 비판적인 기색을 비추는 것이 (불쾌감을 일으켜) 개인의 선택이나 자유를 침해하는 것으로 여겨진다. 성형 경험자들은 인터넷 카페에서 자신의 경험에 진지한 관심을 가지고 정서적 공감을 해 주는 이들을 만날 수 있다. 또한 이들은 구체적인 수술 기법이나 효과, 혹은 병원 정보를 제공해 주는 선배이기도 하다. G는 나와 대화를 하던 중에 문득 떠오른 것처럼 "맞아요! 저도 수술하고 나서 열심히 사진을 찍어 올린 적이 있네요"라고 말했다.

수술 후 점점 부기 가라앉고 하는 걸 보면서 저도 변화 과정을 찍어서 누군가에게 보여 주고 싶었어요. 자랑하고 싶기도 했고, 알려주고 싶기도 했고. 그래서 제가 사진을 찍기도 했거든요. 수술하고 나면 내가 원하든, 원하지 않든 마음가짐이 변하거든요. 그런데 대부분은 다 좋은 결과를 얻고 그래서 자신감이 생겨요, 예전보다는. 그러다 보니 "내가 이렇게 되었다"라는 면에서 후기를 올리기도 하는 것 같아요. (…) 솔직히 그런 카페 사람들 보면 굉장히 수술에 대해서 긍정적이거든요. 그냥 쉽게 말해서 긍정적인 거고 좀 지나치다 싶을 정도로 맹목적인 사람도 있고, 하여튼 좀 그렇잖아요. 그런 사람들 후기는 좀 뻔하겠지요. 이렇게 예뻐졌다, 뭐 그런 거. 사실 수술한다고 다 예뻐지는 것도 아니고, 후기 보면서 그런 생각도 많이 했어요. "이 사람은 안 한 게 더 나은데"라든지 "별로 티도 안 나는데"라든지. 그냥 제 생각을 말하고 싶었어요. 이렇게 아프다고. 물론 아픔을 감수해야겠지만.(G, 20대, 대학생)

"성형수술을 통해 자신감을 얻을 수 있다"는 말은 상식처럼 유통된다. 하지만 이 단순한 논리는 자신감이라는 정서가 상황에 따라 유동적인 감정이라는 사실을 감춘다. 성형수술이 자연스러운 미용 실천이 되었다고는 하지만, 성형을 한 사람들조차 성형한 자신을 그때그때 다르게 재현한다. 성형수술 자체가 과시의 수단이 될 때도 있지만, 성형 사실을 밝히는 것이 득이 되지 않는다고 판단될 때도 있다. 후자의 경우에는 성형 사실을 굳이 밝히지 않거나 성형을 할 수밖에 없었던 불가피한 상황을 부각시키기도 한다. 이에 반해 성형수술에 대해 관용적인 정서가 지배적인 온라인 커뮤니티에서 성형한 몸은 과시할 만한 것, 자신감의 원천이 된다. 커뮤니티에 성형 사진을 올리는 것은 성형한 몸이 객관적으로(다른 사람 눈으로) 보기에도 아름다운지를 확인받기 위해 필요한 절차이기도 하다. 이 공간에서 느끼는 만족감은 여성들이 인터넷 카페를 찾는 이유이기도 하다.

한편 성형수술 후기는 수술 후 얼굴과 몸의 형태가 어떻게 변화하는지를 보여 주는 경과별 사진과 설명들로 구성된다. 이러한 사진은 보통 성형수술 당사자가 찍은 '셀카'들로, 시간이 지나 회복이 끝날 무렵 최종적으로 '염장샷'■을 올리는 게 목표이다. 고통스럽고 힘든 과정에서 '염장샷'까지 전개되는 사진의 흐름은 성형이 단 시간에 마법처럼 이루어지는 것은 아니지만

■ '염장샷'은 인터넷 상에서 유통되는 어휘로 다른 사람이 보고 부러워할 만한 사진을 의미한다.

일정 기간을 견뎌 내면 반드시 회복된다는 메시지를 담고 있다. 후기가 수술 후의 만족감을 얻는데 도움이 될 뿐 아니라 수술 전후로 느끼는 두려움이나 불안을 안정시키는 정서적인 작용도 하는 것이다.

싱가포르 IT회사에 근무하고 있는 K는 한국으로 직장을 옮기는 게 확정된 직후 성형수술을 받았다. 수술 전 성형외과 홈페이지나 인터넷 커뮤니티에 올라온 후기를 보고 자신에게 맞는 수술법을 찾았고, 성형 전과 이후 회복기에 정서적인 위안도 받았다고 한다. K가 인터넷 성형 커뮤니티가 있다는 사실을 알게 된 것은 친구를 통해서였다. 그리고 이직하기 전 여름휴가 때부터 집중적으로 성형 관련 정보를 검색했다.

제가 8월에 간 성형외과는 인터넷에서 우연히 '쌍꺼풀' 하고 치면서 알게 된 곳이에요. 몇 군데 둘러봤는데. 저는 잘된 케이스를 보면서 '나도 하면 잘될 거야' 이런 마음을 먹으려고 후기 위주로 찾아봤어요. ○○○○ 성형외과 후기가 좋더라고요. 그래서 거의 매일 들어가서 '어, 이거 내 눈이랑 비슷하다', '나도 바뀔 수 있겠지' 이러면서. (…) B카페는 수술하기 전, 수술한 후 계속 들어갔어요. 수술한 후에는 집에만 있으니까. 잘된 사진 보면서, 특히 3~4주 후 후기 보면서 위로를 받죠. '나도 이렇게 될 거야' 이러면서. 그리고 찜질을 어떻게 해 주는 게 좋은지도 찾아보고요.(K, 28세, 회사원)

K의 사례에서 알 수 있듯이 일단 성형을 하기로 결심한 이후

에도 여성들은 자신이 내린 결정과 선택에 대해 긍정적인 피드백을 받기를 원한다. 자신과 비슷한 신체적 특징을 가진 이들이 올린 후기와 사진 들을 보며 "나도 하면 잘될 거야"라고 스스로를 다독이는 행위도 그러한 피드백의 일종이다. 성형 이후 회복기에도 이러한 공감과 긍정의 정서가 필요하다. 소비자로서 미용 성형 의료 서비스를 구입한 여성들은 수술 후 자신이 회복을 기다리는 '환자'가 되었다는 것을 발견한다. 미용 성형 후기는 성형 전에는 성형 이후 예상되는 육체적·정신적 고통을 가늠할 수 있도록 마음의 준비를 시켜 주고, 수술 이후에는 붓고 멍든 얼굴과 몸에서 느껴지는 낯선 반응과 고통스러운 경험들을 당연한 통과의례로 생각할 수 있도록 돕는다.

미용 성형 온라인 커뮤니티는 성형 정보를 교환하고 정서적인 지지를 공유하는 의사소통 공간이 되고 있다. 온라인 공간 특유의 익명성은 성형에 비판적인 시선을 우려할 필요 없이 같은 관심사와 고민을 가진 이들에게 자기 경험을 드러내고 고백하는 환경을 제공해 준다. 이렇게 축적된 성형 후기 글들은 여성들의 경험적 지식이 된다. 후기는 정보 제공의 차원에 머물지 않는다. 후기를 작성하는 이들은 변화된 외모를 타인들에게 평가받고자 하며 객관적으로 아름다운지 여부를 판별하고자 한다. 흥미로운 점은 여성들이 성형 결심을 굳히기 위해 일부러 성형 후기를 찾기도 한다는 점이다. 이때 성형 후기는 성형이라는 미션 수행 과정에서 불안을 잠재우고 결연한 의지를 다지기 위한 일종의 '자기계발서' 역할을 한다. 성형 실패와 부작용을 호소하는 후기에 관심이 집중되지 않는 이유도 바로 이 때문이다. 불안함, 망설임, 주저함과 같은 감정을 통제하는 데에 부정적인 후기는 도움이 되지 않는다. 즉, 여성들이 성형 후기를 읽는 것은 이미 성형을 결정한 상황에서 이루어지는 고도의 목적의식적 행위라고 할 수 있다. 여기에서 성형 후기에 달린 수많은 호응하는 댓글들은 나 자신을 향한 '주문'과도 같다. 스스로를 잠재적인 미용 성형 소비자-환자 주체로 호명하는 것이다.

전시되는 몸 이미지들

A카페 운영자는 "우리들은 모두 '이미지 홀릭'"이라며 후기는 꼭 사진과 함께 올리라는 말을 하곤 했다. 그저 글만 올리는 것은 후기에 대한 몰입을 떨어뜨린다는 것이다. 그런데 이러한 후기 가운데는 G처럼 회원들의 긍정적인 피드백을 기대하며 자발적으로 글을 올리는 수준을 넘어선 것들이 많다. 병원들이 환자를 유인하는 마케팅 수단으로 후기를 활용하기 시작한 결과이다. 변형 중인 몸 이미지는 병원 홈페이지와 블로그, 카페, 그리고 오프라인 광고에 이르기까지 확산되며 시장의 기술과 적극적으로 융합한다.

내가 접속할 당시 A카페는 눈, 코, 이마, 사각 턱, 돌출 턱, 가슴, 지방 등 "말 그대로 머리끝에서 발끝까지" 전신을 무료로 성형해 주는 이벤트에 지원할 사람을 모집하고 있었다. 카페 회원이면 누구나 신청할 수 있었고, 신청자는 상세 부위 및 전신 사진을 모두 제출해야 했다. 의사의 정확한 판단을 위해 모자이크나 스티커 처리는 안 된다는 안내가 있었다. 카페 회원들은 자신의 눈, 코, 턱, 광대, 유방, 복부, 허벅지, 종아리 등이 '얼마나 심각한 상태인지'를 두고 경쟁을 했다. 사진 속의 몸들은 신체의 변형과 관리를 목적으로 한 시선에 의해 분절되고 대상화된 채로 게시되었다. 그 밖에도 신청자는 "나는 콤플렉스 때문에 힘들지만, 그것을 극복할 의지가 있다"라는 점을 드러내는 서사를 가지고 있어야 했다. 성형 리얼리티 프로그램을 연상시키는 대목이다. 변형 가능한 몸과 긍정적인 의지를 자원으로 삼아 경과별후기를 잘 올릴 수 있는 필력 또한 필수적이었다. 몸 부위별로 상세하게 사진을 찍을 수 있는지, 카페의 한 회원이 말하듯 "읽는 맛이 솔솔 나는" 재미있는 후기를 쓸 수 있는지도 판단의 기준이 되었다.

"원하는 곳은 어디든지 바꿔 준다." 게다가 무료이다. 이벤트는 충분히 유혹적이었다. 이보다 자기 인생을 확실하게 반전시킬 방법이 또 어디 있을까? 하지만 그 반전의 기회는 자신의 '변형 중인 몸'을 공개한다는 조건을 수락해야만 얻을 수 있었다. 당첨자는 당첨과 동시에 성형외과의 홍보 모델이 되는데, 사진의 저작권은 병원에 있다는 계약서에 서명해야 했다. 수술 전 준비 단계부터 수술, 회복 기간, 마사지, 운동 치료 등, 전 과정을 촬영하고 A카페와 성형외과의 홍보물, 잡지 광고, 보도 자료에그 사진을 공개해야 하는 것은 의무 사항이었다. 무엇보다 전신을 바꾸는 수술에는 1년에서 길게는 2년이 걸릴 수도 있다. 그 동안 수술과 회복을 여러 차례 반복해야 하기 때문에 이벤트 안내문에는 "중간에 먹튀는 안 된다", "당첨된 후에 마음이 바뀌는 것은 안 된다"는 당부 말이 담겨 있었다. 이벤트 공지 글에는 "하고 싶지만……, 직장을 다니면서 가능할까요?", "이거 하려면 일 그만둬야 하는 거죠?" 같은 댓글이 달렸다. '성형 대박'의 행운은 자신의 일상을 오로지 성형 하나만을 위해 완전히 중지시킬 수 있는 이에게만 허락이 되었다.

반대로 성형외과는 오직 '변형되는 몸' 이미지 하나만을 위해 무료 전신 성형이라는 엄청난 마케팅 비용을 지불하는 셈이다. 하지만 사람들의 성형 욕구를 환기시키는 이러한 시각적인 상품의 효과는 그 비용을 충분히 상쇄할 것이다. 상품 구매 시 이미지의 효과는 온라인 쇼핑몰에서 '착용샷'이라 불리는 사진을 홍보 전략으로 채택하는 데서도 드러난다. 많은 온라인 쇼핑몰이 구입한 상품을 직접 찍은 '착용샷'을 올린 구매자들에게 구매 혜택을 주는 이벤트를 진행하는데, 이는 일반적인 사용 후기나 댓글보다는 이러한 이미지들이 해당 매장과 상품에 대한 신뢰도를 높이는 데 더 큰 기여를 하기 때문이다. 미용 성형의 경우 상품은 비포에서 애프터까지의 과정을 보여 주는 여성의 몸이다. 수술 과정과 회복기의 고통을 고스란히 드러내는 여성의 몸 이미지들은 다양한 미용 성형 기법들을 소개하면서 성형 이후의 몸을 상상하는 것을 돕는다. 또한 이 이미지들은 그 자체로 흥미롭게 몰입할 수 있는 시각적 상품이 되어 새로운 소비 욕구를 추동하는 매개가 된다.

사람들이 후기 보면서 얻는 것은 아프고 그런 걸 다 떠나서 결국은 얼마만큼 예뻐지겠구나 하는 걸 느끼고 싶은 것 같아요. 희망이나 기대 같은 거요. 예뻐지는 과정에서 힘을 얻는 것 같아요. 사실 전 별 생각 없이 수술해서 그렇게 치밀하게 준비하지도 않았고요, 그냥 후기 보면서 즐겼던 것 같아요. 누가 예뻐지는 과정을 실제로 보면 굉장히 재밌기도 하고, 신기하기도 하잖아요. 나도 진짜 수술하면 저렇게 되려나 싶기도 하고 말이죠. 그게 가장 큰 영향인 것 같아요.(G, 20대, 대학생)

G는 성형 후기를 읽음으로써 향후 변형될 자신의 몸에 대한 희망이나 기대를 얻기도 하지만 변화 과정을 보는 것 자체가 "신기하고 재미있는 경험"이었다고 밝히고 있다. 변형 중인 몸 이미지들이 증폭되는 현상, 그리고 변형 자체가 관심의 중심이 되며 그 이미지에 중독되는 현상은 미국 대중문화 연구자 타라 맥퍼슨Tara McPherson이 '미용 성형 포르노그래피'라고 명명한 상황과 닮았다.[2] 포르노그래피는 사람들 사이의 관계를 삭제한 채 성적인 실천만을 노골적으로 드러내는 소설이나 영상, 이미지를 말한다. 미용 성형 이미지 또한 몸 변형의 당사자인 여성의 사회적 삶이나 현실적인 고통 등은 생략한 채 포르노그래피처럼 전시됨으로써 사람들의 시선을 자극한다. 사람들은 성형이 인간의 몸을 어느 정도까지 변형시킬 수 있는가에 호기심 어린 시선

을 보내고, 변형 중인 몸 이미지는 그러한 시선에 의해 그저 쾌락의 대상이 되고 마는 것이다. 무엇보다 "D+1, D+2……, D+한달"처럼 질서 정연하고 체계적으로 정리된 시간의 흐름은 성형에 내재한 불확실성과 위험성을 지운다. 성형이란 시간이 지나면 반드시 회복되는 기술임을 아는 것이, 아니 믿는 것이 적절한 태도가 된다.

문화 연구자 앤 앨리슨Anne Allison은 담론의 관객인 개인들은 지배적인 담론을 수동적으로 소비하기보다 일상적인 관심사와 관련하여 적극적으로 해석하는 경향을 보인다고 주장한다. 이때 개인들이 느끼는 쾌락은 지배적인 서사에 대한 찬성 혹은 반대에 있지 않다. 그들은 지배적인 서사 주변에서 새로운 형태의 애착과 사회적 관계를 형성하며 정보를 공유하는 데서 즐거움을 느낀다.[3] 인터넷 커뮤니티에서 여성들이 성형 경험을 공유하고 정서적인 지지를 교환하는 것은 이 시대 미용 성형 담론이 생산하는 특수한 정서 혹은 애착이라고 볼 수 있을 것이다. 여성들은 미용 성형에 대한 찬성이나 반대를 떠나 자신과 같은 관심사를 공유하는 이들과 만나고, 그들과 지식, 정보를 공유하며, 의료 기술과 자신의 몸에 새로운 방식의 애착 관계를 형성한다. 사진 속 '염장샷'과 자신의 몸을 동일시하면서 자기 몸에 알맞은 구체적인 성형 방법이 무엇인지 함께 논의하고 결론을 도출하는 과정 내내 인터넷 성형 커뮤니티는 여성들에게 변화된 자신의 몸을 얼마든지 상상할 수 있는 고유한 즐거움을 선사한다.

여성들, 혹은 소비자-환자 주체들이 성형 커뮤니티의 후기를 찾아 인터넷 공간을 배회하며 몸 변형 이미지를 수집하는 것은 다분히 목적 지향적인 행위이다. 이들은 성형을 할 것인지 말 것인지, 혹은 성형이 과연 올바른 대안인지를 고민하기 위해 성형 커뮤니티를 찾지 않는다. 성형을 하기로 이미 마음을 먹은 상태에서 합리적이고 신중한 소비를 위해 지식과 정보, 그리고 정서적 지지와 위안을 구하는 공간이 성형 커뮤니티인 것이다. 이러한 목적 지향적인 행위는 성형 커뮤니티 내에 성형에 대한 찬성과 반대를 넘어서 성형을 즐겁게 향유할 수 있는 분위기를 만들어 낸다. 이는 여성들이 미용 성형이라는 의료적 맥락에 적절하게 순응하게 하는 요인이기도 하다.

인터넷을 통해 성형수술 후기를 탐독했던 K를 소개해 준 것은 K의 언니였다. K의 언니는 K의 성형수술을 반대했는데 부작용이나 실패할 위험성 때문이었다. K의 성형외과 상담에 따라갔던 K의 언니는 아주 희한한 광경을 목격했다고 나에게 말했다.

의사랑 둘이 전문 용어로 이야기를 하더라고요. 나는 모르겠는데……. 그리고 또 비용은 실장인가 이런 사람이 상담을 하잖아요. 그게 웃기잖아요. 의료인도 아닌데 상담하는 게. 부작용 이런 거 괜찮으냐고 물어보니 아주 이상하게 쳐다보더라고요.(K의 언니, 30대, 대학원생)

성형수술에 전혀 관심이 없던 K의 언니에게 상담 과정은 낯설 뿐 아니라 어딘가 부조리한 것처럼 보였다. 그러나 K와 의사에게는 K의 언니가 오히려 이쪽 세계 규칙을 잘 모르는 사람이었다. K에게 당시 상담 상황에 대해 물어보니 "별로 성실히 대답해 줄 것 같지 않았고, 왠지 민감한 부분에 대해 물어보기 꺼려져서 그랬다"고 답했다. K는 성형외과라는 의료 공간에서 '환자'로서 혹은 소비자로서 대략 어떤 태도를 취해야 하는지를 사전에 알고 있었다. 성형을 하기로 결심한 이상 성형이라는 선택이 꼭 필요한지, 선택을 방해하는 요소는 무엇인지를 질문하는 것은 시간 낭비이다. 중요한 것은 이 선택을 가능하게 할 성형 종목과 기법, 비용에 관한 정보들이다.

소비자-환자 주체가 가지는 선택의 자유 항목에는 그 선택 자체에 대해 숙고하고 회의할 자유는 포함되어 있지 않다. 그렇다면 미용 성형에 관한 지식이나 정보는 비판적으로 취득되기보다는 '믿음'의 영역에 머문다고 볼 수 있다. 몸 변형의 가능성을 믿지 못한다면 성형을 선택할 이유도 없다. 성형을 해야만 하는 상황, 그리고 성형을 둘러싼 불확실성과 위험성에 대해 질문하지 못하게 하는 것, 이것들은 모두 미용 성형 포르노그래피의 효과이다. 성형 후 회복 과정을 담은 글과 이미지 들은 오로지 변형이 어떻게 이루어지는지에만 이목을 집중시킴으로써 성형 시장에서 경제적 가치로 쉽게 전환된다.

8장

성형외과의
속사정

미용 성형은 의사의 진단과 치료가 행해지는 의료 영역이자 소비자의 욕망을 생산해 내고 증폭시키는 시장의 영역이기도 하다. 이 때문에 미용 성형 시장을 횡단하는 소비자-환자 주체의 이야기는 의료 권력 강화라는 맥락이나 소비사회의 시장 논리 가운데 어느 하나만으로는 해석하기 어렵다. 따라서 미용 성형이라는 의료-시장 영역에서 소비자-환자 주체의 행위성을 제대로 조명하려면 이들이 신중한 소비자로서 나름의 전략과 기술을 구사하는 가운데 어떻게 미용 성형 의료 권력과 경합하고 협상하는지를 살펴봐야 한다.

'신중하게' 미용 성형 소비를 준비하는 여성들은 의료 공간에 진입하기 이전부터 자신의 몸을 파편화하여 대상화하는 데 익숙해져 있다. 동시에 그처럼 대상화된 몸을 개선해야 할 책임이 있는 자로 스스로를 위치 짓는다. 이러한 맥락에서 의료 권력이 지배의 기술을 발휘하는 방식 또한 변화한다. 의사들은 의료 지식과 권위에 기반하여 '필요한' 수술을 강요하기보다는 소비자가 '원하는' 것을 수용함으로써 병원과 환자의 거래를 안정적으로 성사시키고자 한다. 간호사, 상담실장의 감정 노동 또한 거래가 성사될 수 있도록 조력하는 역할을 한다. 미용 성형 실천에 핵심적인 이들의 노동은 의료 기술과 환자 사이를 매개하며 미용 성형이 안정적으로 행해지도록 돕는다.

그들이 사는 세상

온라인상에서 성형을 하는 여성들 사이에 형성된 커뮤니티에 관심을 갖게 된 이후로 실제 성형이 이루어지는 현장에서 여성들의 행위성이 어떻게 발휘되는지를 직접 보고 싶다는 생각이 들었다. 그러기 위해서는 성형외과를 찾아갈 필요가 있었지만, 환자가 아닌 연구자에게 상담에서부터 수술, 치료에 이르는 전 과정을 공개할 만한 병원을 찾기란 쉽지 않았다. 어렵게 참여 관찰을 해도 된다는 허락을 받은 곳이 광역도시의 번화가에 위치한 A의원이었다. A의원은 성형외과 밀집 지역에 있었는데, A의원이 있는 빌딩에는 G성형외과가 함께 입점해 있었다.

"이 건물에 성형외과 전문의가 진료하는 병원은 G성형외과뿐입니다."

A의원을 처음으로 찾아간 날, 엘리베이터의 층별 안내판에 쓰인 위의 글을 보고 잠깐 혼란스러웠다. 당시만 해도 성형은 당연히 성형외과 전문의가 하는 것으로 알고 있었기 때문이다. 그러고 나서 내가 찾아갈 A의원의 안내 문구를 보니 'A성형외과'라는 큰 글씨 옆에 작고 흐린 글씨로 '의원'이라고 명기되어 있었다. 나중에 알게 되었지만 'A성형외과'는 성형외과 전문의가 운영하는 병원이 아니므로 이는 의료법에 저촉되는 명칭이다. 법적으로는 'A의원 진료과목 성형외과'라는 명칭이 사용되어야 한다. A의원을 찾는 환자들은 'A의원'을 'A성형외과'로 인식할 공산이 컸다.

방문 첫날, A의원 원장은 나에게 병원을 안내해 주었다.(A의원은 성형외과와 피부과를 결합한 토털 클리닉 형태인데 나를 초대한 원장은 일반적인 성형수술을 하고, 다른 원장은 비만·피부 관련 시술을 담당하는 분업 구조로 운영되고 있었다.)

"연예인 ○○○ 알죠? 그 연예인 사무실을 설계해 준 디자이너에게 의뢰했습니다. 그 사람이 꽤 유명한 미용실도 여럿 디자인했죠."

과연 인테리어가 주는 전반적인 분위기는 병원이라기보다는 서울 시내의 여느 고급 미용실이나 뷰티샵 같았다. 연예 산업과 미용실, 그리고 성형외과는 모두 '미용'이라는 지향점을 공유한다는 점에서 원장의 말이 흥미롭게 다가왔다.

처음 A의원의 문을 열고 들어서면 가장 먼저 드는 생각은 온통 하얗다는 것이다. 그러나 이곳이 병원이라는 인상은 거기에서 끝이다. 황금색 2인용 소파와 문에 둘러씌운 금색 프레임이 화려한 느낌을 준다면, 로비 중앙에 있는 소파와 노트북, 커피머신과 다과는 카페에 온 듯한 안락함을 준다. 로비 왼쪽에는 데스크가 있고, 그 옆에는 상담실장실이 있다. 상담실장실은 내게는 참여 관찰이 제한된 유일한 장소였다. 상담을 받는 환자에게 거부감을 줄 수 있다는 이유에서였다. 그 밖에도 피부 관리와 헤어 관리, 비만 관리를 할 수 있는 방들이 별도로 마련돼 있었다. 원장은 자신의 병원은 성형뿐 아니라 비만과 피부 관리 등을 포괄하는 이른바 '토털 클리닉'이라고 일러 주었다. 피부 관리실에서는 의료 기기 업체나 제약회사에서 시험용으로 일정 기간 장비를 대여해 주는 경우 가끔 환자들에게 마사지나 필링 등을 무료로 체험하게 하는 이벤트를 열기도 한다.

A의원을 처음 방문하는 사람들은 개인 정보와 병원을 알게 된 경위, 원하는 수술 등을 묻는 차트에 정보를 기입하고 잠시 로비에서 기다린 뒤 원장실로 안내된다. 의사와 환자의 첫 대면이 이루어지는 원장실에 들어가면 벽면에 영화 스크린처럼 설치된 큰 화면이 눈에 들어온다. 이 모니터는 의사의 컴퓨터와 연결되어 있어 의사가 수술 전후 사례 사진들을 보여 주거나 학회에서 발표했던 자료를 환자에게 다시 프리젠테이션 하는 용도로 사용된다. 한쪽 벽면을 가득 채운 모니터 외에도 화려한 샹들

리에, 벽에 걸린 의사 자격증과 인증서, 감사장들, 그리고 환자가 본인의 얼굴을 들여다볼 수 있게 마련된 탁상용 거울 등이 눈에 띈다. 이러한 물건들은 환자의 기대치와 의사가 제공하는 수술의 한계를 조율하는 상담 과정에서 꼭 필요한 것들이다.

A의원에서 상담은 짧으면 십 분, 길면 한 시간 정도 이루어졌다. 원장은 자기 병원은 진료나 수술보다 광고나 홈페이지 운영 등에 더 신경을 쓰는 다른 상업적인 병원과는 달리 환자와의 상담을 중요하게 생각한다는 점을 강조했다. 또 비전문의이지만 새롭고 안전한 수술 기술을 연마하기 위해 끊임없이 노력한다는 점을 알리고 싶어했다. 이런 자부심이 연구자인 나에게 병원을 공개하기로 한 이유 가운데 하나이기도 했다. 다른 것은 몰라도, 내가 병원에 있는 동안 A의원은 확실히 상담에 많은 신경을 썼다. 보통 성형외과에서는 상담실장과의 상담이 끝난 뒤 수술이 필요한 부위와 가격을 거의 확정한 단계에서 의사와 면담하는 것으로 알고 있는데, A의원은 의사와 면담을 한 뒤, 나중에 상담실장과 협의해 구체적인 수술 내용과 가격을 결정하는 구조였다.

A의원에서 만난 A와 B는 고등학교 2학년으로 친구 사이였다. A는 댄스 스포츠 선수이고 B는 가수 지망생으로, 둘 다 외모가 또래집단이나 연애 같은 사적인 차원뿐 아니라 사회적인 기회를 얻는 데도 얼마나 중요한 역할을 하는지 이미 몸으로 체득하고 있었다.

"여기 뭐 하러 온 거예요?"

한창 매몰법이니, 절개법이니 하는 용어를 자연스럽게 섞어가며 서로의 얼굴에 대해 품평을 하고 있던 이들에게 나는 연구를 위해 이곳에 왔다는 것을 밝힌 뒤 말을 걸었다. 다행히도 A와 B는 성형에 대해 연구한다는 내 말에 경계하기보다는 호기심을 표했다.

"눈 하려고요. 제 눈 완전 김연아 눈이에요."

A의 말에 나는 김연아 눈은 매력적이지 않느냐고, 왜 굳이 그런 눈을 수술해서 바꾸려고 하느냐고 물었다.

"피겨 스케이트를 잘 하니까 눈도 예뻐 보이는 거죠. 저처럼 평범한 사람이었으면 김연아 눈을 예쁘다고 봤을까요?"

그 옆에서 B도 두어 차례 본 오디션에서 계속 떨어지기만 하는데, 아무래도 외모 때문인 것 같다고, 외모와 실력의 긴밀한 상관관계에 대해 맞장구를 쳤다. 나는 주변에 이들처럼 성형을 하려는 친구들이 많은지 물어봤다.

"많죠. 성형 얘기는 빠지지 않아요. 성형한 친구도 있고, 하려는 친구도 있고."

이들 또래집단에게 성형은 더 이상 큰 결단이 필요한 실천이 아니었다. 뜻이 맞는 친구들과 여러 성형외과를 순례하면서 '견적을 내보는' 문화는 이들에게 매우 자연스러웠다. 이들은 A의 원에 오기 전에 이미 인터넷 등을 통해 자신에게 적합하고 필요한 수술이 무엇인지에 대한 정보를 습득한 상태였으며, 자신이 원하는 수술을 얼마나 효과적으로 구현할 수 있는 병원인지가 병원 선택의 기준이었다고 했다.

A의원을 참여 관찰하던 기간에 S에게 연락이 왔다. S는 심층 면접을 진행하며 알게 된 사이로, 보톡스 시술과 코 성형을 받은 적이 있는 직장인이었다. 휴가를 내서 코와 턱, 지방 흡입술을 받으려고 하는데 겁이 나니 내가 함께 가 줬으면 한다고 했다. 성형을 연구하니 도움이 되지 않을까 하는 생각이었던 것 같다. 수술 당일 날 S는 화장을 지우고 긴장한 표정으로 병원에 도착했다. 코 성형, 턱 윤곽 교정술, 복부 지방 흡입 수술을 한꺼번에 하기로 한 날이었다. 의사와 만나기 전에 상담실장에게 수술비를 지불했다. 돈 세는 기계가 돌아갔다. 상담실장이 "500. 남은 게 370이네요"라고 말하자 S가 남은 돈 370만 원을 건넸다.

지방 흡입 수술은 수술 후 압박복을 입게 된다. S는 탈의실에서 가운으로 갈아입은 뒤 사이즈를 재기 위해 작은 처치실에 들어갔다. 압박복 업체 직원인 듯한 남성이 검정색 서류가방에서 줄자와 샘플 북을 들고 대기하고 있었다. S는 약간 놀란 표정이었다. 처치실에 따라 들어갔던 나 역시 마찬가지였다. 우리의 반응을 예상한 듯 그는 불편해하지 말라는 말을 먼저 꺼냈다.

"남자라고 불편해하지 마시고요, 원장님하고 똑같다고 생각해 주세요. 복부하신다고 말씀 들었는데요. (압박복 샘플 북을 보여 주며) 이게 가장 안정적이에요. 요건 가슴 컵이 있는 거고, 이건 없는 거고. 브래지어 착용하시고 옷이 이렇게 오는 거예요. (…) 가운은 탈의할게요. 한쪽 팔은 이렇게 들어 주세요. 내려 주세요. 어깨 힘 빼시고 편하게 서 주세요. 지금 편하게 계신 거죠? 이 상태로 잴게요. 허벅지까지 재야 하거든요. 바지 살

짝 내려 주세요. 저는 기계적으로 빨리빨리 재고 가니까 불편하시더라도 조금만 참아 주세요."

"아, 민망하다."

S가 참고 있던 한숨을 내쉬었다.

사이즈를 재는 직원에게 "여자 직원이 더 나을 것 같다"고 이야기를 하니 일이 너무 힘들어서 두세 달을 못 버티고 그만둔다는 답변이 돌아왔다.

사이즈 재는 작업이 끝났다. S는 사전에 수술 후 압박복을 입어야 한다는 것, 너무 딱 맞게 재면 숨이 막힐 정도로 힘들다는 것 정도는 알고 있었다. 하지만 의사가 아닌 다른 남성에게 몸을 보여 주고 사이즈를 재야 하는 상황은 예상하지 못했다. S는 최대한 대수롭지 않은 것처럼 행동했다. 압박복 사이즈를 너무 죄게는 하지 말라거나 세탁 방법은 어떻게 되는지를 차분하게 물었다. 업체 직원은 특정 소재에 알레르기가 있는지를 묻고 세탁 방법을 안내해 주고 나서는 무상으로 횟수 제한 없이 수선이 가능하다는 말을 남기고 처치실을 나갔다. 바로 다음 일정이 다른 성형외과에 잡혀 있어 바쁘다고 했다.

S는 수술 동의서를 작성했다.

"이거 자세히 보면 수술 못하지. 무서워서 못해. '본인의 기대에 못 미칠 수 있음을 이해하며 완치에 대해 어떤 보상이나 보증을 받은 바 없음을 확인합니다. 재수술⋯⋯ 이해합니다⋯⋯ 좌우대칭 만들 수 없음을 이해합니다⋯⋯ 합병증⋯⋯ 사망⋯⋯' 와⋯⋯."

심전도 검사와 혈액 검사 결과를 미리 병원에 제출한 상태였다. R상담실장이 뭘 그렇게 자세히 읽느냐고 웃으며 말했다.

"주사 맞을 때만 따끔하고, 아이 무서워 이러고, 졸리면 눈 감고, 뜨면 다 끝났어요. 문제될 거 하나도 없어요. 검사 다 했고 빈혈도 없고 좋네."

원장과의 상담은 5분 정도로 길지 않았다. S는 마취 사고를 소재로 한 영화가 생각난다며 무섭다고 했고, 원장은 본인도 그 영화를 봤지만 그런 일이 일어날 일은 없으니 걱정 말라며 웃었다. S는 얼굴 턱이 비대칭이기 때문에 신경 써서 '깎아 달라'고 이야기했다. 원장은 염려 말라는 말로 그녀를 안심시켰다. 수술이 시작됐고 네 시간 정도가 지나 붕대로 얼굴을 감은 S를 회복실에서 만날 수 있었다. S는 그날 저녁밤을 병원에서 보내고 다음 날 퇴원할 예정이었다. 당직 간호조무사 한 명이 S 옆을 지켰다. 그녀는 그날 무려 세 가지 수술을 한꺼번에 받은 만큼 얼굴 전체가 알아볼 수 없을 정도로 부어 있었다. 그런 S를 입원실에 두고 나오는 마음이 편치 않았다.

A의원에서 수술을 마친 환자들은 회복 기간에 드레싱을 갈거나 수액을 맞으러 몇 차례 더 방문을 한다. 마지막으로 실밥을 뽑고 밴드를 떼고 나면 병원에 다시 오는 경우는 거의 없다. 수술 결과에 만족한다면 말이다. 그날은 코 성형과 지방 이식술을 한 V가 실밥을 뽑는 날이었다. V는 보톡스 시술을 받으러 A의원에 왔다가 원장의 설명을 듣고 두 가지 수술을 한꺼번에 받기로

했다고 한다. 아직 얼굴이 멍들고 부은 상태였기 때문에 성형 결과를 확신할 수는 없었다. 원장은 수술 후 환자를 만날 때가 제일 긴장된다고 하며 말을 떼었다.

"V님, 스티치 아웃 하는 거 나도 긴장돼요. 환자보다도 더. 내가 제일 걱정되는 것은 피부예요. 내가 이 얘길 왜 하는지 알아요? V님은 괜찮을 것 같으니까 하는 거야. 아, 다행히 괜찮네. 거울 보여 주세요. 코 양 옆이 좀 다르죠. 내가 한쪽은 긁어냈는데 다른 한쪽은 안 긁어냈어요. 문제될까 봐. 코끝도 좀 내리고 싶었는데 아래가 워낙 강하게 잡고 있어서 안 되더라고. 일단 좀 지켜보고 지방으로 다듬어 줄게요."

V는 크게 내색은 안 했지만 원장의 말에 공감하지 못하는 것 같았다. 자신의 코가 특이해서 생긴 문제라고 하니 딱히 할 말을 못 찾는 것도 같았다. 대신 V는 원장실을 나가면서 귀족 부분 주름(입가 주름)이 펴지지 않았다는 이야기를 흘리듯 했다. 이번에도 원장은 넉살좋게 받아넘겼다.

"원래 귀족이 왜 귀족이냐면 옛날 양반들이 잘 안 웃어서 그 부분에 주름이 안 생겨서 그런 거야. 근데 너무 없어도 복이 없다고 해. 좀 지켜봅시다."

원장은 본인의 수술이 완벽했다고 자신하지는 않았다. 최선을 다했지만 V의 신체적 특성 탓에 자신의 의도대로 만들어지지 않은 것이라고 설명했다. 나는 엘리베이터 앞까지 따라 나가 V에게 "반창고 다 떼셨는데 느낌이 어떠세요?" 하고 물었다. V는 "아유, 뭐 이상이 너무 높으면 안 되잖아요. 누구나 연예인처럼 되는 건 아니니까요"라고 답했다.

6개월쯤 지나 V를 그녀가 일하는 곳에서 다시 만났다. V는 이후 지방 이식 수술을 한 번 더 받았다. A의원에서는 한 번 더 시술을 해 준다고 했다. 코 모양과 입가 주름을 개선시켜 주겠다는 원장의 '호의'였다. 지방을 추출하고 정제하여 다시 주입하는 지방 이식은 특별한 장비나 약물이 필요 없고 단지 의사의 노동력이 투입될 뿐이다. 비용 때문인지, 편리함 때문인지 지방 이식은 성형외과 의사들이 수술 결과를 보완하기 위해 자주 사용하는 시술법이라고 했다. 하지만 의사들에게는 간단하고 편리한 방법일지 몰라도 V에게는 아니었다. 휴가까지 내서 성형을 했는데 그 결과를 보완하기 위해 시술을 받으면 다시 멍들고 부은 얼굴로 몇 주를 지내야 하기 때문이다.

"남들이 보면 저 여자는 일 년 내내 이상한 얼굴이라고 할 거 아니에요?"

V는 더 이상의 지방 이식 수술은 받지 않겠다고 말했다. 변화된 자신의 얼굴에 만족하고 적응하기까지 시간의 경과를 믿어 보기로 한 것이다.

닥터 쇼핑, 달라진 상담 풍경

최근의 의료 경영 담론은 의사들에게 환자를 대할 때 전문가로서 권위를 내세우기보다는 고객을 맞이하듯 친절하게 대하라고 조언한다. 이는 병원들 사이에 더 많은 환자를 유치하기 위한 경쟁이 치열해졌다는 방증이기도 하다. 증대하는 경쟁의 압박이 의사와 환자의 관계를 기존의 수직적 관계에서 서비스와 배려를 중심으로 하는 수평적인 관계로 변화시키고 있는 것이다.[1] 물론 성형외과의 경우 성형외과적 상담의 특성 자체가 환자와 의사의 수평적 관계를 가능하게 하는 측면이 있다. 일반 병원에서는 의사가 환자의 병증에 대해 진단을 내리고 그에 대한 처방을 다소 일방적으로 전달해 환자가 내릴 수 있는 결정은 그러한 처방을 받아들일 것이지 말 것인지가 전부라면, 성형외과의 상담실은 의사의 전문가적 식견과 환자의 개인적 기대감 사이에 협상과 타협이 이루어지는 공간이다. 환자가 가진 미 규범이 확고할수록, 그리고 그러한 미 규범에 도달할 수 있는 정보를 환자가 충분히 가지고 있을수록 상담 과정에서 환자와 의사 사이의 의사소통은 더 쌍방향적인 특성을 띤다.

이곳저곳 다 상담을 받아 봤는데요, 나는 눈 여기를 이렇게 하고 싶은데 이거 얼마니까 이거 하라고 하고, 강제적인 거 있죠. 돈벌이하려는 티가 너무 났어요. 눈 매몰로 하려고 했는데 절개 하라고 하고, 절개는 이백만 원이고. 왠지 믿음이 안 갔어요. (…) 여기는 저를 위해 주는, 아빠처럼요. 다른 데는 저를 물건으로 취급하듯이 말했는데요. 여기는 너 예쁜데 왜 하냐고, 막 그런 거 있잖아요. 믿음이 갔죠. 절개 해야 돼요, 매몰 해야 돼요? 물어 봤죠. 딴 병원은 절개 하라던데요, 했더니, 무슨 절개냐고, 안 해도 된다고, 비싼데 왜 절개하냐고. (…) 앞트임도 제가 하고 싶다고 했어요. 쌍꺼풀하면 토끼눈처럼 될 수 있잖아요. 차근차근 설명해 주셨어요.(B, 18세, 고등학생)

B양은 병원에 오기 전에 이미 인터넷에 떠도는 정보와 친구들과의 수다를 토대로 어떤 수술 방식으로 어떤 모양의 쌍꺼풀을 만들 것인지 결정한 상태였다. 개인적으로는 B양이 다른 병원에서 "물건으로 취급되는 느낌"을 받았다고 강하게 불쾌감을 표시하는 대목이 흥미로웠는데, 통념과는 조금 다른 지점에서 자신의 몸이 대상화되고 있다는 인식에 이르고 있었기 때문이다. 성형 현상을 연구하며 내가 만난 여성들 대부분은 자신의 몸이 부위별로 나뉘어 가격이 매겨지는 데 대해 어떤 불쾌감도 표하지 않았다. 오히려 그녀들은 자기 몸을 자기 이상에 맞게 변형시킬 수 있다는 데 일종의 주체성을 체험하는 것처럼 보였다. 하지만 그러한 주체성이 침해받을 때, 특히 의사들이 가진 전문적인 권위와 충돌하게 될 때, 여성들은 B양의 경우에서처럼 자기 몸이 '물건처럼' 다루어진다고 느낀다. "그 병원은 돈만 밝힌다"라는 식으로 말이다.

예전에 ○○○ 성형외과 유명했잖아요. 거기는 '눈 하고 싶어요' 그러면 '코, 턱을 해' 그랬대요. 자기 주관대로. 근데 잘되긴 했다고 하더라구요.(P, 38세, 대학원생)

삼십 대 후반의 대학원생 P가 들려준 이야기에 나오는 성형외과는 이십여 년 전부터 서울 강남에서 유명했던 병원이다. 당시만 해도 성형외과 의사는 의료 기술뿐 아니라 미적 감각에서도 권위를 가지고 있었다. 그러나 이제는 여성들에 의해 구성된 미 규범이 워낙 강력해 성형외과 의사들의 권위에 잠식되지 않는다. 여성들에게 성형외과는 더 이상 전문적인 미 규범을 학습하는 공간이 아니라 자신이 가진 미에 대한 확신에 걸맞도록 기술을 제공해 주는 서비스 공간일 뿐이다. 그리고 병원을 선택할 때도 자신의 결정과 기대에 병원이나 의사가 얼마나 잘 부응하고 따라 줄지가 관건이 된다.

> 어떤 환자들은, 예를 들면 이 환자는 (화면을 보여 주면서) 최대한 코를 뾰족하게 해 달라, 자기는 아주 날카로워도 좋다, 저는 이 환자 보면 굉장히 민망해요. 근데 자기는 너무 좋대요. 다른 사람이 누가 뭐래도 상관없어요. 본인 취향이고, 거기에 맞게끔 수술하는 게 제일 예쁜 모양이라고 생각해요. 제가 아무리 안 예쁘다고 생각해도, 저는 이거 예쁘다고 생각 안 해요. 너무 티 난다고 생각해요. 근데 본인의 만족이 우선이기 때문에…….(J, 개원의, V성형외과)

J원장의 사례에서 알 수 있듯이, 미 규범에 관한 권위는 의사에게서 환자로 거의 이전되었다고 보아도 좋다. 미적 기준이 그만큼 다양해져서이기도 하지만 일차적으로 미디어에서 제공하는 미 규범의 영향력이 워낙 강력하기 때문이다. 그리고 이러한 미 규범을 어떻게 수용할 것인지는 주변 지인들과의 수다나 인

터넷 커뮤니티의 수술 후기 등을 통해 결정한다. J원장의 병원 수술방에서 근무하는 Q간호사는 의사에게 환자의 콤플렉스와 원하는 바를 "먼저 캐치"할 수 있는 감이 있어야 환자를 잡을 수 있다고 말했다. 상담 과정에서 의사들이 환자들에게 비포/애프터 사진이나 수술 사례 들을 제공할 수는 있지만 그것은 어디까지나 환자들의 결정에 참고 자료로 활용될 뿐이다.

환자와 의사 사이에 지식과 정보의 비대칭성이 줄었다는 것도 둘 사이의 전통적인 관계를 변화시킨 요인이다. 앞 장에서 보았듯이 온라인상의 성형 커뮤니티를 통해 성형 자조 모임이라고 할 수 있는 공간이 만들어짐에 따라서 여성들은 병원에 오기 전에 이미 충분한 선행 학습을 거친다. 어떤 부위를 고쳐야 하는지, 그렇게 고치려면 어떤 수술 방법을 택하는 것이 효과적인지, 어떤 병원이 그 수술에 특화되어 있으며, 어떤 의사의 실력이 좋은지 등 웬만한 전문가 못지않은 정보력으로 무장한 경우가 대부분이다. 병원에서 의사와 상담을 하며 처음의 결정을 바꾸는 경우도 있지만, 대부분은 자신이 내린 결정을 '따라와 주는' 의사를 선호한다.

환자들이 정말 많이 달라졌어요. 불과 1~2년 전만 해도 비중격이 뭐예요, 이런 질문을 했었는데, 지금은 이런 질문 안 해요. 그 의사가 어떤 스타일의 수술을 해 줄지 알기 때문에 그러는 거고, 중요한 것은 가격 정보이지요.(S, 상담실장, V성형외과)

S상담실장은 여성들이 이미 병원에 오기 전 자신에게 가능한 수술로 어떤 것들이 있는지를 알고 오기 때문에 의사와 장시간 상담을 하려 하지 않는다고 말한다. A의원 원장의 경우에도 수술 전 상당히 긴 시간을 들여가며 상담을 해도, 끝에 가서 환자들이 하는 말이란 그저 "그래서 가격은 어떻게 되나요?"였다는 말을 한 적이 있다.

　　앞서 언급한 고등학생 B의 사례도 최근 성형외과의 달라진 풍경을 한눈에 보여 준다. 의사가 전문가라는 이름으로 일방적인 권위를 행사하는 진료가 아니라 환자가 자신의 '니드'를 전달하고 의사는 그 '니드'에 맞추어서 자신이 가진 기술을 드러내 보이는 게 성형외과의 상담이 된 것이다. '절개법을 해야 하나, 매몰법을 해야 하나'라는 B의 질문은 의사의 의견을 구하기 위한 질문이었다기보다는 자신이 정한 수술 방법(매몰법)이 옳은 결정이라는 것을 의사에게 확인하는 과정이었다. 성형외과 의사들은 돈만 밝힌다는 의심을 사지 않기 위해서라도 상담 과정에서 환자의 욕구와 니드에 세심하게 반응해야 한다는 사실을 깨닫는다.

　　'닥터 쇼핑'이라는 신조어는 이처럼 변화된 의사-환자 관계를 단적으로 표현하는 말이다. 닥터 쇼핑을 하는 환자들은 의사가 낸 소견을 믿을 수 없다는 이유로 이런저런 병원을 전전한다. 이러한 병원 순례는 결국 자신이 생각하는 진단에 가장 가까운 답을 내리는 의사를 찾을 때까지 계속된다. 성형의 경우, 확고한 미 규범과 충분한 정보력을 갖춘 여성들은 닥터 쇼핑을 소비자의 합리적인 의사 결정 과정의 일부로 생각한다. 성형외과에서 의사와 환자 사이의 신뢰감은, B양의 사례에서 볼 수 있듯 환자가 가진 확신을 의사의 입을 통해 확인함으로써 형성된다.

이처럼 여성들은 상담실에서 주도권을 발휘함으로써 '합리적이고 신중한 선택을 내리는 소비자'라는 호명에 응답한다. 물론 개별적인 임상 현장에서는 의사들이 여전히 환자에게 권위를 행사하며 환자의 의견을 거부하는 경우도 적지 않다. 대형화·기업화된 병원일수록, 그리고 소위 '스타' 의사들일수록 환자와의 상담시간은 줄고, 수술실은 의사의 권위를 일방적으로 주입하는 공간이 된다. 하지만 이런 곳에서도 이미 형성된 소비자-환자 주체의 고객 만족을 위한 공간은 남아 있다. 코디네이터, 혹은 상담실장으로 불리는 이들이다.

오로지 고객 만족을 위해!

소비자-환자 주체의 형성은 성형외과의 조직에도 변화를 가져왔다. 의료 공간 내부에서 의사와 환자 사이를 매개하고 환자의 정서를 돌보는 직종인 코디네이터 혹은 상담실장, 그리고 간호사는 고객 만족이라는 경영 목표를 달성하기 위해 꼭 필요한 행위자들이다. 코디네이터는 의사와 간호사에 의해 이루어지는 의료적인 처치 이외에 환자에게 필요한 서비스를 제공하는 사람을 통칭하는 말이다. 코디네이터는 최근 들어 의료 경영의 핵심

인력으로 여겨지고 있다. 2000년대 중후반에 걸쳐 〈대한병원코디네이터협회〉, 〈한국병원코디네이터협회〉, 〈사단법인병원코디네이터협회〉 등 자격증 발급 기관들이 생겨났고, 병원 코디네이터 양성 학원도 우후죽순 생겨났다. 어쩌면 병원 코디네이터의 등장 자체가 의료 상업화의 단면을 보여 주는 것이라 할 수 있을 것이다.

한 코디네이터 학원의 홈페이지를 보면 "코디네이터는 내원하는 환자를 응대하는 것부터 전화 상담과 환자들의 진료 상담 등을 관리하고 병원을 알리며 홍보하는 마케팅 업무까지 총괄 담당하는 역할"을 한다고 나와 있다. 코디네이터의 업무는 내부적으로 분리되는데, 일반 코디네이터가 병원의 '데스크 업무(안내, 서비스)'를 담당한다면, 일정 기간 경력이 쌓이면 상담실장이 되어 환자를 직접 상담하는 업무를 맡는다. 소규모이거나 개업한 지 얼마 되지 않은 성형외과의 경우에는 의사가 환자와 친밀한 관계를 유지하려고 하기 때문에 코디네이터의 역할이 그리 크지 않다. 반면 환자들이 자기 발로 찾아오는 소위 '스타' 의사이거나 대형 성형외과에서는 의사와 환자 사이를 중개하는 이들의 역할이 그만큼 중요해진다. 코디네이터는 성형외과에서 '환자'의 '고객화'를 성공적으로 이끌어내는 데 꼭 필요한 인력이다.

의사랑 상담 못해요. 원래 강남은 그래요. 상담하면 상담비를 만 원인가 이만 원인가 내야 되는데 수술하기 바쁘니까 수술할 때만 잠깐 보고 만나게는 안 해 주는 것 같아요.

🔍 친구들하고 다닐 때도 코디네이터랑만 상담한 거예요?

예, 수술한다고 하지 않는 한 의사가 잘 만나 주지 않아요. 예약해도 그날은 만나지 못해요. 수술하기 바로 전에 잠깐 한 십 분 봤나? (…) 코 수술 할 때만 잠깐 의사 들어오고, 그 이후로는 한 번도 본 적이 없어요. 잠깐 봤나? 수술하고 일주일 있다가?(E, 22세, 대학생)

E는 친구들과 강남 일대의 유명한 성형외과 목록을 뽑아서 여기저기 상담을 다녔고, 그 가운데 어머니와 함께 방문한 성형외과를 최종 선택했다. 그 병원은 유명한 연예인이 성형을 한 곳으로 알려져 있는데, 의사와의 만남은 수술하기 전 십 분 정도에 불과했다. 바쁜 의사를 대신해 환자들의 이야기를 들어주는 역할은 상담실장의 몫이다. 그러나 상담실장의 역할이 단순히 의사의 빈자리를 메우는 데 있지만은 않다.

어쨌든 나를 움직인 거는 상담실장이었어. 의사가 '보완이 될 수 있겠다' 하고는 실장이랑 모든 걸 이야기하라(고 말했어). 내가 영업하는 데 있으니까 남들 하는 말을 잘 듣거든. 근데 실장님이 설명하는 게 너무 예뻐서. 다른 성형외과 상담실장하고 틀렸어. 싹싹하고, 배려라고 할까? 어쨌든 통했어.(X, 52세, 회사원)

작년 초에 했잖아. 병원에서 연락이 와. 점검 받으러 오라고. 먼저 전화를 해. 거기 기본 모토가 만족도가 높으면 또 하거나 소개를 하고, 계속적으로 구매를 한다는 거지. 돈 안 받아. 상태 보고 (의사랑) 약속도 잡아 주고. 의사 면담 어렵잖아. 성형외과 의사들 바쁘니까. 근데 경과 봐 준다고 시간 잡아 주고, 불만족 없느냐 물어봐 주고. (…) 실장이 관리를 잘 해. 걔 자체가 성형수술을 여러 번 한 애고, 모델 출신이고 시원시원 해. 나랑 얘기 잘 통하고.(S, 40세, 회사원)

성형외과 상담실에서는 환자의 요구와 병원에서 동원 가능한 기술을 교환하는 기술적 의미의 상담만 이루어지는 것이 아니다. 그러기엔 성형 고객의 '니드'가 단순하지 않으며, 성형 시장의 점증하는 경쟁 압박도 녹록치 않기 때문이다. 성형외과를 찾는 여성들에게 정서적 친밀감은 병원에 대한 신뢰를 높이는 데 핵심이다. X와 S의 인터뷰에서도 볼 수 있듯이, 상담실장은 환자의 요구를 귀 담아 듣고, 환자들이 의사가 가진 기술을 신뢰하게 하며, 때로는 '관리'라는 이름으로 환자들의 욕구를 끊임없이 '개발'하는 역할까지 요구받는다. 이처럼 상담실장의 수완은 전문가로서의 식견뿐 아니라 환자들에게 적절한 보살핌을 받고 있다는 인상을 줄 수 있는 정서적 친밀감을 발휘하는 데에서도 결정이 난다. 압구정동 피부과에 근무하는 상담실장 M은 병원 마케팅 관련 교육을 받으러 갔다가 환자들에게 신뢰를 얻으려면 의사보다는 간호사나 상담실장이 시술을 권하는 것이 좋다는 조언을 들었다고 했다. 한 사람의 충성스러운 고객을 확보하는 게 얼마나 중요한 일인지를 알고 있는 병원들은 유치 경쟁에서 지지 않기 위해 지속적으로 고객 관리를 담당할 수 있는 역할을 상담실장에게 부여한다.

규모가 큰 성형외과일수록 의사와 상담실장 사이의 분업이 더 분명해지는 경향이 있다. 의사에게는 의학적 권위를, 상담실장에게는 영업 및 매출과 관련된 실무자로서의 권위를 인정하는 것이다. 즉, 의료 행위와 관련된 상담은 의사들이, 수술 금액 등과 관련된 상담은 상담실장이 맡는 식이다. 환자들에게 돈 이야기를 함으로써 상업적으로 비춰질까 우려하는 대부분의 의사들은 이러한 분업을 반긴다. 광역도시 번화가에 위치한 M성형외과 역시 수술과 관련한 상담은 원장이 하고, 수술비랄지, 서비스로 제공될 수 있는 시술들에 대한 안내는 상담실장이 맡고 있었다.

원장님이 설명 길게 하시는 거는 좋은데, 그러면 환자들이 집에 가서 막 고민하거든요. (…) 정말 처음에는 원장님이 수술 안 해도 예쁘다, 이래서 정말 짜증났어요. 우리 미용실 가도 생머리도 예쁘네, 그러면 '파마하지 말까?' 고민하잖아요. 제가 기껏 수술하라고 얘기해 놨더니 원장님은 안 해도 예쁘다고 하고. (…) 그때 제가 원장님한테 피부랑 비만 벽보도 붙이고, 박리다매로 가자고 했어요. 수능 쌍꺼풀 50(만 원)으로 가자고 해서. 그때 원장님이 좀 안 됐었죠. 많이 해야 되니까. 근데 원래 수술하는 거 좋아하시는 분이라 그냥 하시더라고요.(L, 상담실장, M성형외과)

L상담실장은 간호사 출신이지만 이전에는 제약회사에서 마케팅 관련 일을 했었고, 기업이나 간호조무사·코디네이터 양성 학원에서 서비스 강사로도 활동하고 있다. 서비스 분야 강사로 활

동하는 게 꿈이지만 그러기 위해서는 현장 경험이 필요하다는 생각에 M성형외과에서 일을 하게 되었다고 했다. L은 상담실장으로서 자신의 경력이 병원의 매출로 입증되는 것이라고 생각하기 때문에 어쩌면 원장들보다 더 경쟁의 압박에 시달리는 것처럼 보였다.

L을 인터뷰하고 흥미로웠던 점은 병원 매출을 좌지우지하는 상담실장의 수완이 눈에 띌수록, 의사와 상담실장 사이의 권력 관계가 역전되는 듯한 현상이 나타난다는 것이었다. L이 매출을 올리기 위해 병원의 운영 방식을 박리다매로 바꿈으로써 그만큼 의사가 가진 기술의 가치는 낮아졌고, 의사들은 더 많은 수술을 해야 했다. 여기서 상담실장의 역할은 단순히 의사와 환자 사이를 매개하는 '중개인'에 머물지 않는다. 의사의 의료 행위와 환자의 의사 결정에 직접 영향을 미쳐 그들의 선택과 행위를 변화시킬 수 있는 적극적인 또 하나의 행위자로 등장하는 것이다. L은 자신이 병원의 영업과 매출을 책임져야 하는 상황을 부담스러워하면서도 의사들의 의료 행위에 개입할 수 있는 권한을 가졌다는 것에 자부심을 드러냈다.

그 병원 상담실장 바쁘던데. 점심 먹을 시간도 없다고 하고.

맞아. 실장이 비즈니스 잘해. 의사랑 실장이랑 딱 갈려. 의사는 굿맨 good man이고, 실장은 배드맨bad man이야. 실장은 '그게 어려운데요, 선생님한테 여쭤 봐야 하는데, 비용이 더 들 수 있어요.' 추가 비용 드는 문제나 난감한 문제는 다 실장이 해. 의사는 '그냥 해드려' 이

러고.(S, 40세, 회사원)

S의 말에서도 알 수 있듯이, 상담실장은 실제 경영자는 아니지만 경영자의 마인드를 요구받는다. 그러나 경영자의 눈으로 환자를 대해야 한다는 요구는 상담실장에게 부메랑이 되어 돌아오기도 한다. 피부과 상담실장 M은 "보톡스 시술받으러 온 환자한테 추가로 다른 시술을 권유하고, 밖에서 사람들 만날 때도 피부과 홍보하고 있는 내 모습을 보면, 그럴 때 내가 정말 장사하는 사람 다 됐구나 싶어요"라며 소규모 병원에서 일하면서 혼자 매출을 감당해야 하는 상황이 스트레스라고 말했다. 다양한 유형의 환자들에게 정서적인 보살핌을 베풀면서 동시에 수완 좋은 장사꾼으로 스스로를 포장해야 한다는 이중의 압박에 시달리는 것이다. 환자와의 가격 협상에서부터 추가적인 시술에 대한 권유, 그리고 수술에 만족하지 못하는 환자들을 응대하는 일까지, 상담실장들의 고충은 매우 실제적으로 다가온다.

돈 있는 사람들이 더 해요. (…) 내가 오백을 얘기했는데, 현금으로 하고 삼백 오십에 하자고 얘기하는 분들도 있어요. 이분들은 분명히 하실 분들이거든요. 돈 되면 할까 말까 하는 사람들이 아니라, 우리가 안 된다고 하면 다른 병원에서 (가격 협상해서) 할 사람들이라는 거죠. 원가 대비 굳이 따지면 삼백오십이라도 버는 게 매출에는 도움이 되죠. (…) 가구점에서 소파 천만 원이라고 했는데, '깎아 주세요' 해서 삼백 깎아 주면 내가 안 깎았으면 나는 삼백 날린 거예요.

깎고 나서도 기분 나쁜 거예요. '나를 완전 물로 본거 아니야' 하고. 내가 그런 마음까지 읽어야 되기 때문에 그런 거에서 받는 스트레스가 크죠.(L, 상담실장, M성형외과)

L의 사례에서 볼 수 있듯, 아무리 수완이 좋은 상담실장이라도 수술의 단가나 전체적인 병원의 매출 수준을 결정하는 실질적인 권한은 없기 때문에 환자와의 면 대 면 관계를 통해 끊임없이 협상을 해야 하는 위치에 놓인다. 이에 더해 상담실장은 '환자'의 소비를 부추기기 위해 스스로의 몸을 전시하는 모델이 되기도 하다.

정말 많이 물어봐요. 보톡스 하나 맞으러 와서, "언니도 했어요?" 그러면 "저 했어요"(라고 답해요.) 그래서 그렇게 갸름하냐고, (…) 어디서 했냐고, 사실 여기서 한 거 아닌데도 여기서 한 거라고, 되게 예쁘다고, 언니처럼 하고 싶다고.(M, 상담실장, K피부과)

사람들이 보톡스 맞았냐고 물어요. 맨날 맨 얼굴로 있다가 화장해서 그런가 싶어요. 살 빠졌냐고 그러고, 머리는 또 뭐 했냐고, 눈 수술 했냐, 무슨 수술 했냐 엄청 소리 들었어요.

◈ 어떤 실장들은 자기가 했다고 한다고 그러더라고요.
저도 요즘은 보톡스를 맞았다고 그래요. 사실 안 맞았거든요. 저는 원래 좀 갸름한 편인데 환자 분들이 보톡스 맞아서 이렇게 된 거냐고 자꾸 그래서요. 심지어 제 턱을 직접 만져 보시는 분들도 있어

요.(K, 상담실장[※], A의원)

여기서 상담실장은 해당 병원에서 받을 시술이 어떤 결과를 가져오는지를 자신의 외모를 통해 보여 주는 비포/애프터 모델이 된다. 나 역시 조사차 성형외과나 피부과를 방문했을 때 자신의 성형 사실을 적극적으로 밝히는 상담실장을 여러 명 만났었다. 성형외과 상담실장을 뽑을 때 외모가 중요한 기준이 되는 것도 이 때문이다. 실제로 성형을 했는지 여부와는 상관없이 그들의 외모 자체가 환자를 유인하는 주요한 매개로 기능하기 때문이다. 상담실장은 그렇게 자신의 일상과 몸을 성형외과 상담실장이라는 특수한 맥락에 맞추어 재구성한다. 스스로를 비포/애프터 모델로 위치시킴으로써 감정뿐 아니라 몸 역시 대상화하는 노동을 수행하는 것이다.

상담실장의 역할은 수술 전후로 환자들과 바쁘게 상호작용하면서 그들의 소비가 주체적이고 합리적인 방식으로 이루어지고 있으며, 환자로서 충분한 보살핌을 받고 있다는 확신을 주는 데 있다. 그들은 소비자-환자 주체가 학습한 지식과 정보의 내용을 승인해 주고, 성형 전후 과정에 수반되는 고통이나 위험 등이 성형의 정상적인 과정이라는 것을 알림으로써 환자를 안심시킨다. 또한 성형외과의 영리 지향적이고 상업적인 부분이 의사의 권위

■ K간호사는 2010년 초 상담실장으로 업무를 전환했다. 간호 업무와 관련된 부분은 K간호사로 기술하였지만 이 부분은 상담실장 직무와 관련한 것이므로 K상담실장으로 표기한다.

를 훼손하지 않도록 의사와 환자 사이를 매개하는 역할도 떠맡는다. 이러한 이중삼중의 업무는 상담실장에게 경영자이자 보살핌 노동자이자 모델이라는 여러 겹의 역할을 요구하며, 그들을 미용 성형 시장의 핵심 인력으로 자리 잡게 한다.

수술방 별곡: 현실과 이상 사이

소독 개념도 모르는데 약품 이름이나 테크닉 이런 거 배우면 무슨 의미냐 하는 거죠. P처럼 신입사원은 거의 뭐 할 수 있는 것도 없고요. (…) 어느 정도 (소독) 바깥에서 일 처리를 할 줄 알아야 어시스트 assist를 들어가거든요. 제가 글러브를 끼고 있으니까 소독이 안 된 사람이 옆에서 해 주잖아요. 그런 거를 제가 말하기 전에 알아서 해 줄 수 있을 정도가 되어야 과장님 옆에서 수술을 할 수 있는 거예요. 그래서 계급이 쫙 나뉘어지는데, 여기는 개인 병원이고, 성형외과고, 이러다 보니까 초보자가 바로 들어오는 거죠.

🦢 소독이 제일 기본인 거예요?

그렇죠. 소독을 할 줄 알아야지만 누굴 도와줄 수가 있죠. 왜냐하면 기구가 없는데 이걸 써야 되는데 소독이 안 되어 있고, 그 밑에 사람이 알아서 챙겨 줘야 되는 거죠. 이게 되어야 하는데 안 되면 수술 시간도 늦어질 뿐더러 원장님은 원장님대로 스트레스 받아, 하는 사람은 하는 대로 스트레스 받고. (…) 그게 날카로워져요. 나는 집중을 하고 싶은데 안 도와주면 짜증나고 답답하고 그런 게 있거든요.

제가 화를 냈던 게 정말 말이 안 통하니까. "뭐 좀 줘요" 이러면 "네? 네?" 생전 처음 들은 것처럼.(K, 간호사, A의원)

근무가 끝난 후 저녁을 먹다가 K가 화가 난다는 듯이 말을 꺼냈다. 신입 간호사인 P가 일을 너무 못 한다는 것이었다. 생각해 보니 그날 수술실에서도 K가 마취액이 더 필요하다고 말을 했는데 P는 가만히 있었고, 수술 부위에 라이트를 맞추는 것도 제대로 못해서 결국 K가 수술용 글러브를 낀 손에 거즈를 쥐고 라이트를 조절했던 기억이 났다. K가 말하는 '소독'이란 수술실에서 의사를 지원하는 간호사들을 구별하기 위해 쓰는 말이다. '소독 간호사', 즉 스크럽scrub은 가장 숙련된 간호사로 의사와 함께 손을 소독하고 수술용 글러브를 끼고 의사에게 수술 기구를 전달하는 역할을 한다. 의사와 스크럽은 소독 '내부'에 있는데, 수술이 진행되면서 소독 '바깥'에 도움을 청할 일이 생긴다. 이때 어시스트가 수술에 필요한 약품이나 기계를 옮겨다 주는 등, 심부름을 눈치 있고 재빠르게 해 줘야 하는 것이다.

5년 동안 지방 준종합병원과 서울 성형외과에서 경력을 쌓은 K는 한눈에도 매우 숙련된 전문가처럼 보였다. 수술 전 준비부터 수술 과정, 그리고 이후 환자들을 돌보는 일까지 분주한 와중에도 원장을 신속하고 능숙하게 지원했다. 수술이 있는 날이면 원장은 환자와 수술에 관해 간단하게 상담을 한다. 이후 신입 간호사인 P가 환자의 수술 전 사진을 촬영하고 원장이 환자 몸에 수술 디자인을 하는 과정을 보조하는 동안, K는 수술실에서 수술 준비를 한다. 수술에 쓰일 소독된 도구 세트를 꺼내 펼쳐 놓고 마취와 호흡 체크를 위한 기본 장비와 특정 수술에 필요한 지방 원심 분리기나 종아리 퇴축 수술용 장비 등을 세팅한다. 수술실에 환자가 도착하면, K는 환자를 침대에 눕히고, 수술시 움직이지 않도록 몸과 다리를 벨트로 고정시키고, 소독된 수술보를 몸과 얼굴에 씌우고, 각종 의료 장비의 선들을 환자의 몸에 연결시키며, 마지막으로 항생제 테스트와 피부 소독을 실시한다. 지방 이식의 경우는 사전에 환자의 혈액을 추출하여 10분 정도 원심 분리기로 돌려 혈장"을 분리해 준비해 둔다.

　의사가 도착하기까지 K는 수술 침대에 누운 환자에게 여러 가지 이야기를 건네며 긴장을 풀어 준다. 의사가 도착하면 수술 장갑을 끼워 주고 마취를 시작한다. 본격적으로 수술에 들어가는 것이다. K는 수술 부위에 라이트의 위치를 맞추고, 수술 도구로 피부 조직을 잡아 주고, 소각기로 지혈을 하며, 수술에 필요한 도구들과 바늘을 상황에 따라 의사에게 건넨다. 때로 수면 마취에 들어간 환자가 메스나 카테터, 전기 자극용 바늘, 코의 주변 조직이나 돌출된 뼈 부분을 깎는 끌이 피부 깊숙이 들어갈 때면 심하게 몸을 움직이는 경우가 있다. K는 이때마다 환자의 몸

▪ 혈액을 채취해 혈소판이 풍부한 혈장을 분리하여 재주입하는 시술을 자가혈 혈소판 풍부 혈장 치료술(Platelet-Rich Plasma, PRP)라고 한다. 〈건강보험심사평가원〉은 안전성과 유효성 검증 자료가 미흡하다는 이유로 치료 목적의 의료 기술로 인정하지 않고 있다. 임상 시험 이외에 PRP 시술을 하는 것은 '위법'이지만 미용 분야의 경우 "광고나 시술 가능 여부는 검토 중"으로 '위법'으로 규정되지 않는다("PRP, 치료 목적 '불법'… 병원 상담 때는 '시술 가능?'", 『중앙일보』, 2014. 8. 7)

을 잡아 주거나 마취의 강도를 높이는 작업을 하며, 동시에 실리콘을 절단하거나 지방 주입용 작은 주사에 지방을 옮겨 담는 작업을 의사와 함께한다. 의사는 수술을 하면서 지방의 주입 정도나 코의 높이, 눈의 크기 등을 지속적으로 K와 상의하면서 진행했다. 의사 옆에 앉아 "스티뮬레이션stimulation", "주세요" 단 두 가지 신호에 따라 종아리 퇴축술 장비의 전기 자극을 높이고 말초 신경을 절단하는 자극을 보내는 버튼을 누르는 작업 등을 수행하기도 했다.

수술방에서만 경력을 쌓은 K에게 수술은 정해진 시간 안에 끝마쳐야 하는 목적 지향적인 작업이다. 이십 대 남성이 쌍꺼풀 성형과 코 성형을 동시에 받던 날이었는데, 마취액이 다 되어 환자가 고통을 느끼는 듯했다. 하지만 수술은 마무리되지 않았고, 환자는 통증을 애써 참는 듯, 눈물을 흘리고 있었다.

◥ 왜 마취 시간 안에 수술이 안 끝나요? 너무 괴로워하던데. 그래도 쭉 하시더라고요.
그렇다고 환자 걱정하다가 수술이 늦어지면 환자만 고생해요. 수술이 얼마 안 남았는데 환자 위한다고 마취액 갈아 끼우는 것도 시간 낭비고. 늦어지면 늦어질수록 환자만 고생해요. 최대한 빨리 끝마쳐야죠.(K, 간호사, A의원)

마취가 거의 다 끝나가는 데도 수술을 강행했던 그날 분위기를 묻자 K는 그것은 매우 당연한 수술의 원칙이라고 응답했다.

수술이 얼마 남지 않았는데 마취액을 갈아 끼우느라 시간을 허비하는 것보다 오히려 최대한 빨리 수술을 끝내는 게 맞다는 것이다. 그러고 나서 환자에게 당시의 상황을 정확하게 설명해 주고, 충격을 받은 환자를 감정적으로 돌보는 것이 중요하다는 말도 덧붙였다. K는 그야말로 성실하고 능숙한 보조인이었다.

P가 채용되기 전, 그리고 P의 채용 이후에도 수술실이 분주한 날이면 A의원의 상담실장과 간호 인력 들은 수술실에 동원되어 원장과 K를 돕는 경우가 잦았다. 피부 관리 쪽으로 채용된 J도 예외가 아니었다. J는 주로 피부와 비만 관련 시술을 하는 또 다른 원장을 보조하는 일을 했지만, 직접 피부 관리를 하는 경우도 적지 않았다. 대부분 수술한 환자들에게 멍과 부기를 제거해 주는 피부 관리를 서비스로 제공하는 경우였는데, 이 때문에 상담실장이 환자에게 선심을 쓰는 정도에 따라 J의 일정도 바뀌었다. J는 일이 많이 바쁘거나 힘들지는 않지만 미래를 생각할 때 고민이 된다고 말했다. J의 꿈은 피부 미용사 자격증을 따서 창업을 하는 것이지만 기계 관리나 제품 판매가 주된 업무인 병원 내 피부 관리실에서 J가 배울 수 있는 기술은 거의 없었다. 앞으로 계속해서 병원 쪽 일을 할 생각이 없어서인지 J는 종종 A의원의 시스템에 대해 직원이 아닌 것처럼 스스럼없이 이야기하곤 했다. J는 의사와 수술실 간호사들 이외의 사람들이 수술실에 드나드는 상황이 충격적이었다고 말했다.

수술방이 깨끗하지도 않고……. 간호사 같은 경우는 깔끔한 머리에 청결한 옷차림에 반듯하게 하고 다녀야 하는 줄 알았거든요. 수술할 때는 조심해서 하지만 외적인 그런 거에서 제가 상상했던 수술방이 아닌 것 같아요. 함부로 들어가선 안 되는 거라고 생각했거든요.

🔍 본인이 수술실에 들어가서 그러는 건가요?

원래 다 그런 건지 모르겠어요.

🔍 위생 이런 게 걱정되나요?

예, 제가 만약에 환자라면 여기를 다시 올 생각은 없을 것 같아요

🔍 환자들 중에는 그런 얘기하는 사람이 없는 것 같은데요?

모르는 거 아닐까요? 아니면 '자유롭구나', '병원 다 이렇겠지' 이렇게 생각하는 거 아닐까요?

🔍 본인 같으면?

저는 이런 병원에서는 안 할 것 같아요.(J, 피부 관리 담당, A의원)

J에게 A의원 성형외과는 자신이 생각하던 병원의 이미지와는 매우 다른 곳이었다. 사실 개원의들이 운영하는 성형외과는 좁은 공간에 상담실과 로비, 수술실, 회복실을 배치해야 하기 때문인지 수술실이 로비나 상담실과 의외로 가깝다. A의원 수술실은 로비 모퉁이에 바로 위치해 있었고 수술실이 분주해지면 안내 데스크에서 상담을 하던 상담실장이나 피부 관리를 하던 J가 수술실에 들어가 일을 도왔다. 이런 상황이 A의원만의 사례는 아니었다. S가 수술을 했던 F성형외과는 수술실이 원장실과 안내 데스크 사이에 있었고, 심지어 의사는 장시간의 전신 마취 수술 도중에 수술실을 비우고 원장실에서 기다리고 있는 환자를 상담

하기도 했다.

간호사들과 이야기를 하다 보면 개인 의원의 성형외과 위생 수준을 불신할 수밖에 없다. K가 "저는 친구들 오면 미리 면포랑 다 소독하고 기구도 소독해서 따로 다 빼놓고, 의사 선생님 찾아가서 꼭 선생님이 해 주세요"라고 부탁했다고 말하자 상담실장이 "맞아, 맞아. 나도 그랬어"라며 맞장구를 쳤다.

"아무래도 좀 못 미더워요."

K가 나를 보면서 한 말이었다. 물론 이런 이야기를 환자에게 하지는 않을 것이다. 병원을 찾은 환자를 안심시키는 것 역시 병원의 직원이자 간호사로서 K의 역할이기 때문이다.

소비자-환자 주체들은 미용 성형에 따르는 위험을 최소화하기 위해 충분한 '선행 학습'의 과정을 거치지만, 이러한 준비 기간이 오히려 미용 성형이 행해지는 의료적 공간의 모든 절차와 모순들을 익숙한 것으로 수용하게 만들기도 한다. 수술실의 위생 문제나 수술실에서 발생하는 돌발 상황들까지 예상하고 이해하는 것이 합리적 태도라고 생각하는 것이다. 물론 실제 성형 현실에서 소비자-환자 주체들은 자신들이 지식과 정보, 그리고 통제 능력에 있어 엄연히 존재하는 비대칭적 권력 관계로 인해 행위성에 제약을 받는다고 생각하기도 한다. 의료적 맥락에서 협상 역량을 발휘하는 데 어려움을 겪는 것이다. 미용 성형에 대한 학습과 준비는 실제 의료 공간에서 펼쳐지는 경험들과는 간극이 있을 수밖에 없다. 여기서 소비자-환자 주체들이 느끼는 불안함과 당혹스러움, 혹은 불쾌감 등 상상과 실제 사이의 균열 때문에 발생하는 정서적 혼란을 봉합하는 역할을 맡은 이들이 바로 상담실장과 간호사이다. 이들은 소비자-환자 주체가 스스로의 행위성을 위협받는다고 생각되는 지점에 '효과적으로' 개입해 미용 성형 실천으로 가는 길목에 방해가 되는 정서적 장애물들을 치운다. 상담을 통해 환자를 설득하고, 비용을 책정하거나 조율하고, 때로는 미용 성형의 효과를 체현한 모델로 스스로를 전시하기까지 하는 이들 상담실장과 간호사의 존재는 소비자-환자 주체의 행위성이 발휘되는 맥락과 미용 성형의 시장적 성격을 이해하는 데 핵심적이다.

9장

기술 지배 시대의
성형

"성형수술이라고 생각될 만한 것은 하지 않았어요."

텔레비전 드라마에 오랜만에 얼굴을 드러낸 여배우가 과거와 달라진 모습 때문에 성형 의혹이 일자 이렇게 답했다. 인터넷상에서는 성형수술을 한 것은 아니고 보톡스 시술이나 지방 이식 수술을 받은 게 아니냐는 추측들이 난무했다. 칼을 댄다는 의미에서 의사의 손 기술에 의존하는 외과적 수술과는 다른, '시술'이라고 불리는 범주가 미용 성형의 새로운 실천으로 대두되면서부터 사람들은 '성형수술'과 '성형수술이라고 말하기 어려운 것' 사이를 구분하기 시작했다.

2009년 한국에서 시행된 미용 성형 가운데 수술적 기법이 55퍼센트, 비수술적 기법이 45퍼센트를 차지했다. 수술적 기법과 비수술적 기법 모두 포함해서 보톡스가 가장 많이 시술되었고, 필러의 성분이기도 한 히알루론산 주사는 유방 성형, 지방 흡입술에 이어 네 번째로 가장 많이 시술되었다. 이러한 변화는 최근 미용 성형을 광고하는 각종 신문 기사나 방송, 인터넷 등을 통해서도 손쉽게 관찰된다. 보톡스나 필러 등 글로벌 브랜드를 부착한 상품들은 주요 성분의 신체 작용 기전을 설명하는 과학적 수사들과 더불어 미국 FDA·유럽의 CE 인증 등 **표준적인 품질과 결과를 강조**한다.

이러한 시술은 주사 기법만으로 성형이 가능하다는 점에서 성형에 대한 거부감을 희석시키면서 성형 소비를 추동하고 있다. 또한 몸의 변형이 아니라 자연스러운 개선을 효과로 내세우는 이들 시술은 미세한 주름이나 피부 처짐, 부위별 지방을 지워야 할 표식으로 문제화함으로써 미용 성형의 대상인 몸을 더욱 세밀하게 분절화하는 데 기여했다. 이러한 시술의 등장은 미용 성형 시장의 소비 행태뿐 아니라 의사의 의료적 역할에도 변화를 가져왔다.

자연스러운 성형이라는 욕망

"나 성형 한 거 없어. 보톡스 밖에 안 맞았는데."

커피숍에서 만난 L이 커피 잔을 내려놓으며 말했다. 내가 성형한 이야기를 해 달라고 하자 꺼낸 말이었다. 옆에 앉아 있던 O는 "얘는 시술한 거지. 시술!"이라고 말하며 크게 웃었다. L과 O는 시술이라는 추상적인 단어보다 보톡스나 필러, IPL, HPL 등 각종 시술 제품들의 구체적인 명칭을 거론하며 대화를 나누었다. 시술 제품의 기능이나 효과, 할인 정보에 대한 대화는 그즈음 홈쇼핑에서 유행하는 요리 도구나 청소기기에 관한 수다와 뒤섞였다. 주서기와 후라이팬, 청소기의 기기별 기능과 편리한 부분, 할인 정보 등이 오고 갔고, 대화가 끝날 무렵 O는 지인이 코 성형을 했는데 너무 잘 됐다고 들었다며 병문안 겸 만나러 가 봐야겠다고 일어섰다.

L과 O뿐만 아니라 내가 만난 여성들은 시술이라는 단어보다 보톡스나 필러 등의 제품명으로 소통했다. 사실 보톡스는 〈앨러건〉 사의 상품명인 반면, 필러는 히알루론산 같은 인공 지방을 통칭하는 단어이다. 두 단어의 층위는 다르지만 마치 일반 명사처럼 사용된다. 시술이란 단어는 대화 속에서 별로 사용하지 않았는데 시술이라고 하면 그것이 구체적으로 무엇을 의미하는지가 명확하지 않기 때문이다. 보톡스, 필러, IPL, HPL 등은 각 성형외과나 피부과, 의원에서 프로모션을 할 때 사용하는 상품명이다. 이들 단어를 사용해 대화는 나누는 것은 서로가 미용 관련 시술에 관심 있는 커뮤니티의 일원임을 확인하는 방법이기도하다. L과 O의 대화에서 흥미로웠던 점은 시술 정보와 홈쇼핑 정보를 가로지르며 이야기를 나누어도 전혀 어색하지가 않았다

는 것이다. 이들의 대화 속에서 제품명화된 시술은 병원에 가면 언제든 구입할 수 있는 평범한 상품처럼 여겨졌다.

보톡스나 필러 등 신물질은 수술적인 방식의 성형과 달리, 마취나 회복 기간이 필요하지 않고, 즉각적인 효과를 보여 주기 때문에 성형의 일상화를 추동한다는 것이 일반적인 통념이다.[1] 그러나 성형의 일상화는 보톡스나 필러 등 시술 제품의 특성에서 유래한다기보다는 이 특성들을 사회적인 규범과 연결해 소비를 유도하는 문화적인 능력에서 온다고 보는 것이 더 정확할 것이다. 그 중심에는 자연스러운 외모에 우월한 가치를 부여하는 사회의 미 규범이 있다.

시술이 가장 강조하는 것은 "성형수술이 아니"라는 점이다. 성형수술의 일반적인 개념이 외과적인 수술로 얼굴과 몸을 변형하는 것이라면, 보톡스와 필러 등 시술 제품은 비외과적인 수술인 주사를 통해 약간의 변화(즉 개선)를 가져온다. 시술은 '쁘띠 성형'이라 불리기도 하는데, '쁘띠petti'라는 접두사는 '작은', '약간'을 뜻하는 프랑스어이다. 사실 미세한 변화에, 짧으면 3개월, 길어야 6개월 밖에 지속되지 않는 시술 효과는 몸을 바꾸고자 하는 이들에겐 그다지 매력적인 기술이 아닐 수 있다. '약간의 변화'는 제품의 한계이자 약점일 수 있는 것이다. 그러나 제약 회사는 이들 물질이 가진 약점을 강점으로 능숙하게 전환시켰다. '성형이 아닌 시술'과 '자연스러운 성형'을 마케팅 포인트로 삼은 것이다.

이러한 시술 제품은 대략 다음과 같은 방식으로 홍보된다. 첫

째 "수술하지 않는 주름살 제거법"이나 "수술적인 절개 없이 자연스럽게" 같은 문구는 외과적인 수술이 아니므로 두려움을 가질 필요가 없다는 점, 그리고 절개와 봉합으로 인한 흉터를 걱정할 필요가 없다는 점을 부각시킨다. 둘째, "퀵 성형", "런치타임 성형" 등은 시술에 소요되는 시간이 짧고 멍과 부기가 없기 때문에 굳이 일상을 중단할 필요가 없다는 점을 강조한다. 셋째, 시술 효과가 지속되는 기간이 짧다는 점은 제품의 안전성으로 치환된다. "몸 안에서 자연 분해되는 히알루론산", "우리 몸을 구성하는 물질을 이용하는 웰빙 성형" 등 물질 자체가 인체 성분과 유사하거나 시간이 지나면 몸에 흡수되거나 배출되므로 안전하다는 것이다. 제품에 따라 부자연스러운 얼굴 표정, 안검하수, 피부 괴사, 내성 등의 부작용이 나타날 수 있지만, 이러한 부작용 역시 약물의 효과만큼 일시적이므로 인내심을 가지고 기다리라는 것이 의학적 조언이다. 넷째, 시술의 미약한 효과는 "수술보다 티가 나지 않는다", "주변 사람들이 저절로 예뻐진 줄 안다"는 등의 수사로 치장된다. 이러한 언어적 수사를 통해 시술은 자연스러운 몸의 개선으로 의미화된다.

성형수술이 자기계발이나 일상적인 미용술로 받아들여지면서 그에 대한 인식 또한 긍정적으로 변화하고 있지만 한편으로 자연스러운 몸에 우월한 가치를 부여하는 사회적 통념은 여전하다. 이는 미용 성형 문화가 작동하는 방식 자체이기도 한데, 외과적 성형수술을 하는 이조차도 수술 결과가 얼마만큼 자연스러운지를 성공 여부를 판가름하는 기준으로 삼기 때문이다. 성형 미인에게 중요한 것은 성형을 했다는 흔적을 남기지 않는 것이다. 수술로 인한 절개, 봉합의 흉터는 최대한 보이지 않아야하며 부작용과 합병증뿐 아니라 과도한 외모 변화 역시 성형의 실패를 드러내는 표식이다. 자연 미인이 마치 뷰티 산업계의 이데아처럼 군림하는 상황에서 시술은 자연스러움을 훼손하지 않는다고 주장하며 시장의 영역을 확장해 가고 있다.

보톡스 시술을 받은 L은 시술 사실을 지인이나 남편에게조차 밝히지 않았다고 했다. L이 보톡스 시술을 처음 받은 것은 5년 전이었다. 친구 엄마가 피부과에서 시술을 받고 주름이 펴졌다는 이야기를 듣고 호기심 반, 기대 반으로 찾아갔다고 했다. 그렇게 한 차례 찾아간 뒤로 정기적으로 시술을 받았다. 과거에는 주름을 제거하는 수술, 이른바 '땡기는 수술'만 있었지, 가벼운 호기심으로 시도해 볼 수 있는 주름 제거 방법은 존재하지 않았다. 보톡스의 등장으로 주름은 관리할 수 있는 대상 안에 확실히 들어온 셈이었다. L을 만난 것은 시술 후 3주쯤 지나서였다.

효과가 원래 일주일 정도 있어야 나타나. 그리고 한두 달이 피크지. 그때 기분이 얼마나 좋은데. 남편이 알아볼 정도니까. 남편이 그러더라. 자기 보톡스 맞았냐고. 아니! 그랬지.

🔍 왜요?

그 얘긴 못하겠대. 그냥 마사지 했다고 했어. (…) 그러면 지금까지 내 얼굴이 보톡스 맞았다고 생각할까 봐. 이마는 쫙 펴져. 눈가는 잔주름인데도 잘 안 펴지더라. 그런 주름까지 펴지면 진짜 기적의 보

톡스지.(L, 40대, 주부)

달라진 외모에서 L이 느끼는 만족감은 컸다. 남편이 알아볼 정도이지만, 마사지를 받은 것이라고 말해도 수긍이 가는 정도의 미묘한 변화야말로 L이 시술을 통해 기대한 효과였던 것이다. 이 '약간의 변화'는 L이 시술 사실을 숨길 수 있는 조건이자 시술을 지속하는 이유였다. 나이가 들면서 생겨난 '자연스러운' 주름을 보톡스와 필러 등의 시술 제품을 통해 다시 '자연스럽게' 개선한다는 사고는 L에게 전혀 어색하지 않았다. 이에 반해 '땡기는 수술'이라고 알려진 주름 제거 수술은 부자연스럽고 인위적인 것이었다.

수전 프레이저Suzanne Fraser는 미용 성형 문화가 지배적인 사회에서 '자연스러움'은 가장 권위 있고 영향력 있는 단어로 등장한다고 지적한다.[2] '자연스러움'은 성형수술 자체를 비판하는 준거이자 동시에 수술의 성공과 실패를 가늠하는 기준으로도 강력한 힘을 발휘하기 때문이다. 성형 실천이 일상화되어 있으면서도 다른 한편으로 '자연스러움'에 대한 요구는 강력한 이 모순적 공간에서 외모는 인위적으로 가꾸되 자연스러워야 한다는 이중 규범에 따라 관리된다. 그리고 여성들의 외모 관리를 통제하는 이 강력한 규범은 성형을 과도한 변형으로, 시술을 자연스러운 개선으로 의미화하며 후자에 우월한 지위를 부여한다.

시술은 '자연스러움'이라는 말을 기술적인 개입이 없는 상태라기보다는 보톡스나 필러 같은 신물질과 혼종된 몸을 가리키기 위해 사용한다. 그리고 시술이 미용 성형 시대에 맞는 자연스러움의 의미를 주도적으로 구성하면서 자연스러움과 부자연스러움은 그 위치를 바꾸게 된다. 자연스럽게 생기는 주름은 부자연스러운 것으로, 시술을 통해 팽팽해진 이마가 자연스러운 것으로 여겨지는 것이다.

의사, 전문가에서 소비자로

시술은 외과적인 수술이 지배적이었던 미용 성형 시장의 외연을 크게 확장시켰다. "보톡스, 필러 때문에 성형외과가 다 죽었다"는 압구정동 성형외과 개원의 I원장의 말은 성형외과 의사의 손 기술이 과거의 상품 가치를 상실한 현실을 토로하는 것이었다. 성형은 이제 도심지의 성형 타운이나 성형 빌딩이 아니라 대형 마트에서, 혹은 아파트 단지 안에 있는 가정의학과에서 이루어진다. 시술의 등장으로 이른바 '동네 성형외과'가 출현했다. T와 함께 방문한 E의원이 바로 그런 곳이었다.

T는 몇 해 전부터 E의원에서 비만 관리, 보톡스, 필러 시술을 받아 왔다. T는 보톡스를 맞은 지 열 달도 넘었다며 E의원에 가 봐야겠다고 했다.

"비만으로는 나름 재야에서 유명한데, 성형외과는 아니고 가정의학과 수준. 의사가 서울 강남에서 왔고."

T는 E의원을 이렇게 설명했다. 필러로 코를 세우고 싶다는 T

의 친구와 함께 E의원에 가 보기로 했다. E의원을 방문하던 날은 아침 일찍부터 서둘러야 했다. T는 오래 전부터 조금만 늦어도 대기자가 많아 한참을 기다려야 한다며, 일찍 오라고 신신당부를 했다. E의원은 대형 마트 안에 입점해 있었다. 우리는 병원이 문을 여는 오전 열 시가 조금 넘어 도착했는데, 대기실은 이미 십여 명의 여성들로 북적였다. 대부분 30대 중후반 정도의 연배로, T는 "아이들 유치원에 보내고 오면 이 시간"이라며 대기자가 많은 이유를 설명해 줬다. 그래서인지 여성들의 옷차림은 집에서 막 나온 듯 편안했다. 오히려 T와 내가 분위기에 맞지 않게 멋을 부린 것 같아 어색했다.

대기실 소파는 열 명이 어깨를 붙여 앉아야 할 정도로 비좁았다. 보톡스와 필러, 피부 관리·비만 관리용 레이저 기기 등 미용 관련 제품을 소개하는 커다란 현수막들, 작은 전단지, 가격표 등이 벽면을 채우고 있었고, 정수기와 일회용 커피믹스 바구니 옆에 놓인 태블릿 PC에서는 시술 전후 비교 사진들이 시술 종류별로 열심히 돌아가고 있었다. 그리고 안내 데스크 우측에는 커다란 글씨로 '에브리데이 이벤트'라는 제목 하에 미국, 독일, 한국 등 제조 회사별 보톡스 패키지 가격표가 붙어 있었다. 언뜻 보기엔 잡다한 미용 물품들을 한꺼번에 파는 잡화점 같기도 했다. 벽에 붙은 전단지와 가격표는 새로운 환자를 유인하는 데 톡톡한 역할을 한다. T도 비만 관리 시술을 받으러 왔다가 벽에 붙은 전단지를 보고서 필러를 알게 되었다고 말했다.

"그때 상담하면서 물어봤지. 병원에 액자로 다 붙어 있잖아.

실제로 필러 주입 후 모습을 보니까 괜찮아서 나도 해도 되겠냐고 의사한테 물어봤더니 해도 된다고 해서 한 거지."

그날 T와 T의 친구는 안내 데스크 옆 작은 주사실에서 소독약과 마취 크림을 먼저 바른 후, 대기실에서 순서를 기다리다가 원장실에 들어가 시술을 받았다. 의사는 내 소개를 듣고 나서는 제품 케이스를 한참 들여다보더니 '제조국: 프랑스'라는 안내 문구를 가리키며 자신이 정품을 사용한다는 점을 굳이 강조했다. 하지만 T와 T의 친구에게는 의사가 어떤 회사의 제품을 사용하는지, 그게 정품인지 여부는 중요하지 않았다. 그보다 그들은 의사와 가격을 어떻게 성공적으로 흥정했는지를 더 의미 있는 일로 여겼다.

T와 대화를 나누다 보면 성형외과의 '럭셔리 마케팅'은 그 시효를 다한 것처럼 보인다. 고가의 인테리어로 병원 내부를 장식하고 값비싼 수술비로 차별화를 꾀하는 도심지의 성형외과는 환자들에게 특별한 관리를 받는다는 인상을 주고자 한다. 하지만 최근에는 의사의 실력만큼이나 가격을 중요하게 생각하는 사람들이 늘고 있고, 또 그들 대부분은 성형 사실을 밝히는 걸 꺼리기 때문에 백화점의 브이아이피 고객처럼 별도의 관리를 받는 것을 부담스러워한다. 성형외과의 행사 초대장이나 제품 안내 브로슈어를 주기적으로 받는 것을 원하지 않는 것이다.[3] T 역시 E의원에 기대하는 건 "그냥 마트에서 뭐 파는 사람 같은" 의사와 "아줌마 수다"를 떨며 가격을 잘 흥정하는 것이라고 했다. E의원처럼 저렴하고 간단한 시술을 홍보하며 박리다매로

돈을 벌려는 동네 의원이 증가하면서 고급 소비라는 미용 성형의 오래된 상징성은 점차 희미해지고 있다.

거기가 수요일하고 목요일이 보톡스 데이래. 정말 사람 많아. 너무 싸니까. 커피숍에 가면 기다릴 때 주는 거 있지? 진동하는 것. 그거 다 하나씩 나눠 주고 울리면 가서 맞고, 울리면 가서 맞고 그래. 방에 들어가면 왼쪽에 딱, 딱, 딱, 세 번. 오른쪽에 딱, 딱, 딱, 세 번 하고 끝나. "수고하셨습니다" 하고.

🔍 그 병원 소문 별로 안 좋던데, 의사는 맞아요?

모르지. 하여튼 이발소에서 입는 하얀 가운은 입었어. 의산지 아닌지 어떻게 알아. 오다리(남자 간호사) 같은 사람일 수도 있고.(U, 43세, 학습지 교사)

U는 불과 몇 만원을 내고 보톡스 시술을 받았는데, 시술 받을 사람이 너무 많아서 진동벨을 들고 순서를 기다려야 했다고 말했다. "(벨이) 울리면 가서 맞고, 울리면 가서 맞고", "왼쪽에 딱, 딱, 딱, 세 번. 오른쪽에 딱, 딱, 딱, 세 번"이라는 묘사처럼 시술 과정은 마치 공장의 컨베이어 벨트처럼 기계적으로 이루어진다. U가 묘사하는 시술 장면에는 상담과 진단, 처치로 이어지는 전통적인 병원의 절차들은 죄다 생략이 되어 있었다. 게다가 "이발소에서 입는 가운", "오다리(남자 간호사)"라는 표현에서 느낄 수 있듯, 의사와 환자 사이의 위계와 권력 관계는 오히려 역전된 양상을 보인다. U는 시니컬한 말투로 중요한 건 자신이 보톡스 시

술을 받았다는 사실이지, 시술자가 누구인지는 상관이 없다고 말했다. 흉터 치료를 목적으로 레이저 시술을 받은 I도 이와 비슷한 말을 했다. I는 전문 모델로, 직업 특성상 주변에서 미용 관련 시술을 권유하는 사람이 많다고 했다. 당시 I는 출산 후 배에 튼 살이 생겨 비전문의가 운영하는 의원에서 레이저 시술을 받고 있었다. 모델이라면 이름 있는 전문의도 많이 알지 않느냐고 물어보니 I는 전문의이건 비전문의이건 기계는 똑같고 의사는 그 기계를 능숙하게 다룰 정도면 되지 않겠느냐고 되물었다.

전문의가 있는 피부과에 가든, 여기(○○클리닉)에 가든 어차피 레이저 기계를 이용한 기술인데다가 팁이 있어요. 레이저 사용 팁이요. 여드름에는 몇 점 몇, 뭐에 몇 점 몇. 그 수위를 조절해서 기계를 이용하는 사람이지, 사실 의사는 아닌 거죠. 그리고 성형 같은 것도 계속 뭘(인증서) 따시더라고요. 점점 벽에 붙는 게 많아져요. 보면 이제는 전문의인 것 같아요.(웃음) 이제는 전문의가 되셨어요. 강약 조절, 보톡스, 지방, 이런 강약 조절이 아주, 손놀림이 그냥.(I, 26세, 모델)

I가 가는 병원의 의사는 원래 통증 전문의였는데 몇몇 연예인들과 인맥을 쌓으면서 유명해졌고, 이제는 ○○클리닉이라는 이름으로 서울 강남에서 피부, 비만, 탈모 등 주로 미용 시술을 하고 있다고 했다. I가 벽에 붙은 인증서의 개수를 세면서 "이제는 전문의가 된 것 같다"라고 표현하는 대목이 특히 인상적이었는데, 말하자면 미용 성형 시장에서 의사의 전문성이란 공식적인

전문의 제도가 아니라 본인에게 필요한 기기를 얼마나 숙련된 방식으로 다룰 수 있느냐에 달려 있다는 점을 함축하고 있었기 때문이다.

U와 I의 사례는 새롭게 등장한 물질과 기술이 미용 성형 의료의 지형을 어떻게 바꾸어 놓았는지를 단적으로 보여 준다. 가장 눈에 띄는 변화는 의사가 기술과 관계 맺는 방식에 생긴 변화이다. 예전에는 의사가 기술과 물질의 집행자이자 전문가였다면, 이제는 단순한 대리인이자 소비자가 된 것처럼 보인다. 과거에는 몇몇 스타 의사들의 소위 '이름값'이 중요했다. 하지만 이제 의사들은 보톡스를 만드는 미국 〈앨러건〉사 같은 글로벌 제약회사나 의료 기기 업체의 제품을 선전하는 훌륭한 '선수'로 스스로를 자리매김한다. 1990년대 후반 보톡스를 '새바람', '도깨비방망이'라고 소개하는 다음 신문기사는 보톡스의 작용, 시술 방법에 관한 의사들의 활발한 관심을 기술하고 있는데, 기사의 주인공은 보톡스라는 약물 자체이다.

수술하지 않고 간단하게 얼굴 주름살을 제거하는 요법이 미용 성형 분야에 새바람을 불러일으키고 있다. 이 비수술적 주름살 제거법은 '보톡스'라는 새로운 약물 때문에 가능해졌다. 〈서울미의학연구소〉(소장 ○○○성형외과원장)는 최근 한국과학기술회관에서 2백여 명의 성형외과 전문의들을 대상으로 "보톡스를 이용한 주름살 제거"를 주제로 세미나를 개최했다. 이날 세미나에서 ○○성형외과(000-0000) ○○○원장은 "보톡스의 개발 과정과 약리 작용, 미용 성형적 응용"

연제 발표를 통해 미용 성형 분야의 '도깨비방망이'로 등장한 보톡스를 소개했다. 보톡스는 박테리아에서 나오는 일곱 종류의 신경 독소 중 A형 독소를 정제한 것으로, 지난 1976년 미국에서 세계 처음으로 임상에 적용하기 시작해 1990년에 와서야 〈미국신경학회〉에서 안전성을 확인한 신물질이다.[4]

내가 만난 의사들은 보톡스를 조금이라도 의심할 만한 분위기가 되면 보톡스의 작용 기전에 관한 의학적 지식을 동원하여 그 기능을 옹호하는 데 적극적이었다. 안과 개원의로 안 성형을 전공한 H원장은 "제대로 모르면 의심이 많아지고 무서워지는 거예요. 보톡스는 분해되는 거예요. 원래도 굉장히 불안정한 거기 때문에 체내에서 6개월 이상을 버틸 수가 없어요. 남아 있으라고 사정해도 남아 있지 않기 때문에 일반인이 생각하는 것과 완전히 다른 거죠"라고 말하며 나의 불안을 잠재우려 했다. 보톡스의 위력을 신봉하는 H원장의 말을 듣고 있자니, 이제 전문가는 새로운 성분을 발견해 이를 뷰티 제품으로 개발한 글로벌 제약회사가 되었고, 의사들은 이들이 만든 제품을 홍보하는 영업자, 혹은 그것을 합법적으로 소비하고 사용하는 일반 소비자로 전락한 듯한 인상을 받았다. 이때 의사의 권위란 이들 제품을 합법적으로 유통하고 주입할 수 있는 자격에서 나온다.

전문가로서 의사의 권위가 하락하며 나타난 또 다른 흥미로운 현상은 이른바 '야매 시술'이라 일컬어지는 무면허 시술이 증가했다는 것이다. 이는 한국 사회에서 미용 성형이 공식적인 의료 행위로 승인되었던 1970년대 초반 이전의 상황을 떠오르게 한다. 물론 그 이후로 야매가 완전히 사라진 것은 아니었다. 〈대한성형외과개원의협의회〉의 정례 사업 중 하나가 "무면허 성형의 근절"이라는 점은 여전히 의료 영역 바깥에서 미용 성형이 빈번하게 이루어지고 있음을 보여 주는 근거이다. 보톡스나 필러 등 외과적 수술이 아닌 주사 주입만으로 성형 효과를 볼 수 있는 새로운 약물의 등장은 암암리에 명맥을 유지하던 야매 시술에 날개를 달아 주는 격이었다. 내가 인터뷰를 하며 만난 여성들 역시 피부 관리실이나 미용실, 찜질방, 혹은 개인 집 등에서 야매가 일상적으로 이루어지고 있다는 이야기를 해 주었다.

필러는 야매로 했어. 인터넷 찾아보니까 반영구 필러라고, 하면 안 된다고 하던데, 워낙 많이 했어. 아는 동생이 5년 전에 했는데 너무 잘됐고 아직까지 아무 문제도 없어. 얼굴 전체 하는데 90만 원이고. 앰플이 열다섯 개인가 들어간다는데 병원은 너무 비싸잖아. 눈 밑 주름은 나중에 수술해야 한대. 진짜 많이 했어. 핸드폰에 잘된 사람들 사진 찍어서 보여 주더라고.

🔍 약은 어떤 걸 쓰는지 물어봤어요?

근데 그건 못 물어보겠대. 그 아줌마한테 한 사람 많아. 전국 출장 다니더라고. 아줌마가 성격도 좋고 막 욕심 있고 이런 사람 같지가 않아. 그냥 약을 많이 넣어 주더라고.(U, 43세, 학습지 교사)

문제는 무면허 시술자들이 사용하는 물질의 안전성이나 인증

여부를 확인할 길이 없다는 것이다. 시술을 받았다는 U 역시 이점을 불안해했다. 그 불안감을 잠재우는 길은 같은 사람에게 시술을 받은 다른 이의 성공 사례를 예로 들거나, 그냥 시술자를 믿는 방법뿐이다. 개인적인 우려도 들어 U를 만날 때마다 무면허 시술의 부작용에 대해 이야기를 꺼내려 했지만, 그때마다 U는 그런 얘기는 하지도 말라며 손사래를 쳤다. 이러한 불안을 껴안고도 굳이 야매를 택하는 것은 싼 값이라는 유인이 그만큼 크기 때문일 것이다.

하지만 야매 시술을 선택하는 게 꼭 비용 문제 때문만은 아니다. U의 경우 인터뷰를 하고 1년이 지나 유방 성형을 했는데, 그때는 천만 원에 가까운 돈을 수술비로 지불했다. U를 보며 성형하는 여성들이 합법적인 의료의 경계를 넘나드는 데는 경제적인 측면 이외의 동기나 상황이 존재한다는 생각이 들었다. 시술자에 대한 신뢰보다는 제품에 대한 신뢰가 더 커지면서 제품 자체가 유인 동기가 되었기 때문이 아닐까? 아마도 U를 비롯해 야매를 찾는 여성들은 성형외과에서 한두 차례 가벼운 시술을 받으면서 시술에는 의사의 전문적인 지식이나 실력이 크게 중요하지 않다는 점을 몸소 체험했는지 모른다. 말하자면 그들에게 미용 성형의 효과는 제품의 효과이지 의술의 효과는 아니었던 것이다. 여기에 야매 시술을 받아 본 지인의 경험이 더해지면, 어떤 선택을 할 것인지는 비교적 자명한 일이다.

의료인이나 성형에 관심 없는 일반인은 합법과 불법의 경계를 통해 시술의 가능성과 불가능성을 구분하지만, 미용 성형이나 시술에 관한 정보를 모으는 여성들에게는 그 구분이 좀 더 복합적인 요인의 영향을 받아 이루어진다. 수술과 시술의 구분, 주변 지인들의 실제적인 성공과 실패의 경험, 미용 성형에 대한 수다를 떨며 유대감을 형성하는 여성들 사이의 관계가 주류 담론이 공식적으로 그어 놓은 합법과 불법의 경계에 '끼어들기'를 하는 것이다.

합법적인 의료 공간에서 이루어지는 미용 성형이든, 야매 시술이든 제품의 출처나 의료 기술의 안전성에 대해 적극적으로 질문하지 않는다고 여성들을 탓할 수만은 없다. 여성들은 질문을 해 봤자 의미 없는 답변이 되돌아 올 것이며, 답변을 한다고 해도 자신이 그들의 답을 검증할 위치에 있지 않다는 점을 잘 안다. 그렇기에 지인들의 경험을 통해 나름의 방식으로 공부와 준비를 한다. 그리고 한 번 마음을 먹은 뒤에는 의사 혹은 시술자와 마찰 없이 자신의 몸을 변형하거나 개선하는 것이 최선이라고 생각한다.

안티 에이징의 혁명

모든 여성은 가장 빛나고 아름다운 순간을 영원히 간직하고 싶어합니다. 하지만 나이가 들면서 자연스레 우리의 피부는 노화의 과정을 거쳐 그 아름다운 빛을 조금씩 잃어버립니다. 피부의 볼륨이 줄어들면서 주름이 생기고, 탄력을 잃게 되면서 예전의 아름다움은 조금씩

빛이 바랩니다. (…) ○○○○는 (…) 그 아름다운 순간을 지킬 수 있도록 도와줍니다.(필러 제품 브로슈어 중)

지방 관리, 보톡스, 필러 등 비수술을 전문으로 하는 E의원 대기실에서 집어 온 브로슈어에서 제품은 "당신의 가장 빛나는 순간은 언제였습니까?"라고 질문을 던지는 스토리텔러story teller로 등장한다. 이 제품이 들려주는 이야기란 나이듦은 '빛을 잃어 가는 과정'이며, 여성의 아름다움은 오직 '젊음'의 한가운데에서만 성취될 수 있다는 것이다. 그런데 이 광고가 소구하는 대상이 나이 든 여성이 아니라는 것에 주목할 필요가 있다. 모델들은 모두 20~30대 젊은 여성이며, 소녀처럼 머리에 핀을 꽂고 있거나, 파티에 어울릴 법한 드레스를 입고 있거나, 혹은 커리어우먼 스타일의 차림을 하고 있다. 즉, 이 시술 제품의 마케팅 대상은 이미 나이가 든 중년 여성이라기보다는 나이 듦을 예견하는 젊은 여성에 가깝다.

이들 시술 제품이 가진 한계를 생각하면 이는 당연한 결과이다. 시술은 외과적인 수술과는 다르다. 보톡스나 필러로는 리프팅 수술, 즉 늘어진 피부를 잘라내고 당겨서 주름을 제거하고 탄력을 회복하는 외과적인 수술을 대체할 수 없다. 하지만 시술은 이 본질적인 한계와 대체 불가능성을 새로운 성형 시장을 개척함으로써, 혹은 기존의 미용 성형 영역을 확장함으로써 극복해 냈다. 그동안 문제로 인식되지 않던 미세한 몸의 변화들, 눈가 주름이나 탄력 저하, 군살들을 지워야 할 표식으로 문제화하기 시작한 것이다. 시술은 나이 듦을 이십 대부터 거의 전 연령 대의 여성들이 고민해야 할 문제로 만드는 데 한몫을 톡톡히 했다.

> 여름까지 일을 하고 갑자기 피부가 늙더라고요. 스트레스 받고 잠 못 자고. 친구한테 그랬어요. 우리도 이제 과학의 힘을 빌릴 때가 됐다, 타고 난 걸로 버틸 때는 지났다.(P, 38세, 대학원생)

> 사십 대 되면 관리를 좀 해야지. 살도 좀 빼고. 안 그러면 너무 자기 관리 안 하는 사람처럼 보이잖아. 병원 가서 보니까 정말 나보다 훨씬 촌스러워 보이고 못 사는 것 같아 보이는 사람들도 다 하러 오더라고……. 같이 에어로빅 다니는 엄마들 보면 이미 내 나이 때에 조금씩 다 했어.(U, 43세, 학습지 교사)

나이 듦이 인생의 이른 시기부터 고민해야 할 문제로 대두되면서 미용 성형에 '지속적인 관리'라는 개념이 도입되었다. P가 탄력을 잃은 피부를 개선하기 위해 레이저 시술을 받고, U가 보톡스 시술을 받으면서 했던 말은 "우리도"(P), "관리를 좀 해야 한다"(U)는 것이었다. 큰 눈이나 높은 코, V라인과 같은 특정한 외모 기준을 추구하는 것은 아니지만 '관리를 해야 한다'라는 당위적인 표현의 기저에는 '어려 보이고 싶다'는 욕망이 있다.

보톡스는 마흔 살 되면서부터 맞았어. 같이 일하는 사람들이 "과장님 어려 보인다"면서 "자기 관리 정말 잘 하시나 보다"라고 해. 업무에도 도움이 되지. 왜, 좀 자신 있고 활기차 보이는 사람하고 일하고 싶잖아.(S, 40세, 회사원)

예전에 회사 다닐 때, ○○ 자동차였는데, 한 여자 과장님이 설 연휴 때 수술을 하고 나타났어요. 다른 사람들이 별로 안 좋아하는 사람이었는데 뒤에서 쑥덕거리잖아요. 쌍꺼풀 교정하고 리프팅도 하고 그랬어요. 30대 후반. 근데 그 사람은 의도가 있었어요. 승진 준비로, 나이 들어 보인다고. 여자 과장이 몇 명 없었거든요. 10~15명 정도? 요직 과장으로 갈려고. 그러니까 팀 옮길 때 확 한 거죠.(C, 34세, 대학원생)

S와 C의 사례에서 우리는 나이 듦을 관리하는 것이 '자기 관리'와 동일시되는 현상을 발견한다. '비만인 사람은 게으르다'라는 오래된 편견에 더하여 주름, 늘어짐, 탄력의 저하 등 나이 듦의 정상적인 표식까지 도덕적 판단의 대상이 되었다. 나이 듦과 자기 관리, 그리고 생산성이 서로 맞물려 여성들로 하여금 '연장된 노동'의 형태로 지속적인 시술을 받게 하는 요인이 되고 있는 것이다.

이처럼 시술은 젊은 몸과 나이 든 몸 사이에 위계를 만들어 냄으로써 미용 성형 분야에 새로운 시장을 개척했다. 스무 살부터 시작되는 '안티 에이징'이 그것이다. 나이 듦이라는 위협은 생각보다 강력해서 성형은 아니지만 '지속적인 관리'를 받는 고객층

이 거의 전 연령 대의 여성을 망라한다. 이들을 안티 에이징의 소비자로 만드는 것은 '나도 언젠가는 늙는다'라는 자명한 현실이다. 나이 듦은 언젠가는 닥칠 현실이지만 끊임없이 지연시킬 수 있고, 그래야만 하는 적대의 대상이 되었다. 미용 성형 시장에서 나이 든 몸에 대한 거부는 단지 규범적인 수준이 아니라 실제적으로도 이루어지는데, 이는 성형외과 상담실에서 볼 수 있는 흔한 풍경 가운데 하나이다.

🔍 병원 여러 곳에 상담 받으러 다니면서 기억에 남았거나 병원마다 다른 점들이 있었나요?

장삿속 보이는 병원은 하나도 없었어. 가격도 다 똑같았고, 상담도 거의 다 비슷했어. 원장님 여러 명 있는데 있잖아. 거기는 맘에 들어서 두 번씩이나 갔었어. 본인이 해야 되겠다 이런 의욕이 없어. 왜냐하면 성형외과 원장들은 네가, 본인이 알아서 해라 그런 게 있어. (…) 작은 애 서울에서 쌍꺼풀하고 상담을 받았지. 근데 상담을 받을 때 너무 늦었다는 거야. 40대 중반에 다른 피부가 늘어진 데다, 해봐야 효험이 덜 하고 더 사나워 보인다는 거야. 사나워 보여도 할 거냐, 아니면 이대로 너무 보기 좋으니까…… 늦었다는 그 말밖에 할 말이 없다고. (…) 거기에서 아, 해야 되겠다 싶어서 ○○동 다 뒤지고.(X, 52세, 회사원)

오십 대 보험 설계사인 X는 평소 외모에 관심이 없다가 성형을 받고 얼굴이 젊어진 지인들을 보며 자기 얼굴을 다시 들여다보게 되었다고 한다. X는 여러 병원을 다니며 상담을 받고, 몇 차례 수술 날짜도 잡았지만 계약금까지 내고 번복하기 일쑤였다. 수술을 결정하기까지는 많은 시간이 필요했다. 두 딸 모두 성형을 했지만 오십여 년 간 익숙해진 인상을 바꾸는 것이 자꾸 망설여졌다. 그런 X가 결정적으로 마음을 먹은 계기는 "수술하기에 너무 늦었다"는 의사의 말을 들은 뒤였다. "너무 늦었다"는 의사의 진단이 X에게는 "(조금이라도) 더 늦기 전에" 성형을 해야 한다는 강박으로 전환되었다.

'성형하기에 늦은 나이'라는 의사의 판단은 '성형하기에 적합한 몸(나이)'이 따로 있다는 뜻으로도 해석할 수 있다. 성형이란 몸의 표면과 심층부를 인위적으로 손상시켜 다시 회복시키는 과정이므로, 성형외과 의사들은 당연히 젊은 여성의 몸을 더 선호한다. 반면 중년 여성들에게는 보통 "그냥 살라"거나 "자연스럽게 살라"라고 권유한다. 혹은 얼굴의 주름이 수술 자국과 구별되지 않을 정도로 나이가 들 때까지 기다리라고 말하는 의사도 있다고 한다.

아줌마들이 성형하면 회복 잘 안되고 효과도 좀 안 좋은 것처럼 성형도 이십 대 초반에 바짝 해야 해요. 그래야 자리 잡는 것도 예쁘고. 우리 어머님들 쌍수(쌍꺼풀 수술) 하셔서 예쁘게 된 거 봤어요? 다 진하게 하기를 원하는 것도 있지만 어쨌든 둔탁한 결과가 나오잖아요. 그게 다 나이 때문에 그래요. 뭐든 어렸을 때 해야 효과도 두 배죠.(J, 28세, 회사원)

의사들이 젊고 건강한 몸을 성형하기에 이상적인 몸으로 규정하는 것은 단지 회복 가능성이 더 높기 때문만은 아니다. 젊은 몸일수록 기술의 효과도 잘 발휘되기 때문이다. X의 사례에서도 볼 수 있듯, 이미 '늦어 버린' 몸에 대한 의사들의 시큰둥한 반응은 나이 듦에 대한 공포를 하나의 사실fact로 만들고, 이를 극복하기 위해서는 조금이라도 더 젊었을 때 관리를 해야 한다는 결론으로 나아가게 한다. "뭐든 어렸을 때 해야 효과도 두 배"라는 J의 말은 젊은 몸과 나이 든 몸, 둘 다를 옥죄는 정언명령과도 같다. 결과적으로, '젊고 건강한 몸'을 이상화함으로써 젊은 여성이든 나이 든 여성이든 가리지 않고 미용 성형과 시술에 뛰어들게 한다. 이미 늦어 버린 여성은 더 늙기 전에 해야 하고, 젊은 여성은 말할 것도 없다. A의원에서 피부 관리를 담당하는 원장은 친구들에 비해 자신이 십 년은 더 어려 보인다며 그 비결이 보톡스에 있다고 말했다.

"보톡스는 빨리 맞을수록 좋아요. 주름이 안 생기게 잡아 주거든요. 아예 주름이 생기기 전부터 준비해야 돼요. 요즘은 이십 대도 하잖아요."

가능한 빨리 시술을 시작해야 제대로 노화를 지연시킬 수 있다는 것이 그의 지론이었다.

미용 성형 시장에서 '안티 에이징'은 혁명이다. 이 혁명적 발상은 나이 듦을 영원히 지연시킬 수 있다는 환상에 기대 '지속적 관리'라는 황금알 낳는 거위를 작동시킨다. 이 거위의 작동 방식은 나이 듦이라는 미래를 현재에 끌어 와 그것을 소비 가능한 상품으로 만드는 것이다. 이러한 현상은 생명공학이 '질병의 유무'가 아니라 '질병에 걸릴 가능성'을 불러들이면서 개인의 삶을 재조직하고 소비자 주체를 형성하는 경향과도 유사하다.[5] '안티 에이징'이 함의하는 바는 명확하다. 몸의 결핍을 수정하는 것이 목적이던 미용 성형이 이제 정상적인 몸의 개선으로까지 나아갔다는 것, 그리고 미용 성형이라는 테크놀로지의 혁신성이 효과를 발휘할 수 있는지의 여부에 따라 몸에 위계가 세워지고, 특권화된 기술이 자연스러운 노화를 끊임없이 대비하고 관리해야 할 어떤 것으로 만들어 내고 있다는 것이다.

10장

초정상적인
몸을 향한 욕망

"성형 중독, '선풍기 아줌마'만의 일 아니다", "○○○ '사뭇' 달라진 얼굴… 네티즌, 선풍기 아줌마 생각 나", "얼굴을 잃었다. … 저러다 선풍기 아줌마 될라", "'제2의 선풍기 아줌마?', 불법 성형 시술로 14년째 '은둔'"

미용 성형을 비판하는 담론에 단골처럼 등장하는 것이 '선풍기 아줌마'이다. '선풍기 아줌마'의 사연은 2004년 〈세상에 이런 일이〉라는 프로그램의 "잃어버린 얼굴 편"을 통해 알려졌다. 그는 불법 시술자에게 성형을 반복적으로 받았고, 경제적인 형편

이 어려워지자 본인이 직접 얼굴에 콩기름을 주입하여 성형 부작용에 시달리게 되었다고 한다. '선풍기 아줌마'의 기이한 얼굴은 불법 성형이 초래하는 비극의 징표이자 성형 중독에까지 이르는 과욕을 경고하는 이미지로 유포되었다. 한국 사회에서 미용 성형에 대한 비판 담론은 사실상 성형 부작용과 성형 중독 등 '성형 과잉'에 경각심을 불러일으키는 방식으로 구성되어 왔다. 이들 담론은 비판의 지점을 협애화하고, 여성 소비자-환자 주체의 욕망을 통제하는 역할을 수행했다. 하지만 이러한 비판은 미용 성형 시장의 생존 방식이 필연적으로 성형 과잉을 초래한다는 점을 간과하고 있다.

초정상적인 몸과 성형 과잉

"예쁜 얼굴을 더욱 예쁘게, 평범한 얼굴이라면 탁월하게" 미용적 양악 수술은 여러분의 현재 얼굴에서 의학적으로 가능한 가장 아름다운 조화와 균형을 이뤄드리기 위한 수술 방법입니다. 치료 과정이 비교적 복잡한 편이지만, 아주 많이 예뻐지기를 바라는 마음을 만족시켜드릴 것입니다.[1]

마치 올림픽을 하듯이 '더 높게, 더 크게, 더 볼록하게' 하는 경우가 많아지고 있다. 성형 시술이 대중화되면서 서로 경쟁하듯이 더 과하게 얼굴을 바꾼다. 시술자나 피시술자 모두 정상치 안의 변화에 너무 익숙해져서 변화를 느끼지 못하는 것이다. 만화나 회화에 나오는 비현실적인 이미지를 흉내 내기도 하다. 한 부위를 먼저 초정상적으로 시술하고 나서 생기는 괴리감도 이에 한몫한다. (…) 전체적으로 과하게 된 얼굴은 서로서로 비슷해 보인다. 일명 '압구정 쌍둥이, 강남 쌍둥이'라는 말이 생길 정도로 닮아가는 것이다.[2]

미용 성형 문화가 지배적인 한국 사회에서 '초'정상적인 몸은 이중적인 의미로 사용된다. 첫 번째는 "탁월하게 아름다운 얼굴"이다. "예쁜 얼굴을 더욱 예쁘게, 평범한 얼굴이라면 탁월하게"라는 칼럼 제목이 말하듯, 미용 성형이 추구하는 것은 언제나 '현재 수준 이상의 미모'이다. 두 번째는 이와 상반되는 것으로 이른바 "성형 중독 얼굴"을 의미한다. 이는 선풍기 아줌마로 상징되는 기괴한 얼굴만을 뜻하지는 않는다. 성형이 만연한 사회에서 성형 중독 얼굴은 "압구정·강남 쌍둥이"나 "청담동 여자 사람들"이라는 비하 섞인 표현처럼 본래 얼굴은 사라지고 성형을 했다는 사실만이 두드러지는 얼굴을 가리킨다. 과장되게 큰 눈과 높은 코, 볼록한 이마와 볼, 턱 등이 특징이다. 초정상적인 얼굴이 이처럼 두 가지 상반된 뜻으로 사용될 때 성형하는 여성들은 이중 메시지를 받는다. 현재보다 더 나아진 외모, 즉 "초정상적인 외모(탁월하게 아름다운 외모)"를 갖기 위해 성형을 하지만, 어느 순간 똑같이 "초정상적인 외모(성형 중독 외모)"를 가졌다는 이유로 비난을 받을 수도 있다는 것이다. 신중한 소비자인 여성들은 성형에 대한 유혹과 경고가 공존하는 이 상황을 누구보다 예민하게 인식하며 성형에 임한다.

그렇다면 탁월한 아름다움과 성형 중독을 가르는 기준은 무엇일까? 실제로 한 번 이상 성형을 경험한 여성들은 외모 변화에 정서적으로 만족하면서도 성형이 필요한 또 다른 신체 부위가 계속해서 눈에 들어오더라는 고민을 토로했다.

> 최근에 알았어요. 버스에서 귀족 수술 이게 있는 거예요. 그래서 쳐 봤죠. 이게 이거래요. 그때부터 결심했어요. 올해 초에? 이거 나온 지 얼마 안 된 거 같아요. 요즘 새로운 성형 기술이 나오면요, 광고도 많이 나와요. 막, 잡지도 보면 다 나와 있으니까 모를 리가 없죠. 제가 평소에 다 보니까.(A, 18세, 고등학생)

A는 6개월 전에 A의원에서 쌍꺼풀 수술을 했다. A의 친구들이 인생 성공이라고 할 만큼 성형이 잘 됐고, 만족도도 높았다. A는 쌍꺼풀 수술을 받고 난 뒤 성형 전에는 눈여겨보지 않던 것들이 눈에 들어오기 시작했다고 한다. 버스의 성형 광고나 인터넷이나 잡지의 성형 정보에서 쉽게 눈을 뗄 수 없었다. A의 성형수술에 대한 믿음은 한 차례 수술이 성공한 뒤 더욱 커졌다. 입가의 주름을 없애 준다는 소위 '귀족 수술'에 귀가 솔깃해진 이유이다. A의 경우처럼 성형으로 얻은 만족감은 다른 신체 부위의 문제를 전보다 더 예민하게 의식하게 함으로써 오히려 결핍감을 생성하기도 한다. S는 이를 얼굴의 조화와 균형이라는 말로 설명해 줬다. 미용 성형이 기존의 조화와 균형을 깨뜨리기 때문에 성

형 욕구가 생기는 것이라는 해석이다.

한 군데가 고쳐져서 잠시 그 부분에 집중해서 만족을 해. 그런데 얼굴이라는 게 패키지로 뜯어고치지 않으면…… 성형 중독 일부러 하려고 하는 게 아니야. 한 군데 고치면 만족해야 하는데, 의사도 그만큼 식견 없는 사람 많아. 환자가 원하는 대로 따라가는 사람 많아. 턱 깎았잖아? 코 다시 수술했잖아? 사람 눈이 있어서 내 얼굴 내가 가장 많이 보잖아. 거기를 고쳐서 조화가 안 이루어지고 그것 때문에 다른 결점이 두드러져. 코가 솟으니까 볼이 더 꺼져 보이잖아. 그 상태로 두면 부조화인거야. 광대 깎고 하니까 볼이 처져. 이거 때문에 나이 들어 보이는 거야. 3차에 걸쳐서 볼에 지방 주입하고 있는 중이야.(S, 40세, 회사원)

S는 턱의 비대칭을 교정하기 위해 뼈 일부를 깎아 내는 수술을 한 뒤 자신의 얼굴에 더욱 몰두하게 되었는데, 이후 이루어진 코 성형은 오히려 볼을 꺼져 보이게 만들었다고 말했다. S가 '패키지' 성형이라고 언급하듯이, 성형이 얼굴 내부의 조화, 균형을 맞추는 작업으로 이어지게 된 것이다. 이제는 사회적으로 존재하는 외모 규범들보다 자신의 신체 부위별 비교를 통해 새로운 조화와 균형을 찾는 일이 중요해지며, 이는 성형을 반복하는 주요한 요인이 된다. 그렇다고 S가 본인을 성형 중독이라고 생각하는 건 아니다. 이는 수차례 성형을 반복한 J의 경우에도 마찬가지였다.

이십 대 후반인 J는 대학 졸업 후 변호사 사무실 비서와 성형외과 코디네이터로 근무한 적이 있고, 인터뷰 당시는 휴직 중으로 곧 안과에서 코디네이터로 일을 하게 될 거라고 말했다. J는 고등학교를 졸업한 뒤 다양한 외과적·비외과적 기법을 이용해 수차례 성형을 했다. 부작용이나 합병증 때문에 재수술을 한 적도 있었지만, 성형 결과가 불만족스럽거나 얼굴의 다른 부위에 결핍감을 느껴 추가로 성형수술을 한 경우도 있었다. 수술 횟수를 듣고 내가 놀라자 그는 잠시 생각하다가 자신을 성형 중독자가 아니라 '성형 예찬론자'로 생각해달라고 했다.

중독이라는 나쁜 말에 대입하고 싶진 않고 성형 예찬론자? 성형에 관대한 사람이죠. 그 아주머니[선풍기 아주머니]는 정상적인 과정을 밟지 않아서 문제인 거잖아요. 전, 성형을 하고 싶으면 병원에 가서 의사랑 상담하고 수술대에 누웠어요. 선풍기 아줌마는 직접 주사기에 알지도 못하는 공업용 약을 주입한 거잖아요. (…) 야매까지 찾아서 하는 사람은 능력도 없으면서 무조건 하겠다는 사람이잖아요. 근거 없는 것에 내 얼굴, 신체 맡겨도, 어떠한 결과가 나와도, 상관없다 일단 하고 보자 주의. 그게 중독 같아요. 중독이 안 되려면 돈도 중요한 부분을 차지하지만(웃음) 자신의 심리를 다듬어야죠. 제가 이마에 실리콘 넣고 싶다고 했잖아요. 야매로 백만 원에 해 줄게 해도 안 가요. 내 신체를 소중히 생각하는 만큼 아무 곳에 내맡기지는 않아요.(J, 28세, 회사원)

성형 중독에 대한 J의 정의는 사회의 통념과 일치하지 않는다. 보통 성형 중독은 성형수술에 대한 맹신과 강박적 집착이 일상의 다른 모든 것을 압도할 때 나타난다. 이때 중요한 것은 실제 성형수술을 한 횟수, 성형수술 관련 정보를 모으는 데 투여하는 시간과 에너지, 수술 결과에 대한 과도한 신뢰, 성형수술을 하지 않아 생기는 불안감 등이지 수술을 받는 장소나 공인되지 않는 물질의 사용 여부가 아니다. J가 이렇게 해석하는 것은 성형 중독 담론이 가지는 정치적인 효과 때문이다. 한국에서 성형 중독은 선풍기 아줌마와 같은 극단적인 사례를 통해 제시되는데, 이 때문에 성형 중독자는 불법적인 성형 시술자의 유혹에 굴복한 무지한 소비자의 형상으로 나타나 주류 의료 권력을 지지하는 자극적인 홍보 수단으로 전락한다.[3] 한국의 성형 중독 담론은 성형수술을 하지 말라고 권하기보다는 성형수술을 '잘', '합리적으로', '주체적으로' 행하라고 조언한다. 그 가운데 합법적인 의료 시스템의 권위는 결코 의심받지 않는다. 탁월한 아름다움과 성형 중독을 구분하는 기준선은 소비자-환자 주체에게 있지 않으며 이 시장의 팽창을 지지하는 방식으로 다시 그어진다.

영구적인 변형에서 지속적인 개조로

영구적 성형이나 돌이킬 수 없는 변형이라는 말은 이제 과거의 이야기이다. 몸에 삽입한 보형물은 제거하고 재삽입할 수 있으며 쌍꺼풀은 다시 만들거나 없앨 수도 있다. 성형은 지속적인 보완과 개조의 과정이 되었다. 이러한 성형의 의미 변화는 혹 실패하거나 부작용이 있다고 할지라도 얼마든지 재수술이 가능하다는 점을 부각시켜 성형에 대한 불안감을 잠재운다. 성형 과잉에 대한 비난과 경고가 쏟아져도 성형을 반복하는 이유는 성형의 문화적 의미가 변화했기 때문이다. 자기계발의 차원에서 이해되기 시작한 성형은 영구적인 변형이 아닌 지속적인 개조의 과정이 되었고, 새롭게 등장하는 성형 기법과 기계, 보형물 들은 이러한 변화를 가능하게 해 주었다. 유방이나 코에 삽입한 보형물은 언제든지 새로운 소재와 모양을 갖춘 다른 보형물로 교체할 수 있으며 쌍꺼풀은 앞트임이나 뒤트임을 추가하거나 눈매 교정이라는 이름으로 아예 모양을 다시 만들 수도 있다. 이런 상황이고 보니 성형 결과에 만족하지 못하거나 부작용이 발생한다 해도 얼마든지 바로잡을 수 있다는 인식이 확산되고 있다.

대학에서 교양 과목 강의를 하면서 만난 E는 인터뷰 당시 대학교 3학년이었고 1학년 때 코 성형을 한 적이 있다고 해 조심스레 인터뷰를 요청했다. 커피숍에 나타난 E는 화장 안 한 민낯에 점퍼와 츄리닝 차림이었다. 화장품 블로그를 운영하고 있지만 화장품 브랜드 매니저라는 꿈을 이루기 위한 것이고, 평소엔 외모에 그다지 신경쓰지 않는다고 했다. 상업계 고등학교를 다녔던 E는 엄마가 대학에 들어가면 코 성형을 시켜준다고 약속을 했고, 대학 1학년 축제 기간에 성형수술을 받았다.

🔍 엄마가 상담할 때 걱정했던 게 뭐예요?

혹시나 잘못 돼서 밖에 안 나가고 너무 티 나고 그러면 싫다고. 너무 티 나게 할까 봐. 잘못 되면 어떡하느냐고. 텔레비전에 많이 나오잖아요. 수술 잘못돼서 우울증 걸리고. (…) 근데 코디 언니가 그런 일은 없다고, 만약에 마음에 안 들면 재수술을 공짜로 해 준다고 했어요.(E, 22세, 대학생)

E는 한때 친구들과 강남 일대의 유명한 성형외과 목록을 뽑아서 발품을 팔며 성형 견적을 받으러 다녔다고 한다. 그러다 성형수술을 받기로 결정한 곳은 엄마와 함께 방문한 모 성형외과였다. 딸의 성형수술을 망설였던 엄마에게 확신을 준 것은 결과가 만족스럽지 않다면 추가 비용 없이 재수술을 해주겠다는 상담실장의 말이었다.

수술을 처음 시작할 때는 돈이 걱정이 되겠죠. 만약 부작용이 났어요. 그럼 일단 병원에 돈 받지 말고 나를 멀쩡하게 처음으로 돌려놔라, 사람들이 죄다 그렇잖아요. 저희가 비용 부분을 얘기 안 한다면 환자분들은 별 말 안 하세요. 그런데 코 염증도 나고 이상하다 해서 재수술하면 돈이 추가가 된다고 하면 그때부터 불안해지시는 거죠. 나는 돈이 별로 없는데 이게 몇 년 더 되면 썩을까 이런 걱정이 마구……. 재수술을 무료로 해 주겠다 하면 환자들이 안심하죠. 저 같아도 기분 전환으로 비싼 옷을 샀는데 커요, 교환이 안 되면 어떡할까, 반품 처리가 안 되면 어떡하지, 이런 마음인데 흔쾌히 바꿔 주

겠다 그러면 근심 걱정이 쑥 날아가잖아요. 그런 거 같아요.(K, 상담
실장, A의원)

K가 미용 성형 후 재수술하는 것을 백화점에서 물건을 구입
한 뒤 교환하는 것에 비유하는 것은 흥미롭다. 미용 성형에 대
한 불안감을 '비용 부담 없는 재수술'로 상쇄시킬 수 있다고 믿
는 환자들이 상상하는 것도 이와 크게 다르지 않을 것이다. 그러
나 미용 성형은 백화점에서 물건을 구입하는 것과는 다르다. 코
성형 후 재수술을 하기까지 4개월을 기다려야 했던 D는 재수술
이 생각처럼 쉽고 간단하지 않았으며 괴로운 시간이었다고 고백
했다. 아래 글은 D가 후기를 중단하며 인터넷 성형 카페 게시판
에 올린 글이다.

3주차까지 후기를 적다가 중단을 했는데 늦게 글을 올려 죄송합
니다. 3주차 확인하러 갔을 때 부기도 많이 빠지지 않았고, 이것저
것 확인을 해보니 염증이 있어서 보형물(실리콘)을 급히 빼야 하는
상황이었어요. 제가 알아보니 염증은 제가 관리를 못해서 그럴 수
도 있고 병원 측 잘못일 수도 있으나 정확히 누구의 잘못인지 판단할
수 없다고 하더라고요. 멀쩡한 코에도 아무 이유 없이 날 수 있는 게
염증이라네요. 제가 수술했던 날짜가 이번 겨울 제일 추웠던 날이고
지내던 집하고 병원이 너무 멀어서 고생하긴 했어요. 게다가 수술
직후 감기 몸살까지 걸렸으니……. 빨리 병원을 갔었더라면 조치를
취할 수 있었겠지만 저는 집이 지방이고 병원은 서울이라 가기가 힘

들어 3주차에 갔더니 결국 빼야 한다고 하더라고요.(D, 22세, 대학생, 성형 후기 가운데)

D의 글만 봐서는 보형물을 빼야 할 만큼 위험한 상황을 초래한 것이 의사의 책임인지, 환자의 책임인지, 혹은 보형 물질의 문제인지 명확하지 않다. "멀쩡한 코에 아무 이유 없이 날 수 있는 게 염증"이라는 의사의 설명은 부작용을 어찌할 수 없는 환자 몸 특유의 반응처럼 받아들이게 한다. 환자의 몸이 다른 환자와는 달리 예민하다든지, 추운 날씨에 돌아다니다 감기에 걸렸기 때문이라든지, 이후 적절하게 대응을 하지 않았기 때문이라든지, 의사들이 말하는 부작용을 초래할 수 있는 사유는 무궁무진하며 어느 하나로 단정할 수 없는 게 특징이다. 참여 관찰을 했던 A의원에서도 의사는 지방 주입 후에 지방이 너무 빨리 가라앉거나 코의 보형물이 휘어지는 문제를 호소하는 환자들에게 해당 부위의 근육을 너무 많이 사용했다든가 다이어트를 무리하게 했기 때문이라는 식으로 이유를 대곤 했다. 성형에 대한 불만족은 주관적인 평가의 문제로, 부작용은 원인을 알 수 없는 환자 몸의 특수성에서 기인한 문제로 정리함으로써 의사들은 성형 의료 기술이 가진 한계와 위험성을 축소하는 데 가담한다.[4]

◆ 병원에서 염증 얘기 안 해 줬어요?

네. 염증 나고 얘기 들었죠. 이렇게 될 줄 꿈에도 몰랐죠. 기분 좋게 수술하고 결과는 이러니까…… 또 병원에서는 이런 일은 종종 있다고 큰일 아니라고 얘기하죠. 하지만 겪어 본 사람으로서 4개월은 무지 길더라고요.

☜ (재차 확인하기 위해) 수술 전에는 염증 얘기 안 해 준 거예요?

네. 실패하면 어떡하나요? 물었을 때 '다시 하면 돼요'라고만 들었던 거 같아요. 그게 큰일이라고는 얘기하지 않죠. 하지만 수술이라는 것 자체가 환자에겐 힘들고 큰일인데 말이에요. 충분히 솔직히 얘기를 해 줘야 할 텐데 얘기를 안 해 주니 성형이 안전하다고 다들 생각하는 거 같아요. 충분히 실패할 가능성이 있다고 얘기를 해 줘야 하는데 말이죠.(D, 22세, 대학생)

성형 커뮤니티에 후기를 올린 D를 만났을 때, 그녀는 수술 전 부작용이나 실패 가능성을 고지하지 않은 의사와 병원에 문제가 있다고 분명하게 말을 했다. 염증이 발생한 후에 의사는 D에게 "이런 일은 종종 있다"거나 "큰일이 아니다"라고 이야기했지만, 이는 실제 고통을 겪었던 D 입장에서는 전혀 공감할 수 없는 위로였다.

실리콘을 빼고 나서 얼굴이 엄청 못나지더라고요. 4개월간 거의 우울증 상태로 지냈던 것 같아요. 지난 월요일에 다시 수술했고, 지금은 회복 중이에요.

☜ 다행이네요. 그런데 실리콘 빼면 그냥 예전 상태로 돌아가는 것 아닌가요?

코끝을 올리고 실리콘을 넣은 거라 실리콘만 빼면 코끝만 올라간 돼지 코처럼 되더라고요. 원래 제 코는 약간 밑으로 향해 있는 코인데. 그러니 얼굴이 엉망이 됐죠.

🔖 연골도 빼는 거 아녜요?

그때 제 연골을 쓴 게 아니고 쥐 연골인가 써서, 비싸다고 안 뺀다고 하더라고요. 나중에 다시 할 거니까 놔두자고. 근데 이번엔 그거 빼고 제 연골로 다시 해 주시더라고요. 어떻게 수술이 진행될지 모르니까 놔둔 것 같아요. 전 무척 싫었지만.

🔖 그때 병원에 빼달라고 했었어요?

빼면 안 되냐고 하니까 한 번 빼면 다음에 다시 못 넣는다고 하더라고요. 그래서 그냥 참았죠.(D, 22세, 대학생)

D의 코 성형에는 두 가지 보형물이 삽입되었다. 콧대를 세우기 위한 I자형 실리콘과 코끝을 올리기 위한 쥐 연골로 만든 보형물이다. 1차 수술 후 염증이 생기자 의사는 염증이 발생한 I자형 실리콘만 제거했다. 코끝 보형물은 염증이 생기지 않았고 값이 비싸다는 이유로 제거하지 않았다. 염증이 발생한 이후 어떤 보형물을 제거할 것인가에 관한 의사의 판단을 좌우한 것은 기괴해진 코를 보며 재수술 시기를 기다려야 했던 D의 괴로움보다는 보형물의 경제적인 가치였다. 재수술은 피부 조직이 어느 정도 회복되기까지 기다린 후에 해야 했기에 D는 수술이 가능한 시점까지 '수술 과정 중인 몸'을 지켜보며 4개월을 견뎌야 했다. 한편 켈로이드 피부 특성을 가진 M은 쌍꺼풀 수술 후 자국이 크게 남고 염증이 생겨 6개월여 후에 재수술을 했다. 인터뷰를 같

이 했던 M의 엄마는 딸을 보며 "그때 정말 불쌍했다"는 말로 M의 고통을 설명했다. 의사는 M의 피부 특성을 사전에 파악하지 않았고, 그 때문에 M은 집 밖에 나갈 생각도 못한 채 6개월을 보내야 했다.

성형은 일시적인 변형이 아니라 지속적인 개조의 문제가 되었고, 재수술은 일종의 '옵션'이 되었다. 여성의 몸보다 기술을 우위에 놓는 의사들의 사고는 이러한 현상을 공고히 하는 데 한몫을 한다. 보통 의사들은 코나 유방에 삽입한 보형물이 잘 유지만된다면 유효기간이 거의 영구적이라고 말한다. 보형물을 삽입해 발생하는 부작용은 보형물의 문제라기보다는 보형물을 제대로 받아들이지 못하는 특수한 몸의 문제라는 식이다. 하지만 몸이 보형물에 제대로 반응한다 할지라도, 보형물의 유효기간은 의사들이 말하는 것처럼 영구적이지 않다. 기존의 보형물을 대체할 새로운 보형물이 끊임없이 출현하기 때문이다. A의원 원장은 보톡스나 지방 이식술 정도를 생각하고 병원에 방문한 V에게 코 재수술을 제안했다.

원장: 코가 위로 움직이네요. 갈수록 움직입니다. 코끝은 움직이고, 코 중간은 움직이지 않게 분리해서 수술해야 합니다. 확 틀어지네요. 실리콘이 비쳐 보여요. 언젠가는 해야 합니다. L자 실리콘, 10년이면 잘 쓰신 거네요.

V: 느끼긴 느끼고 있어요. 재수술해야겠지만……

(V, 45세, 자영업)

원장은 V의 코에 삽입된 보형물인 L자형 실리콘은 이제 더 이상 사용하지 않는다고 했다. V가 코 성형을 했던 10년 전에는 이 사실을 몰랐겠지만 코에 삽입된 실리콘은 시간이 지나면서 아래로 처져 코끝 피부 조직을 얇게 만들고 피부를 뚫고 나오기도 한다. 상담 과정에서 원장은 I자형 실리콘과 귀 연골로 콧대를 만드는 방식으로 재수술을 하는 것이 시급하다고 주장했다. "10년이면 많이 썼다"라는 의사의 말처럼 이제 이 실리콘 보형물의 수명은 다하였고 새로운 대체 작업을 요구하는 것이다.

W의 경우 15년 전 유방 성형으로 삽입한 보형물 중 한 쪽이 파열된 사실을 알게 되었다. 양쪽 보형물을 아예 제거할 수도 있지만, 그렇다고 유방이 수술 이전의 상태로 돌아가는 건 아니다. 성형수술의 흔적이 고스란히 남아 있기 때문이다. W는 한동안 자기 몸을 받아들이기 힘든 불안한 시기를 보내다가 한 번 더 수술을 하기로 결심했다. 이번에 수술을 하더라도 언젠가 똑같은 문제가 발생할 수 있다는 걸 충분히 알고 있었지만, 자신의 결정을 바꾸지 않았다. 이처럼 보형물의 한계에 대한 명확한 인식은 성형을 중단하게 하기보다는 '지속적인 개조로서의 성형수술' 개념을 수용하게 한다.

성형 결과의 불확실성, 실패에 대한 우려, 그리고 달라진 미 규범과 새로운 기술의 등장은 여성들을 실망과 희망이 반복되는 회로 안에서 끊임없이 움직이게 만든다. 이는 시장의 또 다른 행위자인 의사들에게는 안정적인 수요를 확보해 주는 조건이다. 심지어 성형수술 부작용이나 실패도 의사들에게 새로운 이윤 창출의 기회가 되고 있다.

십 년 전부터 비전문의들이 많이 나오기 시작했는데 그때 당시만 해
도 걱정을 많이 하셨어요. 지금 십 년이 지난 상태에서 무슨 얘기를
하냐면 오히려 시장을 키웠어요, 비전문의들이. 부작용들을 워낙 많
이 만들다 보니까 우리는 이제 재수술로 수가를 높여서 더 수술들을
많이 하죠. 물론 비전문의들 중에서도 나름대로 열심히 노력을 해서
결과들이 좋으신 분도 있겠죠. 대부분은 그렇지가 않기 때문에 시장
을 더 키우는 역할을 하죠.(C, 원장, O성형외과)

지방 소도시에 성형외과를 개원하고 있는 C원장은 〈대한성형
외과학회〉 운영진이기도 하다. 그는 비전문의들의 시장 진입이
미용 성형 시장의 전체 파이를 키우고 성형 실패 사례를 만들면
서 오히려 전문의들이 재수술을 통해 더 높은 이윤을 창출하게
되었다고 말했다. 압구정동에서 성형외과를 운영하는 J원장 역
시 "비전문의가 합병증을 만들어서 전문의를 살려 준다"는 이야
기를 했다. 물론 전문의만큼 실력을 갖춘 비전문의 의사들도 있
고, 전문의라고 해서 성형수술의 안전성을 보장해 주는 것은 아
니다. 하지만 성형 시장이 기형적으로 팽창하면서 충분히 훈련
받지 못한 의사들이 너도나도 성형 시장에 한 발을 담그고 있는
것은 사실이다. 문제는 전문의이든 비전문의이든, 여성들이 경
험할 수 있는 위험을 세밀하게 관리되고 규제되어야 할 것으로
인식하기보다 그 자체를 또 다른 소비로 이어지는 이윤 창출의

기회로 본다는 것이다. 성형 실패로 여성의 몸에 각인된 상처가 의사들에게는 욕망하는 상품이 되는 아이러니는 '성형 과잉'이 끊임없이 만들어질 수밖에 없는 구조를 여실히 보여준다.

고통과 실패, 그리고 신중한 소비

모임에 참석한 Q가 딸의 성형수술 사실을 알렸다. Q의 딸은 이십 대이고 대학 졸업 후 신촌 학원가에서 대학원 입시를 준비하고 있었다. 사람들의 관심은 어떻게 변화되었는지에 모아졌다. 사진을 보여 달라는 성화에 Q는 과거 찍었던 가족사진과 수술 후 딸이 찍은 증명사진을 함께 보여 주었다. Q가 내놓은 애프터 사진을 보고는 연예인을 닮았다는 둥, 성공했다는 둥, 칭찬이 쏟아졌다. Q는 대학원 진학 준비를 하는 딸에게 신촌에 방을 얻어 주고 학원비, 생활비를 대느라 2천만 원 정도를 썼고, 이번에 양악수술을 하느라 또 2천만 원이 들었다며 투덜대는 말투로 말했다. 노후 자금을 다 써버렸다며 한숨을 내쉬었지만, Q의 웃음 띤 얼굴에서는 딸이 원하는 것을 해 주었다는 뿌듯함도 엿보였다. 모임이 끝난 후 아파트 앞 벤치에서 Q와 성형수술 이야기를 나누다가, "양악은 큰 수술이고 방송에서 보면 사고 났다는 얘기도 많이 하잖아요"라고 말을 꺼냈다. 어떻게 그런 위험을 감수하고 성형수술을 시켜 주었는지 질문을 한 것이었다.

여기 ○○○ 치과도 인사 사고 있었대. 인터넷 찾아보니까 있더라고. 그 얘기 했더니 ○○이가 '엄마, 서울대 병원에서도 다 사고는 나' 이러더라고. 애가 대범하게 그렇게 하더라고. 진짜 원하는구나 싶었지. 수술한다고 했더니, 조카들이 '이모, 그 병원 사고도 났어요' 이러길래 ○○이 말대로 내가 그랬지, 서울대에서도 사고는 난다고. 그러니까 애들도 그러냐고 하지. ○○이가 그냥 운이라고 하더라고.(Q, 50대, 전업주부)

Q와 딸의 대화 속에서 미용 성형과 관련된 사고들은 사소하게 취급되었고, Q는 그것을 딸의 '대범함'으로 받아들였다. Q에게서는 불안감보다는 딸과 함께 위험하고도 어려운 미션을 잘 완수했다는 안도감이 느껴졌다. 이처럼 성형을 준비하고 경험하는 여성들이 성형수술의 부작용이나 실패에 대해 모르는 게 아니다. 오히려 성형을 위해 자료를 검색하고 수집하다 보면 합병증이나 때로는 죽음에 이르기까지 하는 사고에 대해 더 많이 알게 된다. 그러나 이렇게 모은 정보들이 성형수술을 포기하게 만들지는 않는다. 이들 여성들의 성형에 대한 기대와 열망은 어떻게 유지되고 있는지 궁금해졌다.

인터뷰를 하기 위해 성형을 했거나 준비 중인 여성들을 만나면서 느낀 것은 수술의 위험성에 대한 정보가 고지된다 하더라도 여성들은 그 위험을 자신에게 일어날 수 있는 일로 이해하는 데 어려움을 겪는다는 것이었다. 여기에는 고통의 재현이 갖는 특수한 효과가 영향을 미친다. 잘못된 수술로 일그러진 얼굴의 이미지나 감염이 되거나 마취가 잘못되어 수술 도중 사망한 사람들에 대한 기사, 부작용을 고스란히 드러내는 연예인의 얼굴 등은 과도하다 할 정도로 각종 언론 매체에 의해 유포되고 있다. 또 포털 사이트에 성형 부작용을 입력만 해도 레이저 시술 후 화상을 입었다거나 지방 흡입 수술 후 패혈증으로 고통 받은 이야기, 코 성형 후 보형물에서 염증이 생기고 보형물이 피부 조직 밖으로 빠져나왔다는 등 다양한 사례들을 접할 수 있다. 성형 실패는 언론 매체의 지배적인 재현에서 결코 은폐되고 있지 않다. 그러나 특정 개인이 경험하는 매우 사적인 고통과 불행은 공적으로 언설화되면서 오히려 일상적이지 않은 '예외'로 수용된다. 실패나 부작용은 운이 나쁜 소수에게 발생하는 일이며, 자신의 일상은 그러한 예외로부터 안전할 거라는 믿음에 기대는 것이다. 언론 매체에서 재현되는 부작용, 합병증, 사망 사고 등은 단지 일어날 법한 일일 뿐 성형에 대한 신념을 교란시키지 못한다. 일단 성형수술을 하기로 마음먹은 여성들 대부분은 자신을 소수의 운이 나쁜 사람들이 아닌 성공 사례에 동일시하기 때문이다.

🔖 수술 전에도 후에도 주로 잘된 사진들을 찾네요.

고민 올리는 사진들 있는데 너무 안쓰러워요. 특히 앞트임 상처들, 저는 앞트임 상처 없어서 다행이다 생각하구요. 주로 잘된 거를 보게 되고 사람들도 잘된 거를 올리죠. 잘못된 사진을 수술 전에 보면 무섭기도 하고. 근데 진짜 실제 주변에서 잘된 케이스를 본 사람인 경우는 결심이 잘 안 바뀔 것 같아요.

◈ 잘된 케이스가 영향이 더 크네요.

네. 그런 바람에서 수술하는 거니까요.(K, 28세, 회사원)

◈ 회복기의 고통을 알았다고 해도 수술했을까?

했을 거야. 실감을 못하니까. 겁은 먹지만. 글로 읽으면 글로 오지, 피부로 안 와. 수술은 그냥 미쳐서 하는 것 같아. 실제 겪을 때는 다르게 해석되는 게 있지. 종군기자처럼 총알은 나를 피해갈 것이다, 나는 괜찮을 것이다 하는 되지도 않는 믿음이 있어.(S, 40세, 회사원)

K와 S의 사례에서 볼 수 있듯, 성형을 준비하는 과정에서 그에 뒤따르는 **확실한 고통**과 **불확실한 성공**에 대해 모를 리 없는 여성들은 기대와 불안이 뒤얽힌 복잡한 정서를 경험한다. 하지만 이러한 정서는 성형을 결심하는 순간 넘어서거나 극복해야하는 일이 된다. K의 경우처럼 성공 후기를 읽으며 정서적인 위안을 받거나 S의 경우처럼 "나는 괜찮을 거야"라는 자기 암시를 반복하는 식으로 말이다.

기대와 불안이 뒤섞인 복잡한 정서가 성형수술의 '의지'로 귀결되는 것은 몸과 자아의 관계가 재조정되기 때문이다. 성형을 준비하면서 결핍을 지닌 것으로 대상화된 몸과 그 몸을 개선할 책임이 있는 자아 사이에 분리가 일어난다. 이러한 분리를 성공적으로 이루어 낸 여성들은 스스로를 몸 변화를 책임지는 자아로 위치 지으며 성형에 대한 희망을 키워 나간다. 변형된 몸이 정서적 만족감이나 우월한 지위를 주리라는 확신은 성형을 일종의 미션으로 의미화하게 한다. 그리고 성형에 수반되는 위험risk은 넘어서야 할 장애물obstacle로 전환된다. 이 점에서 성형 리얼리티 프로그램의 제목이 "도전! 신데렐라"라는 것은 상징적이다. 성형이라는 미션을 완수하기 위해서는 몸의 고통과 실패의 가능성을 이겨낼 수 있는 도전 의식이 필요하다는 것을 암시하고 있기 때문이다. 이러한 몸과 자아의 분리는 성형수술 이후 회복기에 나타날 수 있는 고통이나 수술 실패로 인한 부작용, 합병증 등을 경험할 때에도 여성의 몸과 자아 인식에 영향을 미친다. 때로는 D의 후기에서 보듯이 몸의 고통이 유머러스한 수사로 전환되기도 한다.

〈수술 당일〉

코가 많이 높아졌어요. ㅎㅎ 콧속에 솜 넣어둔 거……, 피가 많이 고였죠? 계속 피가 나와서 끊임없이 닦아줬답니다.ㅜㅜ ㅜㅜ 하루만 넣어두면 된다고 해서 잘 참았어요.ㅎㅎㅎ 첫 날은 부기도 없고. ㅎㅎ 좋았어요. 하지만 셋째 날까지 퉁퉁 부어요!!! ㅜㅜ ㅜㅜ

〈수술 둘째 날〉

둘째 날입니다.ㅜㅜㅅㅜㅜ 꽤 많이 부었죠. 눈이랑 미간 쪽이 엄청 부었답니다. 볼과 턱은 많이 붓지 않았어요!! 그나마 다행이였어요. ㅎㅎ 전 수술 당일과 둘째 날 엄청 놀러 다녔답니다.ㅎㅎ 무지 추웠는데두 불구하구. ㅋㅋㅋㅋ 대단하죠 저 ?ㅋㅋㅋ 당당한 뇨자이니까

여.ㅎㅎ 열심히 찜질 중인 체리입니닷!!

〈수술 셋째 날〉

엄청 부었습니다……. 눈이며 미간이며 볼이며 턱이며……, 세상에 아침에 눈이 안 떠지더라구요.ㅠㅠ 쌍꺼풀은 거의 없어질려구 하구. 입도 안 떨어지구 말하는데 볼은 움직이지도 않더라구요 ㅠㅠ 흑흑.ㅋㅋ 전 매일 치료를 받으러 갔는데 (사진도 찍어야 해서) 매니저 언니가 부은 절 보며 귀엽다구 호빵맨 같다구 하시더라구요. 'ㅁ' 매니저 언니 비위도 좋으셔……ㅋㅋㅋ (중략) 선풍기 체리가 되어 우울했지만 넷째 날부터는 부기가 빠지는 시기래여~ 찜질 열심히 해야겠습니다!ㅎㅎ…… ㅠㅠ 흑 아무튼 저 이뻐지는 모습 천천히 봐주세여 ^-^ ㅎ(D, 22세, 대학생, 수술 후기 가운데)▪

D는 코 성형 경험을 고통이 전혀 없는 마법 같은 변신으로 신비화하지는 않는다. 마법의 자리를 대신하는 것은 유머이다. D는 수술 이후 콧속을 막아 놓은 솜 때문에 숨을 쉬기 힘들어 밤잠을 이루지 못했고, 흘러내리는 피를 계속 닦아 주는 등 힘든 시간을 보내야 했지만, 발랄한 말투와 이모티콘을 사용함으로써 고통을 겪는 몸으로부터 스스로를 거리 두기하는 모습을 보여 준다. 멍들고 부은 얼굴을 만화 캐릭터인 '호빵맨'에 비유하

▪해당 수술 후기는 무료 성형 이벤트를 실시한 한 중고 물품 사이트에 게시된 글이다. 해당 사이트에서 수술 후기는 익명으로 게시되어 있다.

고 스스로를 '선풍기 체리'*라고 말하며 비하하는 식이다. D는 결국 코에 염증이 생겨 수술 3주차 만에 후기를 접고 재수술을 받아야 했지만, 그 사실을 알리는 글에서도 후회의 감정이나 수술을 잘못한 병원에 대한 분노는 찾을 수 없었다.(249쪽 참고) 이는 D의 경우에만 해당하는 이야기가 아니다. 인터넷 공간 바깥에서도 수술 후 몸의 변화와 고통을 사실적이면서도 유머러스하게 재현하려는 시도는 흔하게 나타난다. 이를테면 S의 경우 코와 안면 윤곽 수술을 동시에 한 후에 두유를 먹으며 힘든 시간을 보냈는데, 당시 일을 "인간이 할 짓이 못 된다. 그래도 옆선은 만화다"라며 고통을 웃음으로 승화(?)시켰다. D가 성형수술에 실패했을 때, 남자친구는 D에게 '아바타'라고 놀렸다. S의 남편은 S의 코를 가리키며 '마이클 잭슨 코'라는 별명을 붙여 주었다. 흥미로운 점은 둘 다 놀림을 받으면서 오히려 위안을 얻었다는 것이다. 고통을 유머러스하게 재현하려는 시도는 수술 과정이나 이후 회복기, 혹은 실패의 경험에 수반되는 정신적, 육체적 고통을 사소한 것으로 만들거나 희화화시켜 그 충격을 줄이는 역할을 한다.

이러한 재현 방식에 주목해야 하는 이유는 그것이 몸에 대한 다른 이해를 생산하기 때문이다. 브룩스Abigail Brooks는 미국의 각종 잡지에 실린 성형수술 경험자들의 인터뷰를 분석해 고통을 유머 코드로 재현하는 경향이 있음을 밝혔다.[5] 성형수술 이

─────────

■ 체리는 D가 사용한 인터넷 닉네임이다.

후 고통의 과정을 솔직하게 기술한 뒤, "남편이 멍들고 부은 얼굴을 보더니 이름표를 붙여야겠다고 했다"거나 "일주일 내내 집에서 아이스팩이랑 데이트했다"는 등의 말로 마무리하는 유머의 틀이 존재한다는 것이다. 브룩스는 이러한 경향이 고통을 재조정하고 축소시킬 뿐만 아니라 "몸과 자아의 성찰적 소통을 방해한다"고 지적한다. 멍들고 붓고 피를 흘리는 몸이 자아에게 보내는 신호는 거부되고, 몸은 다양한 성형 의료 기술이 개입 가능한 방식으로 이해된다. 브룩스는 이를 가리켜 "성형수술에 친화적인 방식으로 몸에 대한 이해"가 생산된다고 설명한다. 의료 기술로 변화시킬 수 있으며, 그 과정에서 고통이나 부작용도 견딜 수 있고, 혹시 모를 재수술까지 감당할 수 있는 것으로 몸을 이해하게 된다는 것이다.

몸을 성형수술이라는 프레임을 통해 바라보는 데 익숙해지면서 성형수술에 대한 관대한 태도가 정당화된다. 성형을 선택하는 것이 성형 과정과 결과에 대한 비의학적인 상황이나 불확실성까지 수용하는 방식으로 여성들에게 현실화되고 있는 것이다. 이런 맥락에서 '운'에 맡기는 것이 성형을 대하는 가장 합리적인 태도라는 J의 말이 이해가 된다. J는 여기서 더 나아가 잘된 사례를 전시하는 성형 광고나 의사 개인의 실력을 믿는 것이 오히려 현혹이고 착각이라고 말한다.

의사 컨디션이 항상 좋을 거라 생각하지 않아요. 수술 정말 잘된 여자가 후기를 올렸어요. 그 여자만 보고 '나도 그렇게 될 것이다'라고 착각하지 않아요. 왜냐? 그날 그 여자 수술해 준 선생님 컨디션이 엄청 좋았을 수도 있고, 그 여자 분이 운이 좋아서 수술이 잘된 걸 수도 있고, 의사도 사람이죠. 술 먹고 그런 거, 컨디션, 몸 상태 다 있는 사람들이잖아요. 너무 의사만 백 프로 믿고 잘된 수술 후 사진들에 현혹되는 것도 아닌 것 같아요. 사진처럼 안 나왔다면 누구한테 따질 거예요? 결론은 자기 선택에 확신을 갖고 그 후에는 잘되기만을 바라는 거죠. 성형외과 있어 보면 별에 별 것으로 클레임 거는 사람들이 다반수인 걸요.(J, 28세, 회사원)

J는 성형 환자의 바람직한 태도로 의사의 실력을 전적으로 믿기보다 의사도 사람이므로 실수할 수 있다는 것을 이해하고, 그날그날의 컨디션이 다를 수 있다는 것을 헤아리며, 따라서 결과의 상당 부분을 '운'에 맡기는 것이라고 말한다. 인터넷 성형 커뮤니티에서도 J와 비슷한 생각을 하는 사람들을 흔하게 볼 수 있었다. 성형을 앞둔 여성들은 게시판에 "의사 선생님이 그날 컨디션이 좋았으면 좋겠다"라거나 "전날 술을 안 마시길 바란다"와 같은 글을 올린다. 성형 결과가 꼭 만족스럽지 않을 수도 있다는 건, 이들에게는 성형을 대하는 합리적인 태도에 해당한다. 즉, 미용 성형이 구성하는 소비의 합리성은 개인이 실제 성형 의료 현장에서 발휘할 수 있는 자율성이나 통제력에 한계가 있다는 것을 수용하면서도 그 결과에 대해서는 무한히 긍정하는 비합리성을 이면에 품는다.

결국 미용 성형에 관해 자기 주도적으로 학습하며 신중한 소비자가 된다는 것은 의료 기술의 개입이 초래하는 불확실성을 예측하고, 이해하며, 수긍하는 결론으로 이어지기 쉽다. 소비자-환자 주체들이 '성형은 실패할 수 있다. 그것은 의사의 잘못이라기보다는 운의 문제다. 의사도 사람이기 때문이다'라는 논리 구조 안에서 움직이는 한, 의료 체계는 책임을 무한히 면제받고, 그 결과에 대한 책임은 온전히 소비자-환자 주체 본인의 몫이 된다. 또한 이 과정에서 몸은 성형에 수반되는 고통이나 부작용, 합병증, 이상 반응, 의사의 실수 등을 견디고 재작업될 수 있는 것으로 개념화되고 여성의 몸보다 의료 기술을 특권화하는 효과를 낳는다. 미용 성형을 적극적으로 학습하고 소비하면서 시장에 참여하는 소비자-환자 주체의 행위성이 근본적으로 제약될 수밖에 없는 이유가 여기에 있다.

미용 성형에 대한 소비자-환자 주체의 기대와 열망은 성형에 뒤따를 수 있는 고통, 부작용, 위험성 등 성형의 그늘이 자신에게는 드리워지지 않을 것이라는 비합리적인 믿음에 의해 보존된다. 설사 문제가 발생하더라도 성형 리스크를 사소하게 만드는 문화적인 작용에 참여하며("별 일 아니다"), 성형에 대한 불만을 또 다른 소비로 전환시킨다.(재수술) 이렇게 신중한 소비자-환자 주체들이 구사하는 자기 관리 기술은 미용 성형 시장의 지배 기술과 통합되기 쉽다. 성형 실패마저도 일어날 수 있는 일로 감수하려는 태도에서 엿볼 수 있듯이, 신중한 소비자는 미용 성형 의료 체계가 선호하는 좋은 환자 그 자체이기 때문이다. 이는 신자유주의적 미용 성형 시장이 가장 기대하는 주체의 형상이기도 하다.

한편, 성형 중독은 신중하고 합리적인 소비를 하고 있다고 생각하는 소비자-환자 주체에게 또 다른 적신호가 된다. 초정상적인 몸을 향한 욕망은 여성에게 이중적인 메시지를 던지는데, "현재보다 더 아름다워지기 위해 노력하라, 하지만 성형 중독에 빠지지는 말아라"라는 메시지가 그것이다. 이 이중적 메시지는 여성들에게 미용 성형 실천을 권유함과 동시에 그 실천을 통제하는 힘을 발휘한다.[6] 유혹과 경고의 경계는 명확하지 않다. 미용 성형의 가능성과 약속에 매료된 이들은 성형을 반복하면서 자신이 성형 중독인지 아닌지를 끊임없이 점검하고 되물어야 한다. 그 과정에서 소비자로서의 지위는 '환자'로 전환된다. 한때 지방 흡입 수술을 받으러 간 S에게 코 재수술과 광대 수술까지 제안했던 한 의사는 S가 지방 흡입 수술 결과에 만족하지 못하자 내장 기관의 문제라며 S에게 수술의 한계를 받아들이라고 말했다. S는 의사의 말을 믿기로 했다. '고객'이 중독 위험이 있는 '환자'로 분류되는 순간, 의사의 권위는 되살아난다.

소비자-환자 주체는 자기 주도적으로 성형을 실천하고 있다는 데서 심리적인 만족감을 얻고, 자기 몸을 스스로 통제하고 있다고 믿는다. 하지만 이는 쉽게 깨어질 환상일 뿐이다. 한편에서는 성형에 수반되는 고통이나 위험을 소비자 개인의 책임으로 돌리는 시장 논리에 상처받고, 다른 한편에서는 의료적 권위와 능력을 갖춘 의사와의 관계에서 권력의 비대칭성을 경험한다. 미용 성형의 상업화된 회로는 여성들 스스로 새로운 몸과 자아를 선택할 수 있다고 믿게 만들지만, 그 선택은 늘 불완전하고 부분적일 수밖에 없다. 성형을 통해 선택하고자 했던 몸과 자아가 의도하지 않은 방식으로 반응하기도 하고, 성형 이후 만족감이 오히려 또 다른 결핍감을 생성하기 쉽기 때문이다. 또 성형 중독이 아닐까 하는 불안감을 낳기도 한다. 우리는 바로 이 지점에서 소비자-환자 주체가 스스로 행사한다고 생각하는 신중하고 합리적인 소비라는 것이 과연 가능한 것인가를 근본적으로 묻지 않을 수 없다.

성형은 왜 불가능한가?

연구를 위해 심층 면접을 진행하면서 우려했던 점들이 있다. 대중 매체에서 미용 성형이 뉴스가 될 때는 주로 성형 관련 사고나 자격 없는 의사의 문제 등 부정적인 이야기들이 주를 이룬다. 그래서 연구 참여자들이 나를 그저 그런 취재 기자처럼 생각하지 않을지 걱정을 했다. 의료계 종사자라면 자신을 방어하려 할 것이고, 미용 성형을 경험한 여성들이라면 자신을 과도하게 피해자화할 수도 있다고 생각했다. 적어도 내가 자신들의 성형 경험을 재단할 것이라는 생각에 본인의 이야기를 풀어 놓는 것을 꺼릴 것이라는 예상을 했다. 미용 성형을 비판하는 대중 담론이 관습처럼 반복하는 '사기꾼 의사 대 피해자 여성'이라는 이분법적 틀에서 나 역시 자유롭지 않았던 것이다.

실제 현장에 진입했을 때 이런 나의 우려는 상당 부분 섣부른 것이었음을 알게 되었다. 의사들은 성형에 대해 자신의 생각을 밝히는 데 주저하지 않았고, 성형을 경험한 여성들도 마찬가지였다. 이들의 공통된 의견은 자기 몸에 불만을 가지고 사는 것보다는 성형을 통해서라도 문제를 해결하고 자신 있는 삶을 살아가는 것이 더 행복한 삶이라는 것이었다. A의원 원장은 미용성형 산업의 지형을 연구하겠다는 나의 애매모호한 연구 주제를 듣고, 미용 성형과 자신감 회복 간의 관계를 연구해 보는 것이 더 나을 것이라는 제안을 하기까지 했다. 그만큼 한국 사회에는 미용 성형을 관대하게 생각하는 풍토가 조성되고 있었다. 미용 성형의 정상화normalization가 이루어지고 있는 것이다.

정작 의료 권력이나 외모주의를 비판하는 틀에서 자유롭지 않았던 것은 나였다. 이러한 분석 틀은 연구를 하는 내내 나를 괴롭혔는데 의료 권력이나 외모주의에 종속되어 있는 여성 피해자들이 아니라, 성형에 관한 지식과 정보를 학습하고 생산하며 공유하는 여성 주체들이 내 앞에 나타났기 때문이다. 분명히 이들은 여성 잡지 뒷면에 나오는 성형외과 광고를 보고 개별적으로 의사를 찾아가던 이전 시기 여성들과는 차이가 있었다. 이 여성들은 자신을 돌보는 테크놀로지로 미용 성형을 받아들이고 있었고, 그만큼 이 기술을 사용하기 위해 적극적인 노력을 기울이고 있었다.

현장 연구를 통해 의료 권력이나 외모주의 비판 담론이 포착하지 못한 측면들을 좀 더 살펴보아야겠다는 생각이 들었다. 예를 들어 시장의 규모가 커지고 성형 광고가 범람한 것이 미용 성형 열풍을 불러온 주원인이라는 해석에는 어느 정도 동의할 수 있었지만, 그것만으로는 미용 성형 시장의 현실과 그 시장에 참여하는 주체들의 행위를 설명하기에는 충분하지 않다는 판단이었다. 내가 만난 여성들은 그저 광고에 현혹되어 성형을 선택했다고 단순화하기에는 너무 신중하고, 계산적이며, 합리적인 주체들이었다. 연구를 통해 나는 지금 현재 미용 성형의 문화적 의미가 무엇이며, 미용 성형 시장에 참여하는 여성들의 행위자성이 어떻게 구성되는지, 그 한계는 무엇인지 설명하고자 했다. 그리고 이 책은 당시의 연구를 기반으로 쓴 것이다.

최근의 미용 성형은 그저 더 나은 외모를 갖기 위한 것이 아니라 나를 사랑하기 위한 행위, 그리고 나를 적극적으로 발전시키려는 자기계발의 의미에 가까워지고 있다. 미용 성형을 하는 여성들은 물론 쌍꺼풀이나 높은 콧날 등을 바라지만 궁극적으로 열망하는 것은 '새로운 나'이다. 사회적으로 성취감을 얻기 어려운 상황에 몰린 여성 주체들의 위치가 미용 성형 시장의 팽창이라는 조건과 맞물려 더 나은 나를 만들기 위한 노력의 핵심에 몸을 위치시키고 있는 것이다. 이렇게 성형은 자신을 돌보고 배려하는 기술로 자리 잡았다. 그리고 "당신에게 문제가 있는 것이 아니라 당신의 신체가 문제일 뿐"이라고 말하는 성형외과 의사들은 여성들의 고민에 적극적으로 공감하고 수술이라는 해결책을 제시하는 구원자로 비춰진다.

자기계발로서의 미용 성형 개념은 이 시장을 끝이 없는 자기 개조의 회로로 구성해 냈다. 자기계발이란 지속적인 개선이라는 관념을 내포하기 때문이다. 여기에 자기계발의 이데올로기적 속성이 드러난다. 즉, 자기계발은 개인이 위치한 사회구조는 그대로 둔 채, 개인에게 끊임없이 더 나아져야 하며, 나아질 수 있다는 관념을 주입한다. 이러한 자기계발 이데올로기는 미용 성형 시장의 생리와도 잘 들어맞는다. 보톡스나 필러 등 반복적으로 재주입이 필요한 약품들은 '지속적인 개선'을 전면에 내세웠고, 성형 부작용이나 불만족은 '재수술'이라는 상품으로 포장되었다.

미용 성형은 전혀 새로울 게 없는 기술이지만, 자기계발로서의 미용 성형은 분명 도저한 신자유주의적 흐름이 만들어 낸 새로운 발명품이었다. 최근의 미용 성형 실천은 일차적으로 급속히 팽창되고, 정상화되고, 일상화되었다는 점에서 과거의 성형 실천과 구별된다. 하지만 무엇보다 가장 특징적인 점은 미용 성형 상품을 신중하게 소비하려는 소비자-환자 주체들이 등장했다는 데서 찾을 수 있다. 이들 소비자-환자 주체들은 자신이 원하는 수술 종목이 무엇이고, 어떤 방법을 택해야 하는지에 대한 정보뿐 아니라 성형외과 의사들의 기술을 평가하고, 성형 경험담을 토대로 현실과 이상 사이의 간극을 스스로 조절하는 능력까지 갖추고 있다. 그리고 인터넷 성형 커뮤니티가 주요한 학습 공간이라는 공통점도 있다. 일상에서 이루어지는 미용 성형

수다가 일종의 친교의 수단이라면, 이들 소비자-환자 주체들이 본격적으로 고민을 나누고 정서적 지지를 받는 사이버 공간에서의 활동은 정보 수집을 위한 목적의식적 행위이다. 이곳에서 소비자-환자 주체들은 성형과 관련한 지식과 정보를 모을 뿐만 아니라 타인의 성형 경험을 엿보기도 하고 자신의 성형 경험을 공개함으로써 타인의 평가를 받기도 한다.

이 일련의 과정을 통해 소비자-환자 주체들은 미용 성형을 학습하고 준비하며, 미용 성형 시장을 활보한다. 이들의 행위성은 개별적인 자유의지라기보다 현재의 미용 성형 시장이 구축하는 주체의 위치에 의해 규정된다고 볼 수 있다. 그 실마리는 성형외과 의사들이 강조하는 '좋은' 환자의 자격에서 찾을 수 있었다. 성형외과 전문의들과 비전문의들은 미용 성형 시장의 배분을 둘러싸고 갈등하고 있다. 전문의들은 비전문의의 시장 진입이 의료의 질을 하락시킨다고 못마땅하게 여기고, 비전문의들은 미용 성형에 있어서만큼은 전문의들의 배타적인 전문성을 인정할 수 없다고 말한다. 하지만 전문의이든 비전문의이든, 내가 만나본 의사들은 모두 결론에 이르러 결국 미용 성형 환자가 신중하고 현명하게 선택해야 할 문제라는 식의 미봉책을 내놓았다.

미용 성형 시장의 불확실성이 증가할수록 그 불확실성을 감소시켜야 하는 책임이 소비자-환자 주체에게 전가되고 있는 것이다. 여기에 더해 실제 의료적인 맥락에서 의사와 환자 사이에 정보와 권력 면에서 비대칭적인 관계가 형성된다는 점은 소비자-환자 주체의 행위성을 근본적으로 제약하는 요소이다. 그럼에도 불구하고 소비자-환자 주체들은 자신들의 행위성이 유지된다고 느끼는데, 이는 성형 시장에 진입하기 이전 성형 학습 과정에서 '좋은' 환자의 요건을 스스로 갖추어 나가기 때문이다. 이들은 자신의 몸을 성형 의료 기술에 적합한 방식으로 파편화해 바라보는 데 익숙해져 있고, 그 기술의 한계와 그 기술이 적용되는 의료라는 공간의 한계까지도 예견하는 주체들이다. 따라서 성형외과 종사자들은 이들에 대한 감정 노동을 상당 부분 절약할 수 있는 이점을 갖기도 한다.

미용 성형 소비자-환자 주체의 등장은 매우 집단적인 현상이지만 실제 현실에서 이들은 매우 개별화된 방식으로 미용 성형을 실천한다. 자기계발로서 성형이 긍정적인 의미를 획득했다 할지라도 여전히 많은 여성들이 자신의 성형 사실을 밝히기를 꺼리기 때문이다. 미용 성형을 전후로 여성들이 얻게 되는 지식이 개별적인 소비를 유도하는 것에 그치고 마는 이유도 여기에 있다. 인터뷰를 한 여성들 가운데는 어학연수나 이직의 시기에 성형을 해서 주변 지인들조차 그들이 성형을 했다는 사실을 모르는 경우가 많았다. 이들은 실재하는 사회적 관계 대신 인터넷 성형 커뮤니티를 통해 성형에 관한 실질적인 고민을 나눈다. 익명성을 특징으로 하는 이들 공간에서 여성들은 미용 성형에 대한 지식을 얻고 외모를 관리하며 똑똑한 소비자-환자 주체가 되어 가지만 결국 이러한 익명성은 이들의 지식이 실제 사회적 관계 안에서 의료 권력에 대항하는 집단적인 지식으로 발전하는 데 장애물이 되기도 한다.

연구를 시작한 이후 한국은 전 세계에서 인구 수 대비 가장 많은 사람들이 성형수술을 하는 국가에 등극했다. 영국 경제 주간지 『이코노미스트』발표에 의하면 한국은 2011년을 기준으로 인구 1천 명당 성형수술 횟수가 가장 많은 나라이다. 또 같은 해 〈국제미용성형수술협회(ISAPS)〉가 조사한 한국 성형 시장 규모(45억 달러)는 세계 성형 시장 규모(200억 달러)의 4분의 1로 나타났다.[1] 그맘때쯤 성형수술로 인한 사망 사고나 부작용 실태, 성형외과의 위생 문제 등이 보도되기 시작했다. 소비자를 현혹시키는 성형 광고가 범람하고 있어 규제가 필요하다는 〈한국소비자원〉의 지적,[2] 그리고 성형외과 의사는 성형수술 이후 발생할 수 있는 부작용 등의 문제를 성실하게 환자에게 고지해야 한다는 〈국민권익위원회〉의 권고도 발표되었다.[3]

미용 성형 시장에 개입하는 이들 주류 담론은 미용 성형이 여성들의 외모 관리를 목적으로 하기 때문에 생명과는 무관한 의료 기술이라는 통념을 깨고, 의료의 안전성과 성형 윤리를 사회적으로 성찰하게 한다는 점에서 의미가 있다. 하지만 이러한 노력들이 안전하게 성형수술을 받을 수 있는 환자의 권리를 보장하는 수준에 그치고 있다는 것, 그리고 결국에는 그 권리의 당사자에게 현명한 소비를 당부하는 식으로 결론을 맺고 있다는 것은 분명 한계이다. 정부 기관의 규제 노력을 담은 기사의 대부분이 "부작용의 발생 가능성을 고려하여 신중하게 수술을 결정할 것"이라는 말로 끝맺고 있는 것도 이상한 일이 아니다. 이런 식의 언설에서 성형은 장삿속에 찌든 일부 의사들과 성형 중독에 시달리는 일부 여성들의 문제로 축소되고 만다. 그로 인해 정작 여성들이 왜 미용 성형의 소비자가 되는지, 무엇이 그들의 바람을 구성하는지, 그리고 그들이 스스로 주체성을 발휘하고 있다고 착각하게 만드는 맥락이 무엇인지를 바라보지 못한다. 이러한 질문에 답하기 위해서는 여성들이 미용 성형 소비자가 되기를 선택하는 지점에 개입하고, 여성들 자신이 신중한 소비자로 행위하고 있다는 감각이 어떠한 상황에서 발생하는지를 탐색할 필요가 있다. 이 책에서 살펴본 바와 같이 소비자-환자 주체의 행위성은 미용 성형 시장이 구성하는 주체의 위치와 따로 떼어 설명할 수 없기 때문이다.

　연구가 끝난 뒤에도 연구 참여자들 가운데 일부는 여전히 소비자-환자 주체의 위치를 반복하고 있었다. 미용 성형이 그저 외모를 변형하는 기술이 아니라 나를 위한 삶의 기술로 의미화될 때, 이 자기 개조의 회로에서 벗어나는 길을 찾는 것은 더 어려워지는 것 같다. 미용 성형은 결국 자아의 문제가 되었고, 자신을 배려하는 행위는 몸을 바꾸는 실천으로 너무 쉽게 전환되고 있다. 이처럼 자기 개조 회로를 순환하는 개별 여성이 스스로를 똑똑한 소비자-환자 주체라고 여기는 것이야말로 어찌 보면 미용 성형 시장의 작동 방식일지도 모른다. 따라서 이에 대한 문제제기 없이는 '안전한 성형'이라는 구호조차 새로운 상품으로 재포장될 가능성이 있다. 우리는 이미 '안전'이 성형 시장의 신상품이 되는 과정을 살펴보았다.

오늘날 한국 사회에서 자아의 실현과 계발에 몸이 핵심적인 위치를 차지한다는 신념을 발견하기란 어렵지 않다. 이 신념은 몸을 변형시켜서라도 뒤처지지 않으려고 애쓰는 일부 여성들에게서만 발견할 수 있는 것은 아니다. 이 시대 가장 상품화하기 쉬운 것은 다이어트, 디톡스, 운동 요법과 같은, 몸을 관리하고 통제하는 기술들이다. 어쩌면 미용 성형 시장은 이 거대한 기술 시장에서 가장 눈에 띄는 일부일지도 모른다. 몸 변형의 가능성을 직업 시험하진 않더라도, 그 가능성을 믿는 것만으로도 우리는 이 끝없이 확장되는 자기 개조의 회로에 포섭되어 버리고 만다. 문제는 이 회로는 끝을 알 수 없는 변화를 요구하기에, 모두에게 불안한 정서를 유발한다는 점이다. 이 회로에 균열을 내기 위한 노력이 이제는 시작되어야 한다. 그 과정에 이 책이 작은 기여라도 할 수 있다면 더 바랄 게 없을 것이다.

여는 글

1. 나윤경·태희원·장인자·노주희·이지은(2007), 『용모 중심적 사고 개선 및 양성 평등 의식 강화를 위한 교육 프로그램 개발 최종 보고서』, 여성가족부; 나윤경·태희원·장인자·노주희·이지은(2009), "십 대 여성의 외모 중심 인식을 추동하는 일상과 성형 의료 산업", 『한국여성학』 제25권 4호, 한국여성학회
2. "'내 인생은 나의 것' 성형수술 전성시대", 『한국일보』, 2007. 7. 12

1장

1. "얼굴의 모든 흠을 쉽게 고칠 수 있다", 『동아일보』, 1929. 3. 7
2. 김미선(2005), 「1930년대 '신식' 화장 담론이 구성한 소비 주체로서의 신여성: 여성 잡지 『신여성』, 『신가정』, 『여성』을 중심으로」, 『여성학논집』 제22집 2호, 145~182쪽, 이화여자대학교 한국여성연구원
3. 한귀자, "현대 문명이 요구하는 미인", 『부인』, 1922. 11 (김미선, 2005:159에서 재인용)
4. "美人과 그 心性", 『여성』, 1936. 6 (김미선, 2005:159에서 재인용)
5. 같은 책
6. "삼천리에 핀 일색一色들", 『삼천리』, 1931. 9 (김진송. 1999:333에서 재인용)
7. "눈의 표정미, 눈은 마음의 창", 『동아일보』, 1935. 6. 12
8. 이윤희(2006), 「한국 근대 여성 잡지의 표지화를 통해 본 여성 이미지: 『신여성』과 『여성』을 중심으로」, 이화여자대학교 대학원 미술사학과 석사학위 논문

9. 김용준, "모델과 여성의 미", 『여성』 1936. 9 (김진송, 1999:307에서 재인용)

10. 김진송, 『서울에 딴스홀을 허하라 : 현대성의 형성』, 서울: 현실문화연구, 1999

11. 나혜석, "반도 여성에게", 『삼천리』, 1935 (김진송, 1999:302에서 재인용)

12. 한서설아, 『다이어트의 성정치』, 서울: 책세상, 2000

13. 엘리자베스 하이켄, 『비너스의 유혹 : 성형수술의 역사』, 권복규·정진영 옮김, 서울: 문학과지성사, 2008

14. 전보경(2010), 『몸─자아 테크놀로지로서의 미용 성형에 대한 계보학적 담론 연구』, 이화여자대학교 대학원 여성학과 석사학위 논문

15. 임인숙(2010), 「미용 성형 공화국의 고지되지 않는 위험」, 『사회와 역사』 통권 88호(2010년 겨울), 39~78쪽, 한국사회사학회

16. 강준만(2007), 「한국 미용·성형의 역사: '억울하면 출세해라'에서 '억울하면 고쳐라'로」, 『인물과 사상』 7월호, 인물과사상사

17. "[일요화제] 성시 미인 제조 공장: 정형외과 병원에 비친 세태", 『조선일보』, 1962. 11. 18

18. 1957년부터 명동에서 성형외과를 운영했던 의사 인터뷰, 전보경(2010:31)에서 재인용.

2장

1. 연세대학교 의사학과(2010), 「한국 성형외과학의 선구자, 유재덕」, 『연세의사학』 13권 2호, 143~169쪽, 연세대학교 의학사연구소

2. "조심하세요. 미녀에의 유혹", 『경향신문』, 1967. 3. 20

3. "성형은 의료 아니다: 보사부 수술 광고를 단속", 『중앙일보』, 1967. 3. 15

4. "지법 판결, '성형수술은 의료 행위 아니다'", 『매일경제』, 1972. 12. 23

5. "서울고법, '성형은 치료 아니다'", 『경향신문』, 1971. 12. 28.

6. "'코 높이기 등 성형 의료 행위' 대법 2년 전 판례 번복 판결", 『조선일보』, 1974. 11. 27

7. 대한성형외과학회 연혁 참조(출처 : 대한성형외과학회 홈페이지)

8. "성형에 대한 일반의 무지 일깨워야", 『매일경제』, 1969. 2. 11

9. "보호받아야 할 미의 추구", 『경향신문』, 1972. 2. 17

10. 연세대학교 의사학과(2010), 「한국 성형외과학의 선구자, 유재덕」, 『연세의사학』 13권 2호, 143~169쪽, 연세대학교 의학사연구소

11. "미용 수술 성형의학서 본 올바른 안내", 『동아일보』, 1969. 4. 3

12. 임인숙(2010), 「미용 성형 공화국의 고지되지 않는 위험」, 『사회와 역사』 통권 88호(2010년 겨울), 39~78쪽, 한국사회사학회

13. "얼굴 망치는 성형수술", 『경향신문』, 1972. 2. 16

14. 같은 기사

15. "공단·기지촌 주변 무대 돌팔이 성형의 활개", 『경향신문』, 1974. 8. 20

16. 이윤호(1976), 「이물 주입의 제문제 및 현황」, 『대학성형외과학회지』 3권 2호, 대한성형외과학회

17. 빈주원(성모병원 성형외과), "2년 전 높인 코 수술이 부작용", 『경향신문』, 1973. 5. 23

18. "공단·기지촌 주변 무대 돌팔이 성형의 활개", 『경향신문』, 1974. 8. 20

19. "머리 손질만 하던 미장원 (…) '풍속도'가 변했다", 『조선일보』, 1984. 2. 21

20. 이용길(2001), 『성형외과 의원 공간 구성과 면적 산정에 관한 연구: 강남구 사례 중심』, 한양대학교 대학원 석사학위 논문

21. "치아 교정·성형수술 크게 늘어", 『매일경제』, 1984. 8. 11

22. 전보경(2010), 『몸-자아 테크놀로지로서의 미용 성형에 대한 계보학적 담론 연구』, 이화여자대학교 대학원 여성학과 석사학위 논문

23. 같은 글

24. "사치성 성형 붐, 배 주름살 펴는 데 300만 원", 『경향신문』, 1979. 3. 23

25. "나신의 제단(9)", 『경향신문』, 김용성, 1980. 5. 10

26. 『여성동아』, 1985년 3월호, 다음 논문에서 재인용: 임인숙(2002), 「한국사회의 몸 프로젝트」, 『한국사회학』 제36권 3호 183~204쪽, 한국사회학회

3장

1. "드라마 〈질투〉 신선한 극전-젊은이 풍속도 실감 나게 묘사, 〈최진실 신드롬〉 속 극중 의상·모자 '불티'", 『경향신문』, 1992. 7. 4

2. 김현미, 「몸과 여성 체험」, 『일상의 여성학』, 곽삼근외 편저, 서울: 박영사, 2002

3. 남은영(2007), 「1990년대 한국 소비문화」, 『사회와 역사』 제76집 189~226쪽, 한국사회사학회

4. 이득재(1993), 「노출, 해체된 육체」, 『문화과학』 제4호, 문화과학사

5. 이동연(1993), 「육체의 관리와 문화의 효과」, 『문화과학』 제4호, 문화과학사

6. 이경희(1992), 『미용 성형수술을 원하는 여성의 신체상과 자기 존중감에 관한 연구』, 이화여자대학교 간호교육학과 석사학위 논문

7. 허미영(1997), 『여성의 체형 관리 경험에 대한 여성학적 접근: '비비드' 체형 관리실 사례 분석』, 계명대학교 석사학위 논문

8. 강준만(2007), 「한국 미용·성형의 역사: '억울하면 출세해라'에서 '억울하면 고쳐라'로」, 『인물과 사상』 7월호, 인물과사상사

9. 임인숙(2010), 「미용 성형 공화국의 고지되지 않는 위험」, 『사회와 역사』 통권 88호 (2010년 겨울), 39~78쪽, 한국사회사학회

10. 장정화(2000), 『여성의 성형 경험에 대한 여성주의적 연구』, 숙명여자대학교 대학원 여성학과 석사학위 논문

11. "휴가철 살 빼기 성형외과 성시", 『한겨레』, 1993. 7. 22

12. "성형외과 전문의 5인이 뽑은 8등신 미녀", 『경향신문』, 1991. 10. 13

13. "'미스코리아', 미용실이 만든다", 『경향신문』, 1993. 6. 29

14. 임소연(2012), 『성형수술 실행의 사물, 육체, 그리고 지식 네트워크』, 서울대학교 박사학위 논문

15. 김미경, "미인 대회=살코기 시장?", 『샘이깊은물』, 96년 5월호

16. "미인 대회, 카메라 치워!", 『한겨레21』, 1996. 5. 15

17. "횡설수설", 『동아일보』, 1994. 10. 7

18. "'여성 차별' 44개 대기업 고발", 『경향신문』, 1994. 5. 26

19. 이제진(1994), 『상업고 여학생의 사무직 노동 준비 과정을 통해본 적응과 소외』, 이화여자대학교 여성학과 석사학위 논문

20. 홍성희(1999), 『항공사 여승무원의 외모 중심 고용에 관한 연구』, 성신여자대학교 여성학과 석사학위 논문

21. 한서설아, 『다이어트의 성정치』, 서울: 책세상, 2000

22. "여대생들 대회 반대 시위 속 미스코리아 전원이 대학생", 『한겨레』, 1996. 5. 26

23. 김현미, 「몸과 여성 체험」, 『일상의 여성학』, 곽삼근외 편저, 서울: 박영사, 2002

24. 김은실, 『여성의 몸, 몸의 문화 정치학』, 서울: 또하나의 문화, 2001

25. "이미지 메이킹 산업 호황", 『동아일보』, 1994. 6. 13

26. 이서영, "나의 이미지를 업그레이드하는 옷차림", 『세계일보』, 2010. 3. 10

27. 장정화(2001), 『여성의 성형 경험에 대한 여성주의적 연구』, 숙명여자대학교 대학원 여성학과 석사학위 논문

4장

1. 엘리자베스 하이켄, 『비너스의 유혹』, 권복규·정진영 옮김, 서울: 문학과 지성사, 2008[1997], 121~169쪽

2. 같은 책, 152쪽

3. 같은 책, 161쪽

4. 같은 책, 154쪽에서 재인용

5. 같은 책, 154쪽에서 재인용

6. 같은 책, 157쪽에서 재인용

7. 다음 논문에서 재인용: 한상준 외(1991), 「성형수술 환자들의 정신의학적 측면에 관한 연구(I)」, 『대한성형외과학회지』 18(6), 대한성형외과학회

8. 유재덕(1963), 「성형외과의 개념」, 『대한산부인과학회지』 6(4), 대한산부인과학회

9. 정규한(1980), 「성형외과 환자의 정신과적 문제에 관한 고찰」, 『신경정신의학』 19(1), 33~39쪽, 대한신경정신의학회

10. 이진호 외(1983), 「미용 성형수술 환자의 정신적 측면에 대한 고찰」, 『대한성형외과학회지』 10(3), 대한성형외과학회, 279~283쪽; 윤근철 외(1984), 「다면적 인성 검사를 통한 성형외과 환자들의 정신의학적 고찰」, 『대한성형외과학회지』 11(1), 대한성형외과학회, 35~39쪽; 한상준 외(1991), 「성형수술 환자들의 정신의학적 측면에 관한 연구 I」 『대한성형외과학회지』 59(1991.11), 대한성형외과학회, 1015~1022쪽; 안재훈 외(1993), 「성형수술 환자들의 정신의학적 측면에 관한 연구 II」, 『대한성형외과학회지』 70(1993.9), 대한성형외과학회, 945~968쪽; 최영 외(1994), 「쌍꺼풀 성형을 원하는 여성의 자아 주체성」, 『정신신체의학』 2(1), 한국정신신체의학회 등, 80~87쪽

11. 윤근철 외(1984), 「다면적 인성 검사를 통한 성형외과 환자들의 정신의학적 고찰」, 『대한성형외과학회지』 11(1), 대한성형외과학회, 35~39쪽

12. 한상준 외(1991), 「성형수술 환자들의 정신의학적 측면에 관한 연구 I」, 『대한성형외과학회지』 59(1991.11), 대한성형외과학회, 1015~1022쪽. 이미 서구의 연구들에서는 미용 성형 환자의 70퍼센트 내외가 정신과적으로 이상이 있다는 분석 결과가 보고된 참이었다. 우리나라의 연구도 이와 유사한 연구 결과를 보고했는데, 연구 대상은 대학병원 성형외과와 지역의 성형외과 개인 의원을 방문한 환자를 대상으로 했다.

13. "성형수술 환자 24퍼센트가 성격상 문제", 『한겨레』, 1991. 12. 11

14. 윤근철 외(1984), 「다면적 인성 검사를 통한 성형외과 환자들의 정신의학적 고찰」, 『대한성형외과학회지』 11(1), 대한성형외과학회, 35~39쪽

15. 최영 외(1994), 「쌍꺼풀 성형을 원하는 여성의 자아 주체성」, 『정신신체의학』 2(1), 한국정신신체의학회 등, 80~87쪽

16. "[진료일기] 연예인의 '얼굴' 콤플렉스", 『동아일보』, 1996. 9. 26

17. 같은 글

18. 변금순 외(1999), 「미용 성형수술과 정신 건강」, 신경정신의학 148('99.1), 대한신경정신의학회, 94~104쪽

19. Pick JF(1948), "Ten Years of Plastic Surgery in a Penal Institution: Preliminary Report", *The Journal of the International College of Surgeons*, 11(3):315~319.

20. 대홍기획 마케팅 전략 연구소(1999), 『한국 사람들: 소비 행동 및 라이프 스타일의 변화(1989~1999)』, 61쪽

21. 안재훈 외(1993), 「성형수술 환자들의 정신의학적 측면에 관한 연구 Ⅱ」, 『대한성형 외과학회지』, 70호

22. 임소연(2000), 『미용 성형수술 환자와 일반인의 신체상과 자아 존중감』, 이화여자대 학교 석사학위논문

23. 장정화(2001), 『여성의 성형 경험에 대한 여성주의적 연구』, 숙명여자대학교 대학원 여성학과 석사학위 논문

24. 이진호 외(1983), 「미용 성형수술 환자의 정신적 측면에 대한 고찰」, 『대학성형외과 학회지』, 10권 3호, 279~283쪽

25. 윤근철 외(1984), 「다면적 인성 검사를 통한 성형외과 환자들의 정신의학적 고찰」, 『대학성형외과학회지』, 11권 1호, 35~39쪽

5장

1. 김현미 외, 『친밀한 적 : 신자유주의는 어떻게 일상이 되었나』, 이후, 2010

2. 최옥선(2005), 『여성의 몸 담론과 성형 담론의 상호 텍스트성에 관한 연구: 여성 잡 지의 기사와 성형 의료 광고를 중심으로』, 성균관대학교 대학원 박사학위 논문

3. MBC 〈시사매거진 2580〉, "의사들의 과외"(2006년 5월 26일 방송)

4. MBC 〈뉴스 후〉, "[집중 후] 못 믿을 '성형 해결사'"(2009년 9월 3일 방송)

5. 〈대한미용외과학회〉 홈페이지 http://www.cosmeticdr.or.kr

6. Jones, Meredith(2005), *Makeover Culture: Landscapes of Cosmetic Surgery*, PhD dissertation, University of Western Sydney

7. 같은 글

8. Sullivan, Deborah(2001), *Cosmetic Surgery: the Cutting Edge of Commercial Medicine in America*, Rutgers University Press

9. 같은 글

10. 다음 논문에서 재인용: 지경환·이상익(2001), 「미용 성형수술 환자의 심리적 특성 과 미용 수술이 이에 미치는 영향」, 『신경정신의학』 163(2001.7), 559~568쪽, 대한 신경정신의학회

11. 로리 에시그, 『유혹하는 플라스틱』, 이재영 옮김, 서울:이른아침, 2014

12. "성형 사고의 교훈… 환자가 똑똑해져라"(『동아닷컴』, 2009. 9. 25; SBS 뉴스, 2009. 9. 25; 『매일경제』, 2009. 9. 26)

13. 서울 강남구에는 성형외과 개원의 72퍼센트가, 부산은 진구에 74.2퍼센트가 밀집

되어 있는 등 도심지에 집중되어 있다.("서울 강남구에 성형외과 개원의 72% '바글'",『닥터뉴스』, 2013. 7. 23)

14. "올해 16곳 개업, 19곳 폐업… 강남 성형외과도 양극화",『한겨레신문』, 2014. 6. 15

15. "'성형 공화국'서 '성형 강국'으로 ① 글로벌 의료 허브로 주목",『문화일보』, 2007. 6. 5

16. "네트워크 병원, 가입할까 말까?",『청년의사』, 2003. 11. 10

17. "[JERIReport] 한국 의료 산업의 틀, MSO가 바꾼다",『중앙일보』, 2007. 2. 20: (임소연, 2012:133)에서 재인용

18. "[weekly chosun] 직원 12명 '슈퍼 성형외과' 탄생",『조선일보』, 2007. 7. 27

19. "[릴레이 인터뷰] 글로벌 의료 네트워크, BK동양성형외과 성장 비밀",『중앙일보』, 2011. 6. 1

20. "[토요뒷談] 서울 강남 성형외과에선 무슨 일이",『동아일보』, 2014. 1. 25

21. "성형 사고의 교훈… 환자가 똑똑해져라"(『동아닷컴』, 2009. 9. 25; SBS 뉴스, 2009. 9. 25;『매일경제』, 2009. 9. 26)

22. "공룡화된 성형외과 시장… 대박과 쪽박 외줄타기",『메디컬타임즈』, 2014. 2. 4,

23. "전국 성형외과 43%가 강남구 한 곳에 밀집, 왜 모일까?",『메디파나뉴스』, 2014. 6. 20

24. http://imnews.imbc.com/replay/2013/nwdesk/article/3310347_11981.html

25. 임소연(2012),『성형수술 실행의 사물, 육체, 그리고 지식 네트워크』, 서울대학교 박사학위 논문

6장

1. 수잔 보르도,『참을 수 없는 몸의 무거움』, 서울: 또 하나의 문화, 2003[1993]; Morgan KR(1991), *Women and the Knife: Cosmetic Surgery and the Colonization of Women's Bodies*, Hypatia, 1991(6:36)

2. "케이블 리얼리티 프로 선정성 심해",『경향신문』, 2005. 7. 26.

3. "여성 단체 채찍질, 나에겐 보약",『오마이뉴스』, 2004. 10. 29,

4. "황신혜 '외모 콤플렉스, 같은 여자로서 공감 이해해'",『쿠키뉴스』, 2011. 11. 22

5. http://www.nhs.uk/Conditions/cosmetic-surgery/Pages/availability.aspx

6. http://www.dailymail.co.uk/health/article-189310/Plastic-surgery-NHS.html

7. Ruth Holliday, Jacqueline Sanchez Taylor(2006), "Aesthetic surgery as false beauty", *Feminist Theory*, Vol. 7(2): pp.179~195; Judith Butler, *Undoing Gender*, Routledge, 2004

8. "TV 프로그램을 통해 본 한국 성형수술 열풍 논란: WSJ 렛미인", Jeyup S Kwaak, 『코리아 리얼타임 The Wall Street Journal–Korea Realtime』, 2013. 5, http://goo.gl/kjmdBx

9. 올리비에 라작, 『텔레비전과 동물원』, 백선희 옮김, 서울:마음산책, 2007

10. 스티븐 코비, 『성공하는 사람들의 7가지 습관』, 김영사, 1998, 125쪽

7장

1. 이솔(2011), 『2,30대 여성들의 정치 참여 경험을 통해 본 여성 주체성에 관한 연구: 온라인 '여성 삼국' 커뮤니티 회원들의 활동을 중심으로』, 이화여자대학교 석사학위 논문

2. Mcpherson, Tara(2005), "Transform Me, Please⋯", *Flow: A Critical Forum on Television and Media Culture*, Volumn 1, Issue 9, http://flowtv.org/2005/01/transform-me-please%E2%80%A6/

3. Allison, Anne(2009), "The Cool Brand, Affective Activism and Japanese Youth", *Theory, Culture & Society*, Vol. 26(2-3):89~111

8장

1. 고재중, 서용한, 김연화(2005), 「의사와 간호사의 고객 지향성이 의료 서비스 고객의 심리적 불안감에 미치는 영향」, 『대한경영학회지』 제18권 4호, 대한경영학회

9장

1. 박연규, 「성장 호르몬: 행복을 약속하는 약과 생물학적 시민권의 정치」, 『프랑켄슈타인의 일상 : 생명공학시대의 건강과 의료』, 박연규 · 백영경 편저, 서울: 밈, 2008

2. Fraser, S., *Cosmetic Surgery, Gender and Culture*, Palgrave Macmillan, 2003

3. 임소연(2013), 『성형수술 실행의 사물, 육체, 그리고 지식 네트워크』, 서울대학교 박사학위 논문

4. "수술 않는 주름살 제거법 인기", 『세계일보』, 1999. 3. 22

5. Sunder Rajan, Kaushik, *Biocapital : The Constitution of Postgenomic Life*, Duke University Press, 2006

10장

1. 양악 수술을 전문으로 하는 한 의사의 블로그, 임소연(2012)의 논문을 참고하여 검색하였다.
2. "대한민국 100대 명의 성형외과 한상혁 원장", 『시사매거진』, 168호, 2012. 4. 3
3. 전보경(2010), 『몸-자아 테크놀로지로서의 미용 성형에 대한 계보학적 담론 연구』, 이화여자대학교 대학원 여성학과 석사학위 논문
4. Sandell, Kerstin(2008), "Stories without Significance in the Discourse of Breast Reconstruction", *Science, Technology, & Human Values* 33(3):326~344
5. Brooks, Abigail(2004), "Under the Knife and Proud of It: An Analysis of the Normalization of Cosmetic Surgery", *Critical Sociology*, Vol. 30, Iss. 2
6. 같은 글

닫는 글

1. "외모 왜곡 문화 확산시키는 의료 시장에 대한 정책 개입 필요"(『경향신문』, 2013.07.12)
2. 〈한국소비자원〉은 2011년 1월부터 2014년 9월까지 성형외과 관련 소비자 상담이 총 16,354건으로 해마다 가파르게 증가하고 있다고 밝혔다. 성형수술 결과에 대한 불만족이 69.5퍼센트(11,367건)로 가장 많았고 계약 해지 관련 불만(22.1%, 3,612건), 현금 결제 요구 등 병원의 부당 행위에 대한 불만(3.2%, 526건) 등 순이었다. 또한 〈한국소비자원〉은 최근 3년 간 성형수술을 경험한 소비자 1천 명을 대상으로 설문조사를 실시했는데 응답자 중 32.3퍼센트(323명)가 수술 후 불만족을 경험했고, 17퍼센트(170명)는 실제 '비대칭·염증·흉터' 등 부작용을 경험했다는 결과가 나왔다.("'한국은 성형 불만 공화국?' 성형 인구·불만·부작용 모두 증가", 『매일경제』, 2014. 12. 1)
3. "'성형수술 부작용 설명 좀 하라고!' 참다못한 권익위의 외마디 일침", 『국민일보』, 2014. 12. 4